刑事程序法论丛

Criminal Procedure Series

How Criminal Verdicts Are Made in China’s Courts?

An Empirical Study of Three Sample Courts

刑事判决是如何形成的？

基于三个基层法院的实证研究

兰荣杰 /著

北京大学出版社
PEKING UNIVERSITY PRESS

图书在版编目(CIP)数据

刑事判决是如何形成的?:基于三个基层法院的实证研究/兰荣杰著.—北京:北京大学出版社,2013.1

(刑事程序法论丛)

ISBN 978-7-301-21975-1

Ⅰ.①刑…　Ⅱ.①兰…　Ⅲ.①刑事诉讼-判决-研究-中国　Ⅳ.①D925.204

中国版本图书馆CIP数据核字(2013)第011707号

书　　　名:刑事判决是如何形成的?——基于三个基层法院的实证研究

著作责任者:兰荣杰　著

责 任 编 辑:毕苗苗　李　铎

标 准 书 号:ISBN 978-7-301-21975-1/D·3257

出 版 发 行:北京大学出版社

地　　　址:北京市海淀区成府路205号　100871

网　　　址:http://www.pup.cn

新 浪 微 博:@北京大学出版社

电 子 信 箱:law@pup.pku.edu.cn

电　　　话:邮购部62752015　发行部62750672　编辑部62752027
出版部62754962

印　刷　者:北京大学印刷厂

经　销　者:新华书店

965毫米×1300毫米　16开本　17印张　261千字

2013年1月第1版　2013年1月第1次印刷

定　　　价:35.00元

谨以此书献给

我的父母

我的女儿

生命因传承而精彩

序

走上三尺讲台，一个教师最大的欣慰，莫过于看到桃李芬芳。时光荏苒，我已从教二十四载有余。细数这些年来的一众学生，兰荣杰博士无疑是很优秀的一位。他自2003年跟随我攻读研究生以来，七年之间辗转于成都与费城两地，先后拿下中美两个博士学位和一个硕士学位，并于2010年底受聘于浙江大学光华法学院。如今他的第一本个人专著——也是他在我指导下完成的博士论文——即将付梓出版。看到他术业初成并登台为师，不免怀有欣喜之意。

兰荣杰入读川大诉讼法的时候，我本人的研究路径正经历一次重要转型，在此前的规范性、思辨性研究中引入更多的实证方法和社科理论。作为这一转型的见证者和参与者，兰荣杰表现出对刑事审判实践的极大兴趣，并以之作为他博士论文的主攻方向。读博期间，我推荐他赴美访学一年攻读LLM学位，完成川大诉讼法学博士学业后又继续赴美攻读SJD学位，因此又受到滥觞于美国法学院的实用主义熏陶。得益于这一段虽显辗转但却异常充实、完整的学术历练，兰荣杰对于实证研究的驾驭和理论提炼的把握渐显功力，本书即是一明证。

实证研究的辛苦人所共知，尤其是在中国司法这一特殊领域。本书的基础调研工作始于2005年，最终的回访完成于2011年。其间的多数酸甜苦辣，我虽未曾亲眼目睹，但亦知之一二。尤其是前期大量的数据采集和深度访谈工作，既是对学术基础和调查能力的考验，也是对体力乃至耐心的测试。幸而苦尽终有甘来，兰荣杰获得大量珍贵、详实的一手资料，不仅使本书的论证有理有据,更可作为此后相关研究的基础或参考。

当然,兰荣杰博士的贡献不仅在于——而且主要不是在于——数据的收集和整理方面。面对纷繁庞杂的数据,他展示出优秀的洞察能力和理论修养,提炼出颇有新意的刑事审判模式理论。在他看来,不管是传统的职权主义/当事人主义划分,还是我国学者提出的诸如传统型/现代型、集权型/宪政型、对抗型/合作型等模式理论,很大程度上都难以完整、贴切地解释我国的刑事审判实践。由是之故,他提出一种中国特色的三分模式:一曰对抗/判定,二曰阅卷/核实,三曰初断/审批。需要承认,在学术更新节奏异常迅速的今天,刑事审判模式话题并不新颖,甚至已有过气之嫌;然而看到他的基础数据和理论提炼之后,我却有“眼前一亮”的感觉。透过这简单的十二个字,我国法院刑事审判的真实样态似有“跃然纸上”之势。虽然这一理论的生命力还有待学术批评的考验,但是兰荣杰博士敢于突破、用于创新的尝试,无疑值得肯定。作为他的博士生导师——其实也是本书中一些观点被他批评者,我希望兰荣杰博士能继续保持这种批判性和独立性,不迷信前人,不盲从权威,争取做出更多有新意、有价值的学术贡献。

左卫民

2012 年 11 月 6 日

目录

图表目录

导　读

诉讼的直接目的在于获得判决。由是之故，对于诉讼当事人而言，一个至关重要的问题就是：法院判决是如何生成的？更进一步说，究竟是谁，通过什么程序，以什么方式，基于哪些考量，最终作出什么样的判决？在一个理想型的诉讼框架中，判决当由法官作出，其基础是证据和法律，其依据则为法定之程序。在普通民众眼中，这一过程可能更为戏剧化，即在公开的法庭审判中，控辩双方唇枪舌剑，法官居中一锤定音，如此而已。

然而现实的司法审判显然并非如此纯粹，也通常不会如此戏剧化。首先，最终的决策者可能并非法官，或者往往不是坐在法庭上听审的那些法官。其次，证据和法律可能并不总是规定最终的判决，一些其他因素也许同样影响法官的判断。再次，法定的程序也并不总是得到严格遵守，而是时常被违反、扭曲或者架空。最后，控辩双方的对抗式诉讼活动，不管是举证、质证还是法庭论辩，并不见得一定能够影响决策者，甚至常有“对牛弹琴”的尴尬。

司法正义不仅仅是——甚至主要不是——结果正义，而是同时包括程序正义。程序正义也主要不是通过法庭上的唇枪舌剑表现出来的，这些只是表象；真正的程序正义隐藏在表面的喧嚣之下，潜行于细致而又微妙的规则之中，贯穿法官做出判决的整个心路历程。由是之故，对于司法的研究也必须超越庭审的表象，将法官还原为真实而丰满的“人”，考察塑造法官判决的各方力量和各种因素，才能获得真正具有解释能力和指导意义的结论。

一百年前，晚清修律大臣沈家本有言：“刑法不善，不足以害良民。刑事诉讼律不备，则良民亦罹其害。”盖因刑律虽面目狰狞，无非刀枪棍棒而已，即便置于闹市之中，亦不会主动伤人；而刑事诉讼则如舞刀弄枪之力士，既可惩奸除恶，也可烧杀抢掠。身怀利器，做英雄还是做暴徒，如果全系于个人一念之间,难免置公众福祉如累卵。历史和现实均证明,手握生杀予夺大权的司法官员,面临种种诱惑或压力,总是容易枉法甚至作恶。因此数千年人类文明的一条主线,就是不断完善刑事诉讼程序,力求使得掌握利器之人,即便其心有异,也难以动辄出入人罪。司法独立、控辩对抗、民众陪审、多重审级、审判公开等程序机制,正是历史传承至今的约束司法权力的有效工具。

以此观之,我国《刑事诉讼法》虽经1996年和2012年两次大幅修订,并在形式上——尤其是审判环节——逐渐完善,但在制约公权力方面,仍有不少需要提升的空间。仅在2000年以来,远有佘祥林、赵作海、聂树斌等一众冤案,近有李庄“伪证”、小河“打黑”等争议大案,若单论审判程序,多半也算中规中矩,然而稍具常识之人均知,表面的规矩之下“暗流汹涌”,而后者才是真正决定案件结果的力量。诚然,冤案、大案牵涉太多利益,政治、金钱、人情、仕途乃至身家性命纠缠一体,寄望法官能如中流砥柱般拨乱反正,不免强人所难;那么在那些不起眼的普通案件中,当个案本身并不具备特殊的诱惑或压力时,法官又是如何做出判决的呢?法官们按部就班的日常审判,是否就能回归“两造唇枪舌剑,法官一锤定音”的理想模式呢?我们的诉讼程序,是否已经足以约束法官因身怀“利器”而起的“异心”,进而制度化、批量化地生产出公正的刑事判决呢?

这正是本书力图回答的问题。

通过对将近40个基层法院尤其是其中3个样本的实证考察,本书提炼出我国基层法院生产刑事判决的三种理想模式:一是“对抗/判定”模式,即以开庭审判为中心,法官直接通过庭审程序形成判决,控辩双方的对抗活动可以直接塑造法官心证。该模式以“竞技化”的民事诉讼为蓝本,本质上属于庭审中心主义,形式上体现为“三方组合”的听证式审判。二是“阅卷/核实”模式,即法官心证主要依赖庭前或庭后默读案卷形成,庭审高度压缩并形式化,其功能主要在于核实法官基于阅卷产生的判断。该模式源于我国司法深厚的书面审理传统,根本上属于案卷中心主义,主要程序特色在于法官单方进行的默读式审判以及被告人的高度客体化。三是“初断/审批”模式,即具体参与庭审的法官并不具备案件决策权,而是需要由院长、庭长、审判长、庭务会或审委会等决策机构听取汇报进而作出裁判。其根源在于党政批案制度和民主集中制度，本质上体现为行政逻辑取代司法逻辑，最为明显的形式特征则是会议式的裁判方式和审/判分离的诉讼结构。

“对抗/判定”模式集中体现程序公正与诉讼效率原则，并能从体制上促进法官独立和程序自治，因而笔者主张将其作为我国刑事司法改革的“元模式”。“阅卷/核实”模式可以高效、便捷地处理简单认罪案件，能够合理照顾承办法官和被告人双方的利益和习惯，因而可以适当改造为处罚令程序和简易开庭程序，用以处理被告人认罪的轻罪案件。“初断/审批”模式虽然长远看来应予取消，但是目前阶段还难以回避，因此应当在压缩审批范围的同时改造审批方式，淡化其行政色彩，回归司法审判的程序逻辑。

第一章　超越理论模式之惑:回归中国实践的刑事审判模式

第一节　中国刑事审判模式理论:一个简单的学术史梳理

作为刑事诉讼研究的基本理论工具之一,审判模式理论对于分析诉讼制度和司法实践、促进比较研究和学术对话都有重要意义。但是相当一段时间以来,我国学界都没能形成关于审判模式的本土理论,而是普遍借用西方传统的“职权主义/当事人主义”二元框架,不无牵强地裁剪我国刑事审判制度和实践。近年来虽有部分学者开始反思“职权主义/当事人主义”的适用性,也已提出一些富有创见的审判模式理论,但总体而言仍然没能跳出“西方中心主义”的窠臼。更为关键的是,不管是“职权主义/当事人主义”,还是我国学者提出的新理论,都普遍缺乏对我国实践的切实观照,因而缺乏足够的解释能力,也难以对我国刑事审判研究和实践形成有益的指引。

1.1.1 当事人主义/职权主义[①]:削足适履的误区

我国刑事审判制度属于职权主义模式吗? 相当一段时间内,这个问题似乎并不存在争议。远自清末修律以降,"当事人主义/职权主义"作为刑事诉讼研究的基本分析框架,就已经被我国几代学人普遍接受。由于我国刑事审判在形式上与欧陆各国的简单相似性,特别是在法官是否进行职权调查这一关键问题上不谋而合,诸多民国时期的刑事诉讼法学者均把我国纳入职权主义范畴,或者把职权主义作为我国诉讼模式的改革方向。[②]

新中国成立以后,经过"反右"和"文化大革命"的冲击,继 1979 年《刑事诉讼法》颁行之后,学界逐步建立起一套相对完整的刑事诉讼法学体系,一系列基本理论问题——包括刑事诉讼模式理论——的研究逐渐起步并繁荣发展。[③] 比如在 1992 年,中文学界引介刑事诉讼模式理论的早期力作《刑事诉讼构造论》一书出版,李心鉴在全面介绍西方诉讼模式理论的基础上,认为我国刑事诉讼虽然具有某些当事人主义的因素,但在主要方面仍然属于职权主义类型。审判阶段的具体表现有三个方面:一是审判长指挥审判,决定证据调查的顺序、范围和方法,控制审判的进程。二是法庭依职权主动调查证据,不仅可在庭前自行实施勘查、检查、搜查、扣押和鉴定,还可当庭审问被告人。三是缺乏对证人或鉴定人的交叉询问制度。[④] 继李心鉴之后,学界关于刑事诉讼构造的解说基本上都没有超出"职权主义/当事人主义"的框架,只不过在名词使用上偶有变通,比如陈瑞华就曾以"审问式/对抗

---

① 需要说明:本节所称当事人主义/职权主义、现代型/传统型、宪政型/集权型、对抗式/合作式原本都是针对整个刑事诉讼程序而言;但是因为本书仅考察审判模式,故而若无特殊说明,本节中所讨论的诉讼模式即等于审判模式。

② 对于这一段学术史的梳理,可以参见陈瑞华:《二十世纪中国之刑事诉讼法学》,载《中外法学》1997 年第 6 期。民国学者的具体论述可参见左德敏:《诉讼法上诸主义》,载《北京大学月刊》1919 年第 3 期;夏勤:《刑事诉讼法要论》,法律评论社 1924 年版,第 19—20 页;朱采真:《刑事诉讼法新论》,世界书局 1929 年版,第 35—36 页;徐朝阳:《刑事诉讼法通义》,商务印书馆 1933 年版,第 3 页;陈瑾昆:《刑事诉讼通义》,朝阳学院 1934 年版,第 6 页;魏冀征:《我国诉讼法主义之研究》,载《法学论丛》1936 年第 2 期。

③ 参见陈光中:《中国刑事诉讼法学 40 年》,载《政法论坛》1989 年第 4 期、第 5 期;陈瑞华:《刑事诉讼的前沿问题》(第 2 版),中国人民大学出版社 2005 年版,第一章。

④ 李心鉴:《刑事诉讼构造论》,中国政法大学出版社 1992 年版,第 160—161 页。

式"代替"职权主义/当事人主义"。[①]

但是进一步考察发现,我国学者对于"职权主义/当事人主义"二元框架的使用,普遍秉持一种过于简单的直线逻辑,认为"中国刑事诉讼制度隶属于欧陆职权主义,中国的弊症应归咎于该模式固有的机理缺陷,因此,中国刑事诉讼制度改革应当转向英美"[②]。学界习惯于在职权主义与当事人主义之间进行优劣划分,认为后者代表当代诉讼制度的应然方向,从而也应当作为我国刑事诉讼改革的目标。因此在相当程度上,1996年《刑事诉讼法》修改及审判方式改革都是以此为理论支撑,着重于淡化庭审阶段的法官职权色彩,强化控辩双方的对抗式举证和辩论,从而在表面上塑造一种"控辩式"风格的刑事庭审。2012年《刑事诉讼法》修改则进一步强化控辩对抗,比如规定公诉人在简易程序案件中亦必须出庭,以及要求关键且证言有争议的证人出庭作证等。但是问题在于,这样一种逻辑简单的理论进路,一方面是对"职权主义/当事人主义"两种制度的根本性误读,另一方面也是对我国实践的片面解释,既存在以偏概全、挂一漏万的问题,也不免牵强附会、"削足适履",因而有以西方概念草率裁剪我国现实之嫌。

1.1.1.1　误读西方理论

根据帕卡(H. Packer)的"正当程序/犯罪控制"二元模式理论[③],中文学界长期以来都认为职权主义和当事人主义存在基础价值差异,职权主义就是以犯罪控制为主,当事人主义就是正当程序优先,因此"比起职权主义,当事人主义更符合人类刑诉发展的规律"[④]。这显然是对西方刑事司法制度的重大误解,"过分夸大了两大法系诉讼制度间的差异,将两者间的技术性

---

① 陈瑞华:《刑事审判原理论》,北京大学出版社1997年版,第314—322页。其他学者的相关论述可参见樊崇义主编:《刑事诉讼法学》,中国政法大学出版社1995年版,第37页;徐静村主编:《刑事诉讼法学》(上),法律出版社1997年版,第104页;龙宗智:《刑事庭审制度研究》,中国政法大学出版社2001年版,第100—102页;孙长永:《探索正当程序——比较刑事诉讼法专论》,中国法制出版社2005年版;左卫民:《价值与结构——刑事程序的双重分析》,法律出版社2003年版等。

② 万毅:《超越当事人/职权主义——底线正义视野下的审判程序》,中国检察出版社2008年版,第4页。

③ See H. Packer, Two Models of the Criminal Process, 113 U. Pa. L. Rev. 1 (1964).

④ 李心鉴:《刑事诉讼构造论》,中国政法大学出版社1992年版,第165页。类似论述亦可参见左卫民:《刑事审判模式比较研究》,载《现代法学》1993年第6期。

差异夸大为本质性差异、将具体制度设计上的差异夸大为价值导向上的差异。”[①]在相当程度上,这种误解与英美学者坚持使用 Inquisitorial 这一带有强烈中世纪色彩的概念指代欧陆刑事诉讼的偏见如出一辙,属于一种达玛斯卡所称的“英美优越论”。[②]

但是正如左卫民和万毅所述,尽管职权主义与当事人主义之间在具体技术上存在相当差异,但是两者都以人权保障为优先价值,都注重诉讼职能的分化和诉讼程序的理性化,因此从根本上而言,两者都属于现代型刑事诉讼的亚类型,拥有实质意义上的同质性。[③] 德国学者约阿希姆·赫尔曼就曾辩护称:“像美国对抗式诉讼制度一样,现代德国审问式程序也是以帕克所称的所谓‘正当程序模式’为基础构建起来的,尽管这两个制度在确保事实真相的查明、保护被告人的权利以及对这两个目标进行平衡方面采纳了不同的程序模式。”[④]陈瑞华通过对两种模式的公正性、经济性、实效性等方面进行比较分析,也认为“对抗式审判和审问式审判各有其优劣,也有其内在的缺陷。……两种模式都不是最完美的,也都有需要改革的地方”[⑤]。

1.1.1.2 误读中国实践

客观地评价,如果仅就西方法治国家的刑事诉讼模式而言,“职权主义/当事人主义”的二元框架具有充分的解释力,当然前提有二:一是姑且承认职权主义这一概念的准确性,特别是和西方概念的对应性;二是拒绝简单地将两者与“犯罪控制/正当程序”一一对应。但是我国学界一个更关键的错误在于,往往根据“法官依职权调查证据”这一表象把我国刑事诉讼划分为

---

① 万毅:《超越当事人/职权主义——底线正义视野下的审判程序》,中国检察出版社 2008 年版,第 4 页。

② 英语学界一般使用“Inquisitorial”概念全面指代欧陆的传统纠问模式和当代职权主义模式。也许在英美学者看来,不管是在中世纪还是近现代,欧陆刑事诉讼都带有强烈的纠问色彩,这显然是对当代欧陆各国在人权保障方面取得的巨大进步视而不见。这种“英美优越论”遭到朗格尔、达玛斯卡等比较法学者的强烈批判。See M. Langer, The Globalization of Plea Bargaining and the Americanization Thesis in Criminal Procedure, 45 Harv. Int'l. L. J. 1 (2004); M. Damaska, Evidentiary Barriers to Conviction and Two Models of Criminal Procedure: A Comparative Study, 121 U. Pa. L. Rev. 506 (1973).

③ 左卫民、万毅:《我国刑事诉讼制度改革若干基本理论问题研究》,载《中国法学》2003 年第 4 期。

④ 〔德〕赫尔曼:《德国刑事诉讼法典中译本引言》,载《德国刑事诉讼法典》,李昌珂译,中国政法大学出版社 1995 年版。

⑤ 陈瑞华:《刑事审判原理论》,北京大学出版社 1997 年版,第 337 页。

职权主义模式。比如李心鉴就认为,我国刑事诉讼属于一种与欧陆模式有区别、同时兼具当事人主义因素的职权主义构造。[①] 左卫民在 20 世纪 90 年代初期也曾主张,根据法官在庭前的阅卷行为和开庭时的主导地位,应当认定我国属于职权主义刑事审判模式,因此“改革的基本方向是以当事人主义为主,职权主义为辅,建构一种新型的混合型法庭审判模式”[②]。龙宗智也认为,1979 年《刑事诉讼法》属于职权主义模式,而 1996 年刑事诉讼改革的基本特征,便是弱化原有体制中的职权主义因素,强化对抗制因素。[③] 作为其结果,“现行审判制度既非当事人主义,也非职权主义,而是一种具有中国特色的混合式审判方式”[④],属于“中国传统和固有的制度因素、现代职权主义以及当事人主义三大要素的揉合”[⑤]。

此外还有另一种相对本土化的观点,即认为我国属于“超职权主义模式”或曰“强职权主义模式”,原因在于相比欧陆国家而言,我国侦控机关的权力更为强大而活跃,被告人权利主体地位更为弱化,审判权力则因行政化而较为分散。[⑥] 客观地评价,这样一种中国特色的诉讼理论能够一定程度地回应现实,避免机械地套用西方概念裁剪中国问题,但是从根本上说,该理论仍然认为我国刑事诉讼属于职权主义模式,而这也成为其根本缺陷。

其实,正如左卫民和万毅所言,我国刑事诉讼与欧陆、英美刑事诉讼的差别,根本不在于法官是否能够进行职权调查[⑦],而在于历史发展阶段、基本价值理念和程序设置的差异。比如在诉讼功能定位上,尽管学界对于犯罪

① 李心鉴:《刑事诉讼构造论》,中国政法大学出版社 1992 年版,第 160—165 页。

② 左卫民:《刑事审判模式比较研究》,载《现代法学》1993 年第 6 期。不过需要指出的是,左卫民本人此后很快抛弃了这种判断。

③ 龙宗智:《试论我国刑事诉讼中的对抗制因素及其合理限度》,载《江海学刊》1998 年第 1 期。

④ 龙宗智:《试析我国刑事审判方式改革的方向与路径》,载《社会科学研究》2005 年第 1 期。

⑤ 龙宗智:《论我国刑事庭审方式》,载《中国法学》1998 年第 4 期。

⑥ 参见汪海燕:《刑事诉讼模式的演进》,中国人民公安大学出版社 2004 年版,第十章、十一章。另可参见孙长永:《检察官客观义务与中国刑事诉讼制度改革》,载《人民检察》2007 年第 6 期;张斌:《论我国刑事审判中的“超职权主义”因素》,载《中国人民公安大学学报(社会科学版)》2006 年第 4 期;马进保、张宇琼:《刑事诉讼法修改应以调整诉讼结构为切入点》,载《江苏警官学院学报》2007 年第 1 期。

⑦ 进一步说,英美法系也并非完全排斥庭审阶段的法官职权调查。比如越来越多的普通法系国家允许法官主动提出精神错乱或胁迫之类的事项。参见〔美〕达马斯卡:《漂移的证据法》,李学军等译,中国政法大学出版社 2003 年版,第 152 页。笔者本人在美国联邦和州两级法院的数十次实地观摩也发现,法官主动调查其实极其常见,尤其是在非陪审团审判和民事审判之中。

控制与人权保障的冲突与平衡讨论已久,但司法实务中却广泛存在刑事司法“工具化”、“刀把子化”的现实。又如在程序设置上,立法上要求公检法三机关分工负责、互相配合、互相制约,而现实情况是配合多于制约,控审界限模糊;被告人名义上拥有辩护权,但不管在制度层面还是操作层面,都面临诸多障碍,导致被告人客体化倾向严重;审判程序理性程度严重不足,带有反理性色彩的案卷移送制度、行政批案制度等仍然广泛存在。不仅如此,西方法治发达国家程序设计相对较少需要考虑的司法腐败、党政干预、法官素质等问题,在我国都需要通过诉讼程序予以适当解决。因此从根本上说,我国刑事诉讼属于一种“带有强烈纠问色彩的传统型刑事诉讼制度,……与作为现代型刑事诉讼制度的职权主义诉讼之间存在着本质的区别”①。

由此可见,面对我国刑事司法系统,“当事人主义/职权主义”的二元分析框架缺乏足够的解释能力,并不能全面观照我国刑事诉讼的理念、制度和实践。如果不加反思地套用该分析框架,无疑是对西方理论的机械照搬,是用西式标准裁剪我国的具体问题。即便能够牵强附会地在中国实践中找到对应西方标准的个别现象(比如法官的职权调查行为),也必然是以偏概全、挂一漏万,最终难免作出错误的判断。

1.1.2 其他模式划分理论:简介与简评

1.1.2.1 传统型/现代型模式

前文已经提及,基于对“当事人主义/职权主义”分析框架的反思,左卫民和万毅曾经借用现代化理论,提出“传统型/现代型”诉讼模式的划分。他们将弹劾式、纠问式诉讼纳入传统型范围,并归纳出三个主要特点:一是人权保障理念的缺位,二是诉讼职能缺乏分化和独立,三是程序运作的非理性色彩浓厚。与此对应的是现代型诉讼模式,包括当代英美的当事人主义和欧陆的职权主义,其共同特点在于:一是通过扩展被追诉人权利、确立庭前程序的司法审查机制来保障人权优先理念的实现;二是借助控审分离、控辩平等、审判中立来实现诉讼职能的分化和独立;三是保障裁判根据和裁判结

---

① 左卫民、万毅:《我国刑事诉讼制度改革若干基本理论问题研究》,载《中国法学》2003 年第 4 期。

果的理性化,以及诉讼程序的人道化和经济性。[①]

笔者认为,传统型/现代型理论模式的最大价值,当在于拨开职权主义/当事人主义的迷雾,促使我国学者更加清醒地认识到我国刑事司法的非理性因素以及和法治国家的真正差异,从而避免将我国视为职权主义的盲目乐观,以及认为我国应当改革为当事人主义的草率判断。与此同时,作为一种历史主义的进路,传统型/现代型模式也有助于规划我国刑事司法改革的具体步骤,并且为兼采职权主义/当事人主义的现代性特征扫清理论障碍。

不过正如万毅本人此后的反思所示,传统型/现代型模式"难以摆脱固化时序格局的理论嫌疑,'线性发展观'和'单极进化论'的痕迹较为显明,……似乎也暗含了现代必然优于传统,传统必然走向现代的理论论断"。不仅如此,传统型/现代型模式似乎有"贴标签"的嫌疑,即武断地标定"西方之先进"与"中国之落后"来"显现传统与现代之共时性对立"。[②] 转而言之,传统型/现代型框架似乎内含一种"现代化崇拜",草率肯定后发制度特别是西方制度的优越性,既不免有将我国传统乃至我国现实"一竿子打倒"的妄自菲薄之嫌,也导致难以客观且务实地分析并解决我国现实中的所谓传统问题。[③]

1.1.2.2 宪政型/集权型模式

万毅以"底限正义"理论为基础,结合对当事人主义/职权主义和传统型/现代型模式的反思,提出以宪政理念为标准划分宪政型/集权型模式。按照万毅的定义,所谓宪政型刑事诉讼,一是在理念上以人权保障为先,二是在程序架构上实行分权制衡,三是在诉讼方式上讲究人道化和理性化,四是强调程序的自治性和程序本位。与此相对应,所谓集权型刑事诉讼则以打击犯罪为至上目标,以程序为纠审罪犯之工具,通过高度集中的权力结构和非人道、反理性的诉讼方式追求犯罪之控制。因此在具体范围上,除了传

---

① 左卫民、万毅:《我国刑事诉讼制度改革若干基本理论问题研究》,载《中国法学》2003 年第 4 期。更为全面的分析,还可参见左卫民、周长军:《变迁与改革——法院制度现代化研究》,法律出版社 2000 年版。

② 万毅:《超越当事人/职权主义——底线正义视野下的审判程序》,中国检察出版社 2008 年版,第 6—7 页。

③ 关于中国法学研究的"现代化范式"及其批判,可参见邓正来:《中国法学向何处去(中):建构"中国法律理想图景"时代的论纲》,载《政法论坛》2005 年第 2 期。

统的弹劾式和纠问式诉讼，近现代专制国家、独裁国家的刑事诉讼也可纳入集权型模式。至于我国，万毅认为现行刑事诉讼可视为一种过渡性、带有部分集权主义特征的模式。①

相比传统型/现代型的分析框架，宪政型/集权型模式体现出以下进步：一是摒弃了纯粹以历史阶段为划分标准的笼统做法，二是更为直接地考察诉讼模式背后的权力结构和政治理念，三是意图确立一种普适性的底限正义标准——尽管这更大程度上只是一种理论姿态而非现实目标。但是毋庸置疑，这样一种理论尝试值得高度肯定。不过，因为时日尚浅，该理论还有待学术界的进一步批判和论证。

然而更大的遗憾在于，仔细对照宪政型/集权型与传统型/现代型的具体标准和适用范围，可以发现两者基本相似。两者最为明显的区别，可能仅在于是否将历史时序作为划分标准，即是否将近代专制主义和现代独裁主义刑事诉讼从所处历史区间独立出来，一概按照理念、结构和程序的特征予以归类。其实正如邓正来所言，所谓“专政与权利”的分析框架，同样是以“传统与现代”这一基本语式作为支撑。② 因此在相当意义上，宪政型/集权型仅仅是对传统型/现代型的轻微改进，虽然有其独立之理论价值，但如此大张旗鼓地“自立门户”，不免有借用宪政、集权等时代“热词”吸引眼球之嫌疑。更何况考虑到我国的政治体制及其改革步幅，将刑事诉讼制度之进步维系于宪政/集权之宏大跨越，既不免给人以“遥遥无期”的悲观印象，也可能为诉讼制度改革套上政治体制的枷锁而使得其更为艰难。

此外需要指出的是，不管是传统型/现代型还是宪政型/集权型模式，都存在概念使用过于笼统之嫌，缺乏对诉讼构造及其程序机制的充分解释力。按照李心鉴的定义，“刑事诉讼的构造是由一定的诉讼目的所决定的，并由主要诉讼程序和证据规则中的诉讼基本方式所体现的控诉、辩护、裁判三方的法律地位和相互关系。”③因此一个富有解释力的理论模型，应当既能概

① 万毅：《超越当事人/职权主义——底线正义视野下的审判程序》，中国检察出版社 2008 年版，第 8—39 页。也可参见万毅、林喜芬：《宪政型与集权型——刑事诉讼模式的导向性分析》，载《政治与法律》2006 年第 1 期。

② 邓正来：《中国法学向何处去（上）：建构“中国法律理想图景”时代的论纲》，载《政法论坛》2005 年第 1 期。

③ 李心鉴：《刑事诉讼构造论》，中国政法大学出版社 1992 年版，第 7 页。

括诉讼程序的整体特征,又能凸显诉讼三方的具体格局,从而给读者以诉讼构造"跃然于纸上"的直观感受。比如纠问式/弹劾式、当事人主义/职权主义就可作为范本。相比之下,传统/现代、宪政/集权这些"放之四海而皆准"的宽泛概念,一定程度上不免有"大而不当"、"不知所云"之嫌。苏力曾批评过这种"大词"倾向,认为"可以用……大概念抹去一切差别,但是你不能用这些概念本身来解决任何问题。"[①]实际上,传统/现代和宪政/集权等纯属直接借用政治学和社会学的范畴,概念外延已经大大超出诉讼法学的传统视域。虽说必要的参考和借鉴无可厚非甚至应予肯定,但是笼统的借用则必然导致指涉对象的模糊化,难以在学科内部形成富有意义的沟通,从而导致学术交流的障碍,也影响到这些理论创新的生命力。相比之下,纠问式/弹劾式、当事人主义/职权主义则更多利用诉讼法学的传统知识积累,既有高度的概括性和包容力,又能相对直观地指涉研究对象,因此容易促发学界的讨论和沟通。

1.1.2.3　对抗型/合作型模式

陈瑞华认为,包括当事人主义/职权主义分析框架在内,传统刑事诉讼理论都是建立在国家与被告人相互对立的基础之上,因此不妨通称为对抗型诉讼。但是如果被告人自愿认罪,这种对抗性司法将不再具有存在的基础,国家与被告人因而获得进行诉讼合作的可能。具体而言,一是国家追诉机构可与被告人进行诉讼合作,二是被害人与被告人可以协商达成和解协议;前者可称为"协商性公力合作",后者则可称为"私力合作模式"。这是一种全新的合作型诉讼模式,其理论基础包括实用主义的利益观、建立在诉讼合作基础上的司法正义观,以及独立于实体正义和程序正义的第三种法律价值观。[②]

客观地评价,虽然关于辩诉交易及刑事和解的理论研究从不缺乏[③],但是如果能够在经典对抗式诉讼理论之外另起炉灶,以诉讼合作为基础构建

---

①　苏力:《送法下乡:中国基层司法制度研究》,中国政法大学出版社 2000 年版,第 5 页。

②　陈瑞华:《司法过程中的对抗与合作——一种新的刑事诉讼模式理论》,载《法学研究》2007 年第 3 期。

③　一些论述相对全面的专著,比如冀祥德:《建立中国控辩协商制度研究》,北京大学出版社 2006 年版;祁建建:《美国辩诉交易研究》,北京大学出版社 2007 年版;马明亮:《协商性司法》,法律出版社 2007 年版。

起全新的诉讼模式理论,在实体正义和程序正义之外寻找第三条道路,那么不仅是对刑事诉讼法学研究视野的极大拓展,也为解决当下我国紧迫的犯罪控制问题提供一种新的进路。

但是问题在于,对抗型/合作型框架仅仅关注控辩双方的对立与合作,对于刑事司法最为关键的一环——法院和法官——却近乎于视而不见。因此,尽管该模型在纠纷解决、诉讼目的等方面具有强大的解释力和创新性,却难以全面观照诉讼结构,难以真正提升到诉讼模式之高度。甚至在一定程度上,因为法官角色在研究中的缺场,对抗型/合作型模式可能已经偏离诉讼模式的方向,转而成为针对国家治理与行政手段的研究。

1.1.2.4 简单的评价

综观当事人主义/职权主义框架,以及近年提出的三种审判模式理论,都能从特定侧面反映我国司法的特征,进而在与西方模式的针对性比较中增进认识。但是存在两大问题:一是因为研究者的目光局限于中外比较,下意识间只能看到我国与西方对应或对立的部分;对于更为全面的中国问题,尤其是那些深刻影响中国实践但却缺乏西方对应物的因素,往往没能予以足够的关注。二是因为研究者主要采取“从西方理论到中国理论”的进路,多限于制度层面甚至观念层面的比较研究,很少关注与制度高度脱节的“行动中的法律”。这种选择性、理论性的比较研究,其结论往往是“正确但不全面”、“漂亮但不适用”,细节看来似乎言之成理,大处观之却总有“跑题”之嫌,难以对中国实践形成全面、实用的解释和指引。

举例来说,传统型/现代型、宪政型/集权型都以诉讼职能是否分化和独立为主要划分标准,将司法审查缺位、控审一体、辩护不力等权力集中现象归纳为传统型、集权型刑事诉讼的关键特征。不过在我国审判实践中,虽然一方面确实存在控审不分现象,但另一方面却存在更为夸张的权力分化。比如合议庭/独任庭只有审理权,庭务会或审委会独占判决权,院长/庭长则拥有审阅并签发判决文书的审核权。① 如此细致入微的权力分化体系,却依然打上权力集中的标签进行分类,显然缺乏足够的说服力。又比如说,1996年和2012年修订的《刑事诉讼法》均规定法官可以依职权进行庭外调查,多

① 参见江必新:《论合议庭职能的强化》,载《法律适用》2000年第1期。

数学者据此将我国纳入(强)职权主义、传统型或集权型范围。但是笔者调查发现,法官真正实施庭外调查的案件可谓微乎其微,某些法院甚至多年没有一件。由此可知,法官庭外调查权很大程度上只是一个"伪问题",虽说在规范上显得特别刺眼,但在实践中却几近消亡。另比如说,我国刑事司法总体上体现为一种打击犯罪的单向度惩罚机制,似乎难以简单归类为国家与被告人之间的"对抗";现行的简易程序和简化审程序则是只重简化不重协商,也很难说得上"合作"。再比如说,西方诸国主要依靠政治体制来保障法官执业操守,因此其诉讼制度中很少设计刻意的防腐机制。但是当下中国并无能够有效保证法官操守的配套制度,体制性的司法腐败寄望于技术化的诉讼制度来解决,因而要求我国诉讼制度比西方更具封闭性和自治性。然而我国学者在引介西方诉讼制度时,一般都无视该背景上的巨大差异;由此进行的讨论和借鉴,其实际意义当然大打折扣。

最后一个但也许是最关键的缺陷,在于上述模型普遍缺乏对中国实践的细致观照。相关理论判断基本建立在比较研究和规范研究的基础之上,仅仅止步于"纸面上的法律",但却很少关注"行动中的法律"。然而众所周知的是,转型时期的中国正是一个规范与实践高度脱节的范例,立法上适度超前的刑事司法领域尤其如此。正是从这个角度出发,笔者有理由怀疑上述模型对我国实践的解释能力和指导意义,也因此主张一种面向中国实践的理论进路。

1.1.3　西方中心主义:既有审判模式研究的痼疾

在《中国法学向何处去》一文中,邓正来曾提出一个尖锐的反思:"如果我们对百年来中国论者有关中国现代化问题的研究进行检讨和反思,我们便能够发现一种基本且持续的取向:中国论者依凭各自的认识向西方寻求经验和知识的支援,用以反思和批判中国的传统、界定和评价中国的现状、建构和规划中国发展的现代化目标及其实现的道路。"①换用一个学界颇为

① 邓正来:《中国法学向何处去(中):建构"中国法律理想图景"时代的论纲》,载《政法论坛》2005 年第 2 期。

流行的概念来说，中国法学长期以来均迷失于一种“西方中心主义”。[①] 刑事诉讼法学研究尤其如此，不论是整体学科体系，还是具体论证框架，包括个别概念的使用，绝大部分都直接源于西方（包括苏联）。[②] 比如以上文介绍的诉讼模式理论来说，当事人主义/职权主义、传统型/现代型、宪政型/集权型这些概念无一例外来自西方，而且出身颇为混杂，既有法学的传统概念，也有对于社会学和政治学概念的借用。

不过笔者并非反对借鉴西方理论，所谓“他山之石，可以攻玉”，通过对“异域文化”的探询，可能更有助于对“本土化”的理解。“局限于本土的研究者，可能会被司空见惯的文化模式迷惑，从而产生文化上的排他主义和知识上的自我封闭心态。”[③]民族中心主义和自我封闭主义的结果，必然是产生文化隔阂和认识危机。何况对于中国当代司法和法律这样一个从根本上就是西方舶来品的对象而言，如果严格坚持所谓的本土理论，似乎只能回归故纸堆里的历史考据，而难以对现实作出有价值的回应和指引。因此我们必须承认，即便是面向中国实践的法学研究，也必须适度借鉴西方理论，毕竟后者也（才）是与中国司法和法律“同宗同源”的产物。其实我们甚至可以断言，与人类学、社会学等学科不同，中国法学，至少是诉讼法学，几乎不可能存在真正的“本土主义”或“民族主义”，因为研究对象的“西方血统”已经注定研究进路的“亲西方性”。

但是问题在于，当前的法学研究远非仅仅是对西方理论的借鉴和对话，而在相当程度上表现为盲目的接受和轻率的引进。最为普遍的做法，便是在面临一个中国现实问题的时候，转向西方国家去观察类似问题的处理方法，力图总结出一些“共同的原理和规则”，然后直接拿来作为建构我国方案的蓝本。[④] 曾几何时，一篇法学文章的典型结果居然变成“提出问题——比较研究——改革建议”的简单模式。其中相当部分所谓“研究”，无非就是

---

① 关于西方中心主义的讨论，可参见黄宗智：《学术理论与中国近现代研究——四个陷阱和一个问题》，载黄宗智主编：《中国研究的范式问题讨论》，社会科学文献出版社 2003 年版，第 109—113 页。

② 参见陈瑞华：《问题与主义之间——刑事诉讼基本问题研究》，中国人民大学出版社 2003 年版，序言，第 3 页。

③ 王铭铭：《社会人类学与中国研究》，广西师范大学出版社 2005 年版，引言。

④ 陈瑞华：《问题与主义之间——刑事诉讼基本问题研究》，中国人民大学出版社 2003 年版，第 533 页。

机械套用西方概念和标准，牵强附会地裁剪中国现实，既不深入分析西方制度的生成背景，也不考察中国现实的具体环境，只要看到表面上甚至概念上的相似性，就草率施行“拿来”之事，“拿着‘米兰达’、‘辛普森’的尺子来比划我国，这也不合格，那也不合格”。[①] 不仅如此，由于语言能力和治学态度的局限，此类研究所谓的中国问题和西方标准，很大程度上都是论者个人对中国和西方的“想象”或“发明”，是一种被曲解的问题和标准。[②] 因此在一定意义上，我们可以称其为“逆向主动”的文化殖民或制度殖民，甚至是“文化称臣”或“制度称臣”。

正是基于上述种种理由，陈瑞华主张诉讼法学研究应当“以世界的眼光研究中国的问题”，而且重点在于真正发现中国的问题。[③] 苏力则更为鲜明地主张“面向中国的法学”，“要扎根于我们的时代，不要总谈五十年以后的，我们的答案是要在这个时空中作出的，我们一定要避免当留声机和肉喇叭。”[④]“中国学者一定要（但并不是只能）研究中国问题，且要有自己的眼光，追求（能不能得到则是另一回事）自己的发现。”[⑤]邓正来则在批判现代化范式、“本土资源论”和“法律文化论”的基础上，提出中国法学应当着眼于建立“中国法律理想图景”。[⑥] 简单说来，中国法学应当面向中国自己的问题，观照中国法律尤其是中国司法的现实，提出真正有解释能力和指导意义的理论；至于西方的经验或教训，除了作为参考和借鉴之外，其实并不能够也不应该成为证成中国理论的证据。特别需要强调的是，面向中国的法学不仅仅是面向中国的制度——虽然制度是法学研究的直接指向，还需要首先面向中国的实践。正如黄宗智所言，中国的社科研究其实“正被两种对立所主宰。一是西方化和本土化的对立，现在已经高度意识形态化和感情

---

① 苏力：《道路通向城市：转型中国的法治》，法律出版社 2004 年版，第 300 页。

② 萨义德关于东方学的论断可以适用于此类研究。他认为西方所谓的东方学，其实是一批自称为东方学家的西方人创造出来的一整套知识，集中研究的是西方人发明的、被成为东方的现象。东方无非是西方人“想象的异邦”。参见〔美〕萨义德：《东方学》，王宇根译，三联书店 1999 年版，第 1—37 页。另可参见〔美〕柯文：《在中国发现历史——中国中心观在美国的兴起》，林同奇译，中华书局 2002 年版，第 166—167 页。

③ 陈瑞华：《刑事诉讼法学研究范式的反思》，载《政法论坛》2005 年第 3 期。

④ 苏力：《道路通向城市：转型中国的法治》，法律出版社 2004 年版，第 305 页。

⑤ 苏力：《送法下乡——中国基层司法制度研究》，中国政法大学出版社 2000 年版，序言。

⑥ 邓正来：《中国法学向何处去》，载《政法论坛》2005 年第 1—4 期。

化，成为非此即彼的二元对立。一是与此相关的理论和经验的对立，等于是把理论和经验截然分开"[①]。因此仅仅超越"西方化/本土化"还不够，还必须透过理论观照经验，回到中国的实践当中去。

总体而言，不管是当事人主义/职权主义还是其他审判模式理论，很大程度上都是一种"西方中心主义"的产物。研究者或者借用西方既有理论，或者基于西方模式自创一套符合中国"口味"的新概念，再以之框限中国司法并寻找对应或对立特征，进而比照西方标准提出改革建议。从大处观之，研究者缺乏对中国司法的全面观照，难免"头痛医头、脚痛医脚"；从细节说来，研究者又不能深入剖析中国实践的复杂背景和特殊结构，难以真正了解中国问题的症结所在。因此比较研究容易沦为轻率的裁剪和盲目的引进。比如部分学者对当事人主义/职权主义的解读，既是对西方理论的误解，也是对中国实践的误读，由此开出的"药方"不免有削足适履之嫌。又如传统型/现代型和宪政型/集权型模式理论，预先以西方为蓝本设定一套现代或宪政标准，再以之反射中国司法并打上传统或集权的标签加以否定。这或许能够初步解释中国司法的一些非理性因素，但是因为西方标准与中国背景的巨大差异，如此动辄以"贴标签"的方式草率否定中国制度，既可能阻碍我们对中国问题进行客观分析，也难免有"崇洋媚外"之嫌。如此一来，西方理论已经不仅是一种时髦的研究工具，更在无形间成为研究者的立场，成为"逆向主动"的文化殖民手段。

因此，只有跳出"西方中心主义"的窠臼，全面而务实地"面向中国"，才可能提出真正具有解释能力和指导价值的审判模式理论。研究者必须要把目光从选择性的中外比较转向全面观照中国问题本身，不能动辄以西方概念裁剪中国实践，而应立足中国实践提出独立的解释框架。这个框架不仅是对规范性制度的评说，更是对司法实践及其深厚背景的全面解析。西方理论在此仅是一种有益的参考，断不应成为评价中国问题的唯一标准，更不能成为规划中国未来的目标蓝本。

具体到审判模式研究方面，虽然当事人主义/职权主义这一经典框架可以提供必要的对照，但是正如前文所述，这一框架并不能有效解释中国司法

---

① 黄宗智：《认识中国——走向从实践出发的社会科学》，载《中国社会科学》2005 年第 1 期。

的理念、制度和实践。我们必须回到中国司法尤其是司法实践之中,重新认识中国司法的真实运行逻辑,全面审视中国司法的特殊历史和背景,从而提出更为符合中国实际、更加具备指导意义的解释框架。这种面向中国实践的审判模式研究进路,笔者将在本书中初步尝试。

第二节　面向中国实践的审判模式:回归实证研究

1.2.1　如何面向中国实践:审判模式研究的中国立场

笔者认为,面向中国实践的审判模式研究,首先,必须关注法官心证的形成过程。正如龙宗智所言:“在法的空间中,有法律程序的展开,控辩活动的推进,以及不同诉讼角色的扮演,而其围绕的中心,是法官对案件实体的心证形成。”[①]审判中心主义或是庭审中心主义因此也成为学界长久呼吁的目标。[②] 法官判决是所有诉讼活动的直接目的和终点,也是整个诉讼过程的最高潮。以法官判决形成机制为核心来理解刑事诉讼,无疑具有纲举目张的意义。基于这个角度,笔者认为只有切实观照法官心证的形成过程,才能真正了解刑事诉讼的真实运作;也只有把握法官判决的具体形成机制,才能提出真正有解释能力和指导意义的关于审判模式的理论模型。

其次,是要把法官当“人”对待。[③] 也许西方法治国家尤其是英美诸国可以将法官视为“法律帝国的公卿大臣”[④],或者是“人民与贵族之间的天然

---

① 龙宗智:《刑事庭审制度制度研究》,中国政法大学出版社 2001 年版,第 1 页。

② 参见陈瑞华:《刑事诉讼的前沿问题》(第 2 版),中国人民大学出版社 2005 年版,第 323—352 页;陈瑞华:《从“流水作业”走向“以裁判为中心”——对中国刑事司法改革的一种思考》,载《法学》2000 年第 3 期;梁玉霞:《侦查讯问的程序意义——一个审判中心主义的视角》,载《法学评论》2002 年第 4 期。

③ 参见兰荣杰:《把法官当“人”看——兼论程序失灵现象及其补救》,载《法制与社会发展》2011 年第 5 期。

④ R. Dworkin, Law's Empire, Belknap Press, 1986, p. 407.

锁链"[1]。但是基于中国特殊的政治体制和社会结构[2],一定要把法官还原为真实的"人",而非仅仅是抽象的"裁判者"。要正视这样一个现实:法官个人或所在组织的利益往往会渗入个案的处理当中,并现实地影响到裁判的程序和结果。法官判决因而并非单纯的技术判断,而是融合价值判断和利益权衡的复合过程。正是如此,中国实践中的审判模式必然呈现诸多法官作为"人"的利益和情感。

再次,是要还原法官的真实活动空间,跳出法庭审判这一狭窄的视角,将法官和诉讼置于更为宽广的社会背景下来考察,以便发现那些虽在法庭之外但却现实影响法官意志的因素。其中最主要的两种视角,一是要正视法官作为法院这一威权化的官僚组织之一员的现实,二是要承认法官作为社会关系网络之一节点的背景。如果仅仅就法庭说审判,最终可能只会得出虚假的结论。

又次,是要还原控辩双方的诉讼行为,关注被告人、辩护人、公诉人及其他法庭内外的诉讼参与人的真实活动,考察这些力量塑造法官判决的具体渠道和方式。中国实践中的司法诉讼可能远非对抗/合作那么简单,而是复杂地体现为相互交织的利益诉求和彼此攻防。诸多诉讼规则远未触及的控辩活动,却可能远比法庭之上的仪式化行为更为有效地影响着最终判决。因此,中国刑事诉讼模式注定不能只是关注成文的"显规则",而要同样关注"潜规则"。

最后,面向中国实践的审判模式理论必须在关注程序设置的同时,对体制问题保持足够的慎重,但是绝不能因为体制之束缚而停滞不前。尽管体制问题必然限制程序变动的空间,但是自洽的程序本身却可能一定程度上超越体制之不可能,抵制来自体制缺陷的压力和冲击。[3] 不过同时也应当看到,诉讼文明的进步最终需要以体制的进步为前提;当前的诉讼改革虽然还勉强拥有一点空间,但可供腾挪的尺度已经越发逼仄。缺乏体制改革支撑的诉讼改革,归根结底只能是一种技术性改良。

---

① 〔法〕托克维尔:《论美国的民主》(上),董果良译,商务印书馆 1997 年版,第 306 页。

② 就如费孝通的精彩分析那样,中国人——当然包括法官——都深深嵌入在一个以"己"为中心的差序格局网络中。费孝通:《乡土中国 生育制度》,北京大学出版社 1998 年版,第 24—30 页。关于我国现代人际关系网络的分析,另可参见胡必亮:《关系共同体》,人民出版社 2005 年版。

③ 参见高一飞:《程序超越体制》,中国法制出版社 2007 年版。

1.2.2　回归实证研究:审判模式研究的应然方法

如何面向中国实践?苏力曾经反思到:“我们的法学研究和政策研究确实相当落后,落后不在于心不诚,志不明,而在于我们非常缺乏社会科学研究的实证传统,缺乏这种实证研究传统支撑的把我们的真实感受表达出来的学术话语机制和学术氛围。”①因此,黄宗智建议:“我们要到最基本的事实中去寻找最强有力的分析概念。一个做法是从悖论现象出发,对其中的实践做深入的质性调查(当然不排除量性研究,但是要在掌握质性认识之上来进行量化分析),了解其逻辑,同时通过与现存理论的对话和相互作用,来推进自己的理论概念建构。在这个过程之中我们不妨借助于有用的西方理论,……我们真正需要的是从实践出发的一系列新鲜的中、高层概念,在那样的基础上建立符合实际以及可以和西方理论并驾齐驱的学术理论。”②胡适的主张则更为鲜明:“不要问孔子怎么说,柏拉图怎么说,康德怎么说,我们须要先从事实下手,凡游历调查统计等事都属于此项。”③其实说得更直接一些,就是采用实证研究的方法,深入司法诉讼具体实践当中去,真实地观察、感知、透视现实的诉讼,再进一步提炼理论上的解释框架。

面对习惯于提出“立法建议”的我国法律学人,尤其是因为《刑事诉讼法》两次修改而跃跃欲试的诉讼法学者④,在此有必要重申一个美国学者的忠告:“一个没有研究过经济学和社会学的法律人,极有可能成为人民的公敌。”⑤当然这并非要求法律学者都成为经济学者和社会学者,而是要求法律人在提出制度改革建议之前,应当学会以社会学的方法去观察和分析实

---

① 苏力:《道路通向城市:转型中国的法治》,法律出版社 2004 年版,第 194 页。

② 黄宗智:《认识中国——走向从实践出发的社会科学》,载《中国社会科学》2005 年第 1 期。

③ 胡适:《读书与治学》,三联书店 1999 年版,第 106 页。

④ 陈瑞华曾经揶揄此类不求成为“某某理论之父”的学术贡献,但求成为“某某法之父”的“对策法学”。参见陈瑞华:《问题与主义之间——刑事诉讼基本问题研究》,中国人民大学出版社 2003 年版,第 4—6 页。

⑤ 出自 C. F. Henderson,原话是:The lawyer who did not study sociology and economics is very apt to become a public enemy. See L. Brandeis, The Living Law, 10 Illinois Law Review 461, 470 (1916). 有意思的是,大概是以苏力为始作俑者,国内法学界多以为该论断出自布兰代兹。参见苏力:《也许正在发生:转型中国的法学》,法律出版社 2004 年版,第 3 页。但是布兰代兹只是引用他人而已。苏力可能是把转引误认为直引。更有意思的是,苏力的错误居然出自一本专门研究,或曰批判中国法学研究方式、学术规范和学术环境的专著。

践，避免纯粹根据规范和逻辑作出判断。与此同时，还要学会以经济学的眼光去衡量制度涉及的利益得失，去分析各行动者的诉求和行为。唯有如此，才能生产出既有解释能力又有指导意义的理论，才不会拘泥于对既有规范甚至政治意识形态的简单诠释，或者动辄向西方法学界寻求经验和知识的支援。

正是基于这样一种认识，笔者选择以实证考察的方法来研究我国刑事审判模式。在此要特别感谢左卫民教授提供的巨大支持。正是借助承担恩师主持的“中国刑事诉讼运行机制”这一课题的调研任务的机会，笔者才得以在将近一年的时间里，深度进入多个基层法院、检察院和公安局，零距离观察刑事诉讼的真实运作，并与一线法官、检察官、侦查人员和律师进行面对面的交流和探讨。

基于上述实证研究，笔者发现基层法院的刑事审判实践明显表现为三种模式：一是“对抗/判定”模式，即以开庭审判为中心，法官直接通过庭审程序形成判决，控辩双方的对抗活动可以直接塑造法官心证。二是“阅卷/核实”模式，即法官心证主要依赖庭前或庭后默读案卷而形成，庭审高度压缩并形式化，其功能主要在于核实法官基于阅卷产生的判断。三是“初断/审批”模式，即具体参与庭审的法官并不具备案件决策权，反而需要由院长、庭长、审判长、庭务会或审委会等决策机构以会议方式听取汇报进而作出裁判。显而易见的是，这三种模式都不可能用职权主义/当事人主义、传统型/现代型、宪政型/集权型、对抗型/合作型等理论框架简单概括，而是一种真正面向中国司法实践的理论尝试。

1.2.3 研究样本简介及代表性问题

从 2005 年 9 月到 2006 年 7 月，将近一年的时间里，笔者及所在的调研组先后在 6 个基层法院进行实证调研。前期三个法院主要作为正式调研前的参考样本，所获资料和数据相对有限，目的在于设计出较为完善的、反映基层刑事审判客观情况的调研方案。在此基础之上，笔者以三个月的时间对后期三个法院进行深度考察。该三个法院也成为本书构建的三种审判模式的基础样本。[①] 2011 年 10 月,笔者回到其中两个法院进行追踪调研。总体而言,除人员配置、案件负担、财政能力等因素外,2011 年回访时并未发现显著变化,其中不少数据与 5 年前甚至高度相似。基于数据统一性、可比性的考虑,本书主要使用 2005—2006 年间的调研数据,个别地方佐以 2011 年的回访数据。

1.2.3.1　样本简介:A 院

A 区位于西部某省南部,长江之南,距某地级市区 21 公里,由原 A 县于 1996 年撤县建区而成。全区面积 1150.6 平方公里,其中农用地占 90.35%。2005 年统计,全区辖 12 个镇和 1 个街道办事处,238 个村民委员会,1844 个村民小组,19 个社区委员会,3 个居委会。全区人口 46 万余人,其中农业人口 38 万余人,超过总人口 80%。当年全区 GDP32.8 亿元。辖区内有全国重要的化工及酿酒基地,也是当地财政的主要来源。

2005 年,A 院在编 64 人,外聘书记员及法警 8 人。全院 35 人具有审判资格,其中 20 人分布在业务庭(含 4 个派出法庭),另有书记员 9 人,法警 4 人(不含外聘法警)。刑庭共有法官 3 人,含正副庭长各 1 名,另有内勤及书记员共 2 人。

2005 年,全院共受理刑事案件 132 件 206 人,审结 130 件 202 人,结案率 98.5%。适用简易程序审理的案件 53 件,占 40%。检察机关撤回起诉 2 件 3 人,否认检察机关部分指控犯罪事实的 6 件,改变检察机关指控罪名的 2 件,建议检察机关变更起诉 3 件,驳回检察机关刑事附带民事诉讼 1 件。全年无检察机关抗诉案件;上诉案件 10 件,年终总结时已返回 7 件,其中维持 6 件,发回重审 1 件。[②]

1.2.3.2　样本简介:B 院

B 区地处西部某省会城市中心城区,属于国务院命名的“商贸繁华区”

---

① 需要说明的是,按照实证研究的匿名惯例,以及笔者对调研对象的承诺,本书关于样本法院及法官的描述先行经过技术处理,适当去除可以直接推断其真实身份的信息。

② 参见 A 院刑庭 2005 年终总结。需要说明的是,由于“报喜不报忧”、“数字出成绩”的官场“潜规则”,除收案数、结案数等难以变通的数据外,各院年终总结都可能存在一定程度的浮夸现象。比如,笔者对某样本法院的事后回访发现,该院 2006 年年度总结报告中列举有一项“特别贡献”,内容即为配合笔者所在课题组的调研工作。这本是事实,笔者也一直极度感激。不过就在该报告中,对调研人数和调研时间的叙述却明显夸大。正是因此,笔者主要依据原始案件档案提取相关数据。

和市“现代商贸开放发展试验区”。据2005年统计,B区面积62.12平方公里,辖15个街道办事处和1个乡人民政府,常住人口40余万人,流动人口约在30—35万人之间,当年全区GDP235.24亿元。辖区经济以二、三产业为绝对支柱,仅余的农业也大多向观光型、生态型、旅游型发展,有国家4A级乡村旅游景区。

2005年,B院在编105人,其中法官74人,书记员21人,法警3人,其他工作人员7人。刑庭有法官编制9人,因1人借调市中院,1人借调区政法委,实有法官7人。其中庭长1人,副庭长2人,专职审判长1人,其余3人为独任审判员。另有内勤1人。书记员单独序列改革后,刑庭不再单设书记员,但实际上有2名书记员长期相对固定地负责刑事案件。

2005年,全院共受理各类刑事案件642件,加旧存共计646件,其中审结639件,结案率98.92%,法定审限内结案率为99.69%。其中简易程序案件共358件,占56.03%。上诉案件中二审结案61件,部分改判和发回重审9件,二审维持率为85.25%。

1.2.3.3 样本简介:C院

C县位于西部某省中部,距某地级市中心区57公里,距省会城市153公里。2005年统计,全县辖区面积2661平方公里,辖41个镇22个乡,940个村8254个村民小组,总人口145.81万,农业人口近132万,占总人口90%以上。当年全县GDP63.3亿元。C县系以种植业为主的农业县,也是全国重要的劳务输出大县。

2005年,全院除院机关及业务庭外,外辖人民法庭5个。全院在编128人,其中有审判资格的85人。书记员25人,法警11人,工勤人员7人。刑庭共有法官7名,含正副庭长各1名;内勤及书记员共3名。

2005年,全院办理刑事案件共341件,其中新收刑事案件325件,含自诉5件;旧存16件,公诉8件,自诉8件。全年审结318件460人,结案率为93.3%。未结案23件,其中因被告人不在案等原因中止5件(主要是自诉案件)。适用简易程序审理105件,占30.79%。全年宣告无罪2件2人;因证据不足拟宣告无罪,后检察机关或自诉人撤诉案件6件;改变指控罪名1件;部分指控事实因证据不足未予认定的5件;发出司法追诉建议4份。

1.2.3.4 样本代表性问题

本书主题为“中国基层法院刑事审判的三种模式”,但是实际上仅以三个法院为基础样本进行考察。这种"小地方、大问题"的研究进路,正是社会学研究难以避免的缺陷。毛泽东在调查农村问题时,曾将这种研究方法称为"解剖麻雀","要拼着精力把一个地方研究透彻,然后于研究别个地方,于明了一般情况,便都很容易了。"[①]但是具体样本的选择却需要相当代表性,否则便不能"举一反三"、推此及彼。

样本代表性首先取决于总体对象的范围。顾名思义,样本即是于总体中的抽样。总体覆盖范围越广,样本的一般性也就越强。反之如果总体范围过窄,样本也就更可能缺乏一般性特征。限于笔者的能力和资源,不可能以全国基层法院为总体进行随机抽样或系统抽样[②]。退而求其次,笔者只能首先尽量扩大研究视野,争取最大可能地接触更多基层法院和法官,然后再从中挑选相对更具一般性和代表性特征的样本。因此,虽然本书最终只集中考察三个样本法院,但实际上笔者前期一共接触过将近 40 个基层法院。其中既有笔者所在课题组的预备调研,也有笔者跟随其他课题组进行的附带调查,还包括笔者个人借助从事法律援助和兼职律师工作进行的外围搜索。在此基础之上,笔者初步形成关于基层法院刑事审判的大概认识,进而选择 A、B、C 三个相对更具代表性的法院作为进一步研究的样本。从表面看来,本书构建的三种理想型审判模式与三个样本法院一一对应,似乎仅仅是对个别法院的逐一描述,而非对整个基层法院系统的一般性归纳。甚至可以认为,如果笔者选择的研究样本不是三个而是两个或四个,那么最终提炼的审判模式可能也会是两个或者四个。其实这是对笔者研究方法的重大误读。准确地说,笔者的研究视域力求统摄整个中国基层法院系统,直接考察的对象则包括将近 40 个基层法院;至于最终选定的三个研究样本,无非是根据特定标准选择的代表性法院。换句话说,并非是因为笔者仅仅深入考察三个法院,所以才概括出三种审判模式,而是因为笔者通过对将近 40 个法院的实地考察,以及借助二手资料对全国其他法院的广泛了解,初步确定实践中存在三种主要的审判模式,进而选择具备相当代表性的三个法院,

---

① 毛泽东:《毛泽东农村调查文集》,中共中央文献研究室编,人民出版社 1982 年版,第 56 页。

② 所谓系统抽样是相对随机抽样而言,指遵循某一特定方案进行抽样,比如按照每 10 个电话号码抽取一个样本的办法。参见〔美〕波普诺:《社会学》(第 10 版),李强等译,中国人民大学出版社 1999 年版,第 44—45 页。

作为深入分析该三种审判模式的具体样本。也就是说,三种审判模式是笔者对我国基层法院刑事审判特征的整体性概括,而非对三个样本法院的具体描述。后者仅仅是笔者分析三种模式的示例,而非笔者提炼三种模式的根据。

当然,三个样本法院的选择并非完全依照抽样逻辑。正如苏力所言,因为调研对象的特殊性,必须要有足够的"权力资源"才可能进入法院实施调研。[①] 实际上,A、B、C 三个法院之所以被笔者选定为样本,除了能够分别代表三种审判模式外,首先还是因为笔者能够动用一定的"权力资源"获得法院的必要配合。[②] 但是"权力资源"并非唾手可得,甚至可以说是"可遇不可求"。因此笔者不能先确定样本再去寻找"权力资源",而是必须先确定"权力资源"的范围,再从该范围中选择最合适的样本。由于笔者"权力资源"的有限性,甚至不得不在一定程度上牺牲样本的代表性。比如作为样本的三个法院都处西部某省,严格说来并不满足一般性要件。但是对于全国其他省份的基层法院而言,笔者基本无力获得任何"权力资源"。笔者深知,仅仅依赖相对集中的区区三个样本,难免有管中窥豹、以偏概全的风险,但这本是任何实证研究都无法彻底解决的难题,因此只能尽量通过抽样标准和抽样方法的科学性保证样本的代表性。

首先是经济发展水平。上述三个样本法院中,2005 年 B 区人均 GDP 约 50000 元,而当年全国省级人均 GDP 最高的上海市(含郊县)为 32258 元。A 区人均 GDP7683 元,大致等于全国排名第 13 位的吉林省(7698 元)。C 县人均 GDP4336 元,略高于全国排名倒数第三(29 位)的甘肃省(4294 元)。因此从经济发展水平来看,三个样本法院可分别代表高、中、低三个档次,在全国范围内也具有相当代表性。

其次是法院发展水平。三个样本法院均非屡获表彰的先进典型,也非

---

① 参见苏力:《法律社会学调查中的权力资源——社会学调查过程的一个反思》,载《社会学研究》1998 年第 6 期。

② 毋庸讳言,笔者都有事先通过或公或私的途径"打招呼",从而获得样本法院的大力支持和配合。比如 C 院院长甚至要求全院上下"无条件配合"(当然,这是建立在调研组完善保密措施的基础上)。

问题成堆的落后法院。[①] 由于在一定程度上，没有特色即意味着代表性，因此三个法院大概可以代表全国多数普通法院。再看法院规模和人员编制，也分别涵盖大、中、小三个层次。受理案件的数量呈现明显的阶梯状差异，具体案件类型也因法院区位不同而各有特点：比如在地处发达城市市区的B院，外来人口抢劫、抢夺犯罪较多；在地处传统农村的C院，本地居民盗窃、性犯罪相对较多；位于中等城市郊区的A院则呈现居中特点。

1.2.4　研究方法简介

1.2.4.1　档案检索

检索内容分为两大类：一是法院原始案件档案，包括证据卷、诉讼卷及内卷（副卷）；二是文书档案，主要为审委会记录、刑庭庭务会记录、法院内部规章制度等。调研组在三个法院共抽样调阅1306个案件卷宗，以及2000年到2006年所有文书档案[②]，并详细摘抄、记录有关程序信息。需要说明的是，出于保密考虑，调研组一般不采复印方式，也未提取关于事实的信息。

案件档案抽样标准如下：A院为全部调阅，2000—2004年共计595件。[③] B院和C院采取系统抽样方式，按照档案保管期限及案号，以10为间距进行等距抽样。[④] 最终B院合计抽样386件，C院合计抽样325件。

1.2.4.2　个别访谈

笔者共计访谈53人，具体包括：三个法院刑庭所有法官、书记员及内勤；刑事分管院长；研究室、立案庭、审监庭、政治处、办公室、案件质量评查办公室等部门涉及刑事案件及刑庭事务的法官或干部；当地同级检察院公诉部门检察官；当地从事刑事辩护相对较多的律师。

---

① 需要说明的是，A院某人民法庭（不受理刑事案件）曾被授予“全国十佳人民法庭”称号，但其特色在于98%的民事调解率和全女性的法官构成，与本书研究的刑事审判无关。

② 需要说明的是，因为档案管理制度执行力度的差异，三个样本法院的归档速度，尤其是文书类档案差异较大。比如直到2006年，A院仍有相当部分2002、2003年的文书档案散落在各业务庭室。

③ 原因在于：A院案件总量不大，且为调研组第一个深入调研的样本，故为避免抽样调查可能的遗漏和不精确性，最终确定全部调阅。

④ 根据最高法院规定的归档分类办法，归档案件分别以永久、长期、短期三类对应重要程度不同的案件。笔者首先确定案件类型，再从1至10之间随机抽取一个数字作为基数，然后顺加10，尾数不足10者从头顺加直至抽足10%为止。比如B院2004年短期档案共338件，调研组抽取档案编号分别为5，15，25，……335的案件共33个，实际抽样率9.76%，误差率0.24%。

需要承认的是,面对身为“外来者”甚至还带有批判眼光的调研人员,法官们普遍有(至少在开始阶段有)一种戒备心理,往往有意无意间回避甚至掩盖实践中的某些问题(比如“罚金换缓刑”、“合而不议”等)。为了提高访谈信息的准确性和可信度,笔者首先是争取和法官成为朋友。由于调研时间相对较长(不计算 2011 年的追踪调研,每个样本法院先是一月左右的集中调研,后来还有一周左右的回访),笔者全天 8 小时和法官亲密相处,再加上 8 小时之外的宴请和私下交流,至少到调研后期,笔者与三个法院相当部分法官成为私人朋友。在此基础上进行访谈,法官当然更容易坦诚交流。而且在访谈方式上,笔者一是坚持单独访谈,避免访谈对象之间相互影响;二是尽量选择随意的访谈场所;三是访谈前重点强调访谈和研究的匿名性;四是注意先抛出证据,再追问问题;五是专门设定开放式问题的环节,鼓励访谈对象畅所欲言。

1.2.4.3 庭审观摩

由于调研时间相对集中,而且在 C 院时恰好遭遇年终盘整,所以未能按计划一次性足额完成观摩,只好在回访阶段另行旁听。笔者前后共抽样观摩庭审计 64 件,其中简易程序 31 件,普通程序 33 件。

B 院案件较多,基本上每天都有多起开庭。笔者以案号为标准进行等距抽样,样本间距为 3。最终抽取旁听案件 25 件,其中简易程序 13 件,普通程序 12 件。C 院案件相对较少,调研期间开庭的案件只能基本保证笔者的抽样总数,因此采取逐一旁听方式。最终旁听案件 24 件,其中简易程序 10 件,普通程序 14 件。A 院案件最少,调研期间尚未达到 20 件的最低标准,笔者除逐一旁听外,还从 2005 年已决案件中随机抽样加以阅卷,通过庭审笔录提取庭审信息(A 院庭审笔录最为详细,开庭起止时间、举证内容、讯问内容等都有仔细记载)。最终抽样旁听 15 个案件,通过调卷分析 10 个案件;其中简易程序 13 件,普通程序 12 件。

1.2.4.4 其他需要交代的问题

首先是问卷调查。笔者对三个法院刑庭法官、书记员均进行匿名问卷调查。实际发放问卷 25 份并全部收回,其中无效 0 份。但是考虑到问卷设计难以避免价值预设的问题①,以及法官对于"白纸黑字"的问卷固有的警惕心理②,笔者仅将问卷结论作为参考,主要还是依赖相对更具可信度的档案资料和访谈信息。

其次是参与问题。笔者有幸列席(尽管笔者本意仅为旁听,但是最终限于局势不得不有所发言)C 院审委会、庭务会,以及 A 院合议庭评议。作为一个研究者,笔者的在场可能会直接改变法官们的行为和态度。虽然笔者尽量减少对正常程序的干扰,但这种风险仍然存在。笔者旁听庭审也面临这个问题,虽然庭审在理论上本就对社会公开,但是调研人员毕竟不同于普通旁听群众,难免影响法官及其他诉讼参与人员的行为。最尴尬的问题还在于:笔者永远无法知道自己的在场究竟是否改变,以及在何种程度上改变了研究对象的原貌。

① 〔英〕吉登斯:《社会学》(第 4 版),赵旭东等译,北京大学出版社 2003 年版,第 822—824 页。

② 笔者清楚地发现,多位法官在问卷中的答案和访谈中的答案截然不同。比如关于"有多少案件存在'打招呼'情况"这一问题,笔者访谈获得的平均比例大概为 20%,但是问卷所得却为 5% 左右。

第二章 “对抗/判定”模式:庭审中心主义

第一节 “对抗/判定”模式的理论模型

“对抗/判定”模式是指法官直接而且仅仅基于控辩双方的庭审对抗形成心证。当事双方的诉讼活动所展示的案件信息成为法官心证的信息基础。法官主要依靠亲历亲为的听审行为获取信息,并于听审同时进行信息加工,及时形成关于事实判断的内心确信。案件信息的展示、获取、整理乃至判决意见的最终形成,都高度集中于庭审阶段。

在我国,“对抗/判定”模型最早由王亚新提出,并将其视为日本当代民事诉讼的基本结构。王亚新认为:“‘对抗’是指诉讼当事人的双方被置于相互对立、相互抗争的地位上,在他们之间展开的攻击防御活动构成了诉讼程序的主体部分;而‘判定’则意味着由法官作为严守中立的第三者,对通过当事人双方的攻击防御而呈现出来的案件争议事实做出最终裁断,且这个裁断具有一经确定即不许再轻易更动的强烈的终局性。”①换言之,对抗是为了展示并限定案件事实,而判定则是基于对抗而形成的法官心证。对抗是判定的基础和前提,判定则

① 王亚新:《对抗与判定:日本民事诉讼的基本结构》,清华大学出版社 2002 年版,第 57 页。

是对抗的目的和结果。因此,诉讼程序在过程上表现出强烈的交涉性和对话性,在结构上表现为当事双方的积极参与和法官的针对性回应。正如棚濑孝雄所言:“审判的本质要素在于,一方面,当事者必须有公平的机会来举出根据和说明为什么自己的主张才是应该得到承认的;另一方面,法官作出的判断必须建立在合理和客观的事实和规范基础上,而这两个方面结合在一起,就意味着当事者从事的辩论活动对于法官判断的形成具有决定意义。”①

总体而言,民事诉讼和刑事诉讼在程序机制方面相当近似,特别是在法庭审判阶段。其实人类文明史上长期实行“民刑合一”的诉讼制度,只能由与案件有直接利害关系的私人提起诉讼。梅因的考察发现,最早的刑事司法程序“主要是模仿私人生活中可能要做的一系列行为,即人们在生活中发生了争执,但在后来不得不把他们的争执提交和解。高级官吏谨慎地仿效着临时被召唤来的一个私人公断者的态度”②。自 14 世纪中叶法国设立检察官制度以来,国家公诉才逐渐取代私人控诉介入刑事程序,并与民事诉讼形成鲜明区别。出于对合法垄断暴力措施的国家权力的警惕和防范,现代刑事诉讼对国家的侦查、起诉行为设定了诸多限制,因而进一步扩大了刑事诉讼与民事诉讼在审前阶段的差异。但在审判阶段,传统的控诉式审判模式很大程度上得到保留。不论是民事诉讼还是刑事诉讼,“两造对抗、居中裁判”的“三角结构”仍然是审判程序的基本模式。即便在今天,除证据规则上的某些差异外,诸多国家仍然没有在审判阶段明确区分刑事诉讼和民事诉讼,而是对两者基本适用同一套审判制度。③ 因此可以说,至少在现代西方国家,“一切诉讼、审判制度其实都是以民事诉讼为蓝本的。”④正是基于这一认识,笔者尝试借用民事诉讼研究的“对抗/判定”概念来分析我国刑事诉讼实践。

---

① 〔日〕棚濑孝雄:《纠纷的解决与审判制度》,王亚新译,中国政法大学出版社 2004 年版,第 256 页。

② 〔英〕梅因:《古代法》,沈景一译,商务印书馆 1997 年版,第 211 页。

③ 以美国为例,仅就开庭审判而言,刑事诉讼和民事诉讼基本没有区别。其实除少数专业法院(如房产法院、家事法院等)外,普通管辖权法院的法官都须同时兼理民事和刑事案件。不仅如此,虽然两者在证据规则上有较大差异(如刑事被告人享有不自证其罪特权),但在联邦系统和多数州司法系统,都适用统一的证据法案。

④ 王亚新:《社会变革中的民事诉讼》,中国法制出版社 2001 年版,第 4 页。

2.1.1 本质特征:庭审形成判决

笔者观察到,实践中相当部分刑事审判已基本克服庭审“走过场”的痼疾,形成实质性的庭审对抗,并能基于庭审活动直接形成最终判决。尽管因为证人出庭率低等现实因素的限制,离理想型直接言词审理仍有相当距离,但辩论质证、集中审理、证据裁判等基本原则却大多得以实现。相比以阅卷为中心的“默读式审理”和以审批为中心的“会议式审理”,这种“对抗/判定”模式更加接近经典的“听证式审理”模式。

就本质特征而言,“对抗/判定”模式在于通过庭审直接形成判决。法官以“听审”活动及一定条件下的职权式当庭调查行为获取案件信息,进而依据证据规则及经验和良知形成关于案件事实的心证。庭审过程对法官心证的形成构成严格的时空限制。在时间上,法官获取、加工案件信息及形成事实认定的行为被高度压缩于庭审阶段。除起诉书的简略记载外,法官只在庭审开始后才首次全面接触案件信息。不仅如此,法官还需要在庭审结束时当庭宣告事实认定结果。此间虽然允许短暂的休庭评议或休息,但庭审总体呈现高度集中化,而且一旦启动便一般不予中断。作为结果,法官须“毕其功于一役”,而不能慢条斯理地分段操作。在空间上,庭审限定了法官心证的信息来源范围,非经当庭展示的案件信息不得成为法官心证的证据基础。正如季卫东所言,法庭成为“一个相对独立于外部环境的决策的‘隔音空间’。在这里,只有原告、被告、证人、代理人,而不管他们在社会上是新任局长还是卖瓜王婆。在这里,只讨论系争中的判断问题,而不管早晨的茶馆谈笑、傍晚的交通拥挤。在这里,只考虑与本案有关的事实和法律,而不管五百年前的春秋大义、五百年后的地球危机。总之,通过排除各种偏见、不必要的社会影响和不着边际的连环关系的重荷,来获得一个平等对话、自主判断的解放区”①。

简而言之,在“对抗/判定”模式下,庭审过程本身成为判决的生产装置,法庭则成为生产判决的“车间”。法官通过其当庭诉讼活动——主要是“听”,但也偶有“查”——获取信息并形成判决。庭前、庭后的所有诉讼活

---

① 季卫东:《程序比较论》,载《比较法研究》1993年第1期。

动均属为庭审进行准备或补充。庭审成为整个诉讼过程的核心和高潮。

2.1.2 形式特征:听证式审判

2.1.2.1 对席审判

其要义有三:一是控审分离,即由专门的检察机关或自诉人承担指控任务。二是程序参与,即被告人本人或其辩护人有效参与诉讼过程、发表意见并影响裁判结果。三是控辩平等,即至少从形式上保障对席双方平等对抗的能力。

对于“诉讼”的本义,《说文解字》释为:“诉,告也;讼,争也。”《尚书·吕刑》有云:“两造具备,师听五辞。”可见,原告、被告对席争讼,即为诉讼之基本架构,也是“任何人不能作自己的法官”这一程序正义最根本原则的题中之意。基于此,人类社会最早的诉讼形式即为两造对抗的弹劾式诉讼。不过就刑事司法而言,中外历史上均长期存在法官纠问式诉讼。法官不仅要定罪量刑,还须承担调查、逮捕甚至控告的责任。[①] 在 1787 年前的法国王政时代,甚至有“任何法官都是检察官”[②]之说。诉讼过程“仅有纠问者(法官)与被纠问者(被告)的两面关系……既无追诉者与审判者之分,也无所谓原告与被告之别”[③]。面对并不超然中立且又先入为主的法官,被告人几无抗御能力。历经启蒙运动和资产阶级革命,欧陆各国纷纷废除纠问旧制,并在检察官制度的基础上逐步建立起现代职权主义刑事诉讼。其中一个最根本的程序变革就是,审判者与控诉者相分离,检察官及特殊情况下的刑事自诉人专司指控,法官则专司裁判。基于分权理念的控诉原则产生,即所谓“无原告,即无法官”[④];或“无控方之起诉,即无法官之裁判”[⑤]。具体到审判阶段,弹劾式的对席审判也相应恢复并逐步完善。本书意义上的“对抗”,首先即指控辩双方在诉讼结构上的对立或对席。但必须承认,尽管 1996 年《刑

---

① 比如中国古代的包公办案方式。在欧洲中世纪的宗教裁判所,法官与检察官角色也是集于一体,而告发者及指控证人的身份则被有意隐瞒。参见〔英〕伯曼:《宗教裁判所——异端之锤》,何开松译,辽宁教育出版社 2001 年版,第 43—51 页。

② 〔法〕卡斯东·斯特法尼等:《法国刑事诉讼法精义》,罗结珍译,中国政法大学出版社 1998 年版,第 79 页。

③ 林钰雄:《刑事诉讼法》(上册),中国人民大学出版社 2005 年版,第 42—43 页。

④ 〔德〕罗科信:《刑事诉讼法》,吴丽琪译,法律出版社 2003 年版,第 99 页。

⑤ 林钰雄:《刑事诉讼法》(上册),中国人民大学出版社 2005 年版,第 43 页。

事诉讼法》修改使我国刑事庭审方式发生巨大转变,从法官职权纠问式逐步向控辩对抗式靠拢,但限于"司法一体化"等体制因素,法官与检察官甚至警察之间"分工合作、相互配合"还比较普遍,法官中立性尚难以保障[①],控审分离虽然在形式上有所体现,但在操作中还显得不伦不类,容易造成"控审双方共同对付被告方的局面"。[②] 2012 年《刑事诉讼法》的修订,尽管在形式上继续强化控审分离并有所进步(如规定简易程序案件公诉人必须出庭),但是未能从根本上解决相关体制问题,因此依然容易导致控审之间"貌离神合"。

控审分离旨在确立"对抗"中的控诉方,而被告方则由程序参与原则确立。程序的参与性,或曰"获得审判的权利",是程序正义的最基本要素和最底限要求。[③] 在一个理性社会,"人们有理由要求法院在作出关系他们利益的判决之前,能听取其意见"[④],即判决的利益相关者在审判阶段拥有"在场权"。不仅如此,通过审判表达意见的渠道必须畅通,要有充分的时间和条件陈述其意见,或就对方意见进行反驳。最后,法官须重视利益相关者的意见,并将判决建立在对双方意见进行理性推论的基础上,而不能"你说你的,我判我的"。[⑤] 换言之,被告人不仅是审判的"在场者",更是"裁判制作过程中的协商者、对话者、辩论者和被说服者"。[⑥]

对席审判形成"等腰"的三角诉讼结构,因而控辩平等是题中之意。不过限于国家与个人的天然力量失衡,控辩平等更重在形式平等,即地位、手段和机会平等,以及特殊情况下对被告人的特殊关照(如法律援助)。[⑦] 在"对抗/判定"框架下,控辩平等重在强调被告人的主体性和参与性,关注辩

---

① 龙宗智:《徘徊于传统与现代之间——论中国刑事诉讼法的再修改》,载《政法论坛》2004 年第 5 期。

② 左卫民:《权利话语/实践的艰难展开:1996 年中国刑事诉讼法典修改的反思》,载《中外法学》2002 年第 4 期。

③ 陈瑞华:《刑事诉讼的前沿问题》(第 2 版),中国人民大学出版社 2005 年版,第 240—241 页。

④ M. Bayles, Principles of Law: A Normative Analysis, D. Reidel Publishing Company, 1987, p. 32.

⑤ 参见宋英辉主编:《刑事诉讼原理》(第 2 版),法律出版社 2007 年版,第 101—112 页。

⑥ 转引自陈瑞华:《刑事诉讼的前沿问题》(第 2 版),中国人民大学出版社 2005 年版,第 250 页。

⑦ 参见龙宗智:《刑事庭审制度研究》,中国政法大学出版社 2001 年版,第 40—42 页。

护活动对法官心证的塑造作用,而非追求实质上的能力均等,更非强调判决结果在有罪/无罪间的机会均等。特别是在我国语境下,由于律师辩护率过低,被告人文化水平总体较低,导致控辩对抗和控辩平等在相当程度上难以实现,被告人之参与权/辩护权更多只具象征意义。基于此,法官在庭审中的释明行为和职权调查仍属必要。

对席审判之意义,主要不在于保持诉讼结构的形式平等,而在于通过对抗式诉讼活动展示案件信息,决定判决内容,并证成判决结果的正当性。实际上,如果仅以解决纠纷为目的,裁判者没有必要,甚至不应当在诉讼展开后仍然有意将争执双方置于相互对立的地位,并从制度上要求他们继续实施对立抗争的纠纷行动。这其实是西欧法律传统的独有特点。[①] 而在当代中国,自延安时期沿袭至今的人民司法传统其实带有强烈的“反对抗”色彩,“马锡五审判方式”就特别强调“座谈审判”而非“坐堂审判”。[②] “除了一切民事纠纷均应实行调解外,一些重大刑事罪以外的一般刑事罪亦在调解之列。”[③]但经验证明,当事人之间的对立党派性对于诉讼程序和裁判结果必不可少。首先,就发现事实真相及正确适用法律这一实体目的而言,“双方的胜诉动机会促使他们仔细寻找和考虑一切有利于自己的证据、法律规定及其解释方式,并竭力发现相反观点的漏洞和问题,从而可以使处理某一案件的各种选择都能得到充分展现和权衡。……如果完全缺乏立场上的对立性,就会使讨论变得钝滞,问题的不同方面无法充分反映,从而影响决定的全面性、正确性。”[④]其次,就保证程序合理性的目的而言,只有通过对立的党派性安排,才能“调动程序利用者的积极性……使程序不致流于形式而能行之有效”,并使得“议论具有对话性,有的放矢,使思考更全面、更深入”。[⑤]最后,党派性对抗也赋予法官判决以正当性和可接受性。“经过当事人的攻击防御活动之后由法官做出的谁胜谁负的终局性裁断,并不直接是关于案情是非曲直的伦理性判断,其根本性质更接近于有关当事人攻击防御活动

① 王亚新:《对抗与判定:日本民事诉讼的基本结构》,清华大学出版社 2002 年版,第 58 页。

② 张希坡:《马锡五审判方式》,法律出版社 1983 年版,第 79 页。

③ 《陕甘宁边区民刑事件调解条例》,转引自强世功:《权力的组织网络与法律的治理化——马锡五审判方式与我国法律的新传统》,载《北大法律评论》2000 年第 3 卷第 2 辑。

④ 季卫东:《程序比较论》,载《比较法研究》1993 年第 1 期。

⑤ 同上注。

是成功还是失败的决定。……法官在诉讼结果上仍然保持价值中立,达到的最终结论也只是一种技术性决定。”①

2.1.2.2 集中审理

其要义有二:一是一步到庭,即禁止法官庭前接触案件事实信息,排除法官预断。二是当庭宣判,即要求法官在“听审”及当庭调查后即时形成关于案件事实的内心确信,并作出事实认定。

“对抗/判定”模式之本质在于通过庭审形成法官心证。由于案件信息主要经由口头方式呈现于庭审过程②,缺乏有效的再现手段③,如果允许间断审理,法官可能难以保持对庭审的鲜活记忆,从而导致庭审效果弱化,记忆冲淡、认识模糊,事实认定出现偏差甚至扭曲。不仅如此,由于“对抗/判定”模式强调对庭外信息的排除,要求法官仅仅根据庭审信息作出判断,而在间断审理的情况下,法官相对容易受到庭外信息或庭外力量的干扰。再考虑到对诉讼效率、法官独立、言词审理等原则的促进作用④,集中审理原则为各国所普遍遵守。

通说认为,集中审理之关键有二:一是主体集中,即承担审判之法官须不间断地在场。这不仅指形式上的身体在场,更要求实质上的精神在场。二是过程集中,即庭审过程须一气呵成,持续而不间断。⑤ 但笔者认为,在我国刑事司法语境下,仅仅有主体集中和过程集中尚不足以保证集中审理。由于案卷制度、审批制度等影响,兼之法官独立性普遍不高,我国刑事庭审实质化程度相对低下,庭审呈现空洞化的虚置现象。如此一来,一旦法官已经于庭前通过阅卷或其他方式初步形成心证,再讨论所谓庭审过程中的主体集中或过程集中就几无意义。因此笔者认为,就我国语境而言,集中审理

---

① 王亚新:《对抗与判定:日本民事诉讼的基本结构》,清华大学出版社 2002 年版,第 60 页。

② 具体包括:(1) 控辩双方的口头辩论;(2) 出庭证人的当庭陈述;(3) 书面证据的当庭宣读。

③ 毋庸置疑,在我国刑事司法实践中,庭审笔录并非对庭审活动完整、忠实的记录,而是在相当程度上经过简化甚至概括加工,其复制和再现庭审活动功能并不明显。另一方面,全程录制(录音 + 录像)技术尚未推广。而且即便有录制资料,庭后观看的方式也难以真正“身临其境”地把握真实庭审,特别是对证人(包括被告人和被害人)的当庭表现(如神态、语气、脸色、眼神等细节问题)难以全面把握。

④ 参见宋英辉主编:《刑事诉讼原理》(第 2 版),法律出版社 2007 年版,第 301—307 页。

⑤ 陈瑞华:《问题与主义之间——刑事诉讼基本问题研究》,中国人民大学出版社 2003 年版,第 24 页。龙宗智:《刑事庭审制度研究》,中国政法大学出版社 2001 年版,第 60—61 页。

之要义在于一步到庭和当庭宣判。前者可排除法官预断,后者则能有效限制庭外因素的影响。[①] 再辅之以不间断的审判过程与审判主体,方能达致真正意义上的集中审理,确保法官基于对庭审的新鲜记忆作出事实判断。

2.1.2.3 言词审理

其要义有二:一是阅卷禁止,即不论庭前庭后,均禁止法官阅读侦查卷宗。二是口头举证,即要求控辩双方以口头方式提示证据,除物证、书证、视听资料及勘验、检查笔录外,未经当庭宣读的言词证据内容不得成为法官判案的依据。

首先需要明确,由于证人难出庭这一现实状况的尴尬制约,我国法官难以直接面对原始证人,不能通过察言观色和交叉询问审查证人的可信度,甚至不得不接受取证人员对证人证言的“加工制作”或“中介扭曲”。[②] 退而求其次,基于“对抗/判定”框架,言词审理之主要目的在于通过当事双方的庭审活动限制法官的信息来源,确保法官主要基于“听审”而非阅卷,形成心证。换言之,在证人不出庭的现实难题下,言词审理的意义重在其程序功能,即保证控辩双方对法官心证的必要制约;至于其实体功能,如提高证言准确性,明察证人可信度等功能,虽也是可欲之目标,但暂时还难以获致。

鉴于侦查案卷在当下刑事诉讼中的关键作用,有学者认为,法官阅卷制度仍然会在相当一段时间内得到保留。[③] 就整体趋势而言,笔者认同这一判断。但笔者对局部实践的考察发现,“对抗/判定”模式下的法官阅卷行为已基本消失。特别之处在于,阅卷禁止的实现并非法官有意为之,而是集中审理原则下一步到庭和当庭宣判制度的“副产品”。一步到庭使法官自开庭始方能接触案卷,当庭宣判则使庭后阅卷失却意义,兼之庭审进行中几无阅卷机会,侦查案卷对法官心证的影响受到严格限制。与此同时,控辩双方通过当庭活动所展示的案件信息则成为法官心证的主要基础。

然而,阅卷禁止并非一概排除侦查卷宗的使用。实际上,在证人不出庭的前提下,这既不可能也不现实。一种相对合理的方案在于,允许控辩双方

---

① 当然,这种限制不可能是绝对的。实际上,即便严格实行当庭宣判,在当下司法体制下,法官独立仍然不容乐观。不过,当庭宣判至少可以在相当部分个案中限制庭外因素的影响,保证法官相对独立。

② 龙宗智:《刑事庭审制度研究》,中国政法大学出版社 2001 年版,第 54 页。

③ 左卫民:《中国刑事案卷制度研究:以证据案卷为重心》,载《法学研究》2007 年第 6 期。

(其实主要是控方)当庭宣读未出庭证人的书面证言(包括询问笔录和手书证言),但未宣读部分不得作为法官裁判依据。不过,这并不排除法官依职权主动当庭查明相关事实。关键在于,所有的证据信息都需要通过口头方式予以展现,因而笔者称之为口头举证。也就是说,不论侦查卷宗内容如何,“凡未经言词说出者,均不得考量之,其应被视为未发生过或是不存在”。[①] 法官心证因而受到控辩活动的有效制约。庭审过程而非案卷或其他因素成为法官心证的信息来源,并直接决定判决结果。[②]

2.1.2.4 自由心证

其要义有三:一是内心确信,即在综合考量证据信息的基础上,法官依其理性、良心和经验对事实认定达致“真诚地相信”。[③] 二是证据裁判,即法官心证须基于庭审过程所展示的证据信息而形成,不得以法官个人的主观推测或庭审以外的非证据信息为根据。三是判决说理,即判决书须详细阐释法官心证的形成过程。

在“对抗/判定”框架下,对抗的功能在于提示并限定证据信息,其最终指向则是法官心证。对抗过程具有可视性,控辩双方的诉讼活动须客观地展现于庭审之中,因而也易于观察、规范。但就法官心证之形成而言,其过程不具可视性,其结果不具可验证性,而且不可避免具有一定程度的主观色彩,因而向来即是诉讼史上的争议焦点之一。既然事实认定之确定性难以保证,客观真实难以有效获致,合理的“次优”选择当在于通过一定的程序设置提高法官心证的合理性和正当性,具体措施包括法官独立、排除预断、审判公开、上诉制度等。[④] 具体到“对抗/判定”模式,法官心证合法性的获致有赖于集中审理、言词审理和辩论原则的实现,即保证控辩活动对法官心证

---

① 〔德〕罗科信:《刑事诉讼法》,吴丽琪译,法律出版社 2003 年版,第 130 页。

② 不过,限于律师辩护率低下和证据开示制度之缺失,兼之检察官客观公正义务在司法实践中时常被忽视,严格的“阅卷禁止”和“口头举证”原则可能更加不利于被告人。毕竟,检察官在庭审中往往是选择式、摘录式举证,时常会省略对被告人有利的部分。如果允许法官庭后阅卷,也许尚能发现省略之处,并在判决中适当补救。反之,“阅卷禁止”则根本杜绝该补救途径,对被告人而言无疑适得其反。因此,脱离强制辩护原则和证据开示原则的“对抗/判定”模式适用范围相对有限。对此后文将详述。

③ 徐静村主编:《刑事诉讼法学》(上)(修订版),法律出版社 1999 年版,第 144 页。

④ 参见秦宗文:《自由心证研究——以刑事诉讼为中心》,法律出版社 2007 年版,第一、二、七章;王亚新:《关于自由心证原则历史和现状的比较法研究——刑事诉讼中发现案件真相与抑制主观随意性的问题》,载《比较法研究》1993 年第 2 期。

的排他性塑造作用,使法官之自由判断成为当事人约束下的自由。法官心证的价值判断色彩也因而有所消解,更近似于价值中立的技术判断。换言之,受制于控辩对抗的自由心证具有更强的可接受性,形成对法官和当事人的双重保护。

基于此,证据裁判原则当为自由心证之基础。陈朴生认为:“无证据,即无心证。自由心证,乃选择证据中之证据,并非证据外之证据。……系由调查证据而形成,既不得以自由心证缩小调查之范围,亦不允许证据未经合法调查而形成自由心证。”[①]法官只能根据庭审活动所展示的证据信息形成心证。法官个人之猜测,或庭审中未予提示的信息,则不在考量范围之内。具体到我国语境下,侦查案卷中未经口头提出的信息,即未经当庭质证的证据,不得作为裁判依据。法官不仅不应在判决书中加以引用,也不应于庭外自行阅读并加以考量。

诚然,同是实行自由心证制度的英美法系国家普遍不要求法官提供事实判决的理由。但是,由于缺乏有效保障法官独立及职业操守的政治/司法体制[②],以及未能形成严格而科学的证据规则,判决说理就成为审查法官心证、限制法官恣意的主要渠道。通过对证据的征引,以及对法官心证形成过程的论证,判决说理在回应控辩双方“对抗”活动的同时,也形成“对自由心证的制度化制约”[③],并能提升判决的正当化程度,说服当事人接受判决,或为当事人之上诉行为提供明确的根据。[④] 在此意义上,整个诉讼表现为前后相继的两次“对话/说服”过程,“一个是当事人通过法庭辩论说服法官的显在过程,另一个是法官在此基础上考虑如何说服当事人各方、上级法院、社会一般成员的潜在过程。”[⑤]诉讼三方的交涉性、互动性得以实现,从而证成诉讼程序的理性化和正当性。

---

① 陈朴生:《刑事证据法》,台湾三民书局 1979 年版,第 554 页。

② 以英美国家陪审团审判为例,严格的陪审员甄选制度、排除预断制度、秘密评议制度、(事实审)一裁终局制度等基本能够有效保证陪审团的裁判操守。对法官而言,则由选拔制度、惩戒制度、身份保障、审判公开、新闻自由等政治/司法体制保障其职业操守。相比之下,当下我国法官的选拔、监督、保障体制均不无逊色,近年来层出不穷的司法腐败现象即可为证。

③ 王亚新:《关于自由心证原则历史和现状的比较法研究——刑事诉讼中发现案件真相与抑制主观随意性的问题》,载《比较法研究》1993 年第 2 期。

④ 龙宗智:《刑事判决应加强判决理由》,载《现代法学》1999 年第 2 期。

⑤ 季卫东:《程序比较论》,载《比较法研究》1993 年第 1 期。

综上所述,相比以民事诉讼为蓝本的理想型“对抗/判定”模式,我国刑事司法实践中相当部分庭审已基本实现“庭审中心主义”,能够通过庭审活动直接形成法官心证。但在具体形式上,还存在以下问题:(1) 控辩对抗和控辩平等尚不充分,对席审判的形式意义大于实质意义;(2) 案卷制度和审批制度还长期存在,须以一步到庭和当庭宣判促进集中审理原则的制度化;(3) 证人出庭依旧艰难,言词审理不得不折中为阅卷禁止基础上的口头举证原则;(4) 法官操守和证据规则尚不尽理想,因而需要强化判决说理以完善自由心证。概而言之,当前刑事诉讼中的“对抗/判定”模式是一种折中、次优、非制度化的审判机制,距离作为其蓝本的民事诉讼和英美对抗式刑事诉讼尚有相当距离。

第二节 实证考察:“对抗/判定”模式的运行机制

笔者在A院的调查发现,该院大部分刑事审判均基本符合上述“对抗/判定”模式理论模型,“庭审中心主义”得到较好贯彻。这在书面化、行政化色彩普遍偏重的基层刑事审判中,无疑具有相当的“亮色”。以下试以A院为样本,对实践中的“对抗/判定”模式进行近距离、多角度的观察和剖析。

首先来看两个真实案件的审判流程①:

【案例一】 付某被控抢劫案(A院:2002年9-61号)

2002年6月11日上午,检察院向A院提起公诉。被告人系未成年人,审前在押(于3月20日被刑事拘留,4月26日执行逮捕)。立案庭进行形式审查并登记后,即移送刑庭。刑庭内勤根据轮流原则安排该庭副庭长承办该案。书记员核对承办人时间表后,于当日下午向被告人送达起诉书副本,并告知开庭时间。

检察院随案移送全案证据。具体包括:(1) 被告人供述3份,笔录共11页,均制作于侦查阶段。被告人对犯罪事实供认不讳,前后供述之间无矛盾。(2) 被害人陈述1份,共3页。(3) 证人证言2份,共5

① 根据原始档案整理。部分内容(如内勤分案方式、法官阅卷习惯等)系直接访谈所得。

页。(4) 鉴定结论 1 份,系被抢赃物价格鉴定,共 4 页。(5) 物证 1 份,系被抢赃物照片,共 4 页。不过,承办人自始至终并未阅卷。

辩护人系被告人自行委托,于 12 日下午到法院阅卷并复制全卷。

6 月 21 日下午 3 点 30 分,该案不公开开庭审理。尽管法院适用简易程序,检察院依旧派员出庭支持公诉,被告人及其辩护人到庭。法官于开庭前将案卷返还公诉人,以便其进行诉讼。公诉人宣读起诉书后,被告人对指控事实予以认可,并详细陈述案发经过及前因后果。公诉人向被告人发问 3 次,辩护人发问 2 次,法官发问 5 次。因证人、鉴定人未出庭,由公诉人全文宣读侦查人员对证人的询问笔录及鉴定结论。物证照片亦由被告人当庭质证。辩护人提供被告人就读中学的情况说明,证明被告人一贯表现良好。控辩双方都未就对方证据提出质疑,法官遂当庭确认其真实性及合法性。随后进行法庭辩论,双方均根据事先拟定的书面意见照本宣科。[①] 因事实及法律均无争议,一轮辩论后法官即宣布辩论终结。被告人随后简单进行最后陈述。法官此后宣布休庭 5 分钟。

复庭后,法官即当庭宣判,认定被告人抢劫罪成立,判处有期徒刑 6 个月,并处罚金 500 元。庭审结束,此时为下午 5 点 25 分。

6 月 24 日(星期一),承办法官制作判决书,共 3 页。事实部分基本照搬起诉书内容。证据部分主要采简单罗列方式,关键证据摘录其核心内容。论证部分对辩护人观点有简单回应。当日下午,承办法官自行签发判决书,并交付打印室打印、盖章。6 月 26 日,书记员向被告人送达判决书。

【案例二】 周某被控抢劫案(A 院:2004 年 8-22 号)

2004 年 5 月 28 日(星期五),检察院提起公诉。A 院立案庭受理后,移送刑庭。内勤按顺序安排庭长承办,并确定开庭日期。

检察院随案移送主要证据复印件,含被告人供述、被害人陈述、证

---

① 需要说明的是,与辩护人不同,开庭结束后公诉人并不向法庭提交书面公诉词,因而庭审笔录中虽有“宣读公诉词”之记载,档案中却没有收录。

人证言等(一般各一份),具体不详。[①] 不过,承办人庭前并未阅卷。

5月31日,书记员向被告人(3月17日被逮捕后一直在押)送达起诉书副本,并告知开庭时间及合议庭组成情况。

6月18日,法官发布公告,确定3日后开庭。

6月21日下午4点41分,该案公开开庭审理。法院适用普通程序,合议庭成员为刑庭全部三个法官,其中庭长既是承办人也是审判长。被告人未委托辩护律师。被告人对起诉书指控事实全部予以认可,并简略陈述案发经过。除公诉人向被告人发问2次外,三名法官均未发问。之后,公诉人逐一举出指控证据,包括:(1) 被告人供述8份,共27页,均表明被告人认罪。(2) 被害人陈述1份,共3页。(3) 证人证言4份,共15页。(4) 书证4份,共9页,包括被告人身份信息及前科资料。(5) 鉴定结论1份,共7页,系赃物价格鉴定。证人、鉴定人均未出庭,由公诉人全文或摘要[②]宣读有关证据笔录及鉴定结论。被告人既未提出反驳意见,也未提供辩护证据,法官遂当庭确认证据真实性及合法性。随后进行法庭辩论,公诉人宣读书面公诉词后,被告人没有任何辩论意见,也未进行最后陈述。审判长宣布休庭评议。

17点32分,合议庭在刑庭办公室开始评议。因庭长本人是承办人,遂由其他法官先发言,庭长最后发言。由于对定罪量刑均无争议,评议于17点44分即告结束。[③] 三名法官随后短暂休息。

18点整,审判长宣布复庭,并当庭宣判,认定被告人抢劫罪成立,

---

① 按照操作惯例,检察院庭前移送的主要证据系复印件,庭后须全卷移送原件。结案后,法院只将原件归档,复印件须销毁,因此法院档案无法反映出庭前案卷移送的具体范围。此处系根据访谈法官、检察官所得。

② 因被告人供述有多份,且每份均涉及身份确认等程序事项,庭审时只全文宣读第一份,其他几次供述则摘要宣读。此外,鉴定结论中包含大量技术参数和资质介绍,宣读时也予以省略。

③ 合议庭评议笔录显示仅有一轮发言,但有诸多可疑之处:(1) 根据笔者对其他案件合议庭评议的实地观察,即便评议中毫无争议,一般也须分别发言三轮左右才能终结,即第一轮讨论定罪,第二轮讨论量刑,第三轮进行最后确认。(2) 相比庭审笔录而言,A院档案中多数评议笔录书写过于工整,可能属于事后补记。(3) 部分评议笔录行文与判决书雷同,可能系直接照搬判决书原文。基于以上疑虑,笔者专门追问刑庭书记员,答案如下:对于合议庭无争议的案件,确实有相当部分评议笔录系事后补记,目的仅在于应付归档要求,因而一般照搬判决书行文,但发言顺序还是按惯例排列(不见得是评议时的真实顺序,因书记员没有记录)。不过,如果合议庭有争议,因为可能涉及责任问题,评议笔录均严格照实记录。访谈笔录:A-2-1。

判处有期徒刑11年,并处剥夺政治权利1年。交代上诉权利后,庭审于18点4分结束。

6月22日,承办法官制作判决书,仅3页。事实、证据、说理均比较简单。判决书由承办法官于当日自行签发打印、盖章,并于6月25日送达被告人。9月2日,监狱发回执行回执。案件归档、结案。

在上述两案中,法官几乎完全依赖庭审形成判决。侦查案卷虽然随案移送至法院,但法官并不通过阅卷获取案件信息,而是借助“听审”及职权调查活动搜集信息。控辩双方的庭审活动对最终判决有明显的塑造作用。庭审的中心地位凸显,成为实质性生产判决的“法的空间”,并表现出与庭前、庭后程序的明显断裂。尽管庭审程序在形式和技术上仍有不少缺陷,如案例二不仅缺乏辩护律师,被告人本身也未积极辩护,因而并未形成真正的庭审对抗;但在“庭审产生判决”这一根本意义上,上述两案均可纳入“对抗/判定”模式。

2.2.1 审理机制

2.2.1.1 法官心证的间接基础:侦查案卷

“对抗/判定”模式重在通过庭审形成判决,但限于口证原则难以落实,庭审活动往往沦为对书面案卷的宣读和质疑。尤其是侦查卷宗,不仅是公诉人实施指控的证据,也是被告方开展辩护的根基。因此在很大程度上,即便庭审中心主义得到落实,法官心证也须间接建立于侦查案卷基础上。

如前所述,对席审判之本意在于调动当事双方之积极性,使各方竭尽所能提供利己之证据,从而实现最大程度上的“兼听则明”。但囿于制度和能力的双重制约①,被告方往往不能有效进行证据调查,导致法官心证主要依赖于控方信息。案例一中,被告人虽委托有辩护律师,但律师仅调取一份严格说来缺乏相关性、因而仅具参考价值的《表现证明》。案例二中,指控证据多达18份61页,被告人却未能提供任何辩护证据。笔者对A院2000—2004年度刑事案卷的抽样统计也发现:在案件最终档案中,指控证据占绝

---

① 在制度方面,被告方一则不能自由取证(向控方证人取证须提请批准),二则面临律师伪证罪的强大压力。在能力方面,一是律师介入率过低,被告人本身取证能力又普遍低下;二是被告人普遍在押候审,不仅难以自行取证,甚至连自由会见律师并协助律师取证的权利都时常受到限制。

大多数,辩护证据极其罕见(表2-1)。

表2-1 A院2000—2004年度刑事庭审控辩举证数量比较

(样本数:20×5=100)(单位:份)

年度	2000	2001	2002	2003	2004	总平均数
指控举证(平均)	11.7	16.0	13.6	11.1	15.2	13.5
辩护举证(平均)	0	0	0.3	0.4	0.4	0.2
辩方/控方(%)	0%	0%	2.2%	3.6%	2.6%	1.5%

注:1. 抽样标准:每年20件,普通程序、简易程序各10件。

表2-1显示,相比平均13.5份/案的指控证据,被告人及辩护律师提供的辩护证据仅为0.2份/案,即每5个案件才有一份辩护证据。作为结果,不管是当庭口头宣读的信息,还是纳入案卷供法官阅读的信息,绝大部分均由侦控机关制作、提供。考虑到侦控机关打击犯罪的立场和追求指控成功的动机,以及实践中屡禁不止的刑讯逼供等违法侦查手段①,指控证据具有强烈的"入罪"属性,较少涉及、甚至有意淡化或隐匿对被告人有利的信息。② 置身于大量指控证据构筑的信息环境中,看不到、甚至也听不到有力的辩护信息,法官可能难以保持客观、中立、冷静的心态,不自觉地偏向认定被告人有罪,从而导致辩护地位的恶化。

不仅如此,即便在极其有限的辩护证据中,仍有相当部分不能满足证据关联性要件,因而严格说来并不具备证据能力,不应纳入法官考量范围。③ 比如在笔者抽样的100个案件中,共有22件辩护证据归档入卷,其中超过半数并非严格意义上的适格证据(表2-2)。

---

① 相关实证研究可参见左卫民等:《中国刑事诉讼运行机制实证研究》,法律出版社2007年版;左卫民:《规避与替代——搜查运行机制的实证考察》,载《中国法学》2007年第3期;马静华、彭美:《非法审讯:一个实证角度的研究——以S省为主要样板的分析》,载《福建公安高等专科学校学报》2006年第4期;刘方权:《认真对待侦查讯问——基于实证的考察》,载《中国刑事法杂志》2007年第5期。

② 诸多事后曝光的冤案显示,在检警关系、上级领导、被害人或公众舆论等压力下,检察机关往往并不能恪守客观真实义务,对有合理疑点的案件存在强行批捕、强行起诉的现象。相关案例可参见李光明:《安徽亳州农民被错判死缓,八年后真凶归案》,载《法制日报》2006年1月6日;周立民、李柯勇:《安徽巢湖四名学生被刑讯逼供案调查》,http://news.sina.com.cn/c/l/2006-11-01/094411388977.shtml,2008年2月10日访问。

③ 其他实证研究也证明了这一现象。参见左卫民:《中国刑事案卷制度研究:以证据案卷为重心》,载《法学研究》2007年第6期。

表 2-2 A 院 2000—2004 年度刑事辩护证据内容分析 (样本数:100)

证据内容	数量	比例	备注
证人书面证言	5	22.7%	其中某案含 3 份
被告人表现证明	12	54.5%	主要由被告人所在的学校、社区出具
书证	3	13.7%	往来账目、家属病危证明、赔偿协议
其他	2	9.1%	物价鉴定、被害人请愿书(已赔偿)

注:1. 抽样标准:每年 20 件,普通程序、简易程序各 10 件。

表 2-2 显示,一半以上的辩护证据出现在未成年人犯罪案件中,而且无一例外表现为被告人所在的学校、社区出具的书面情况说明,在内容上也大同小异,不外乎证明被告人平时表现良好,具备改过自新的条件,希望法院从轻处罚。严格说来,这类证据并不具备关联性要件,不能对定罪与否产生实质影响。即便仅供量刑考虑,其实际效果也并不明显。[①] 与此类似,被害人提供的请愿书和民事赔偿协议,以及被告人家属病危的证明,虽然可能会对量刑有所帮助,但也或多或少存在证据资格瑕疵。相比之下,真正具备证据“三性”要件,并与指控证据形成直接对抗,可能影响定罪问题的证据,在 100 个抽样案件中仅有 8 件,占辩护证据的 36%,其中 3 件还出自同一个贪污案件。

由于控辩双方天然的信息失衡,辩护活动的有效性就严重依赖于证据先悉权的实现。否则,庭审过程很可能异化为公诉人的独角戏,法官则可能因被指控证据所淹没而失去客观判断力。证据先悉权虽不能实质上平衡控辩力量,却可以方便被告方准备辩护,并能对侦查行为形成事后制约,减少法官“偏听偏信”的风险。而且,庭前证据开示也可以防止证据突袭,“让事实本身而非突袭或技巧,来决定审判的命运”。[②] 基于此,有学者将其视为“被告最为重要的辩护权利”。[③] 然而在我国实践中,限于制度内外的种种限制,被告方证据知悉权往往难以实现:首先,绝大多数被告人审前在押,根

① 笔者猜测,这类“可有可无”的证据之所以盛行,主要原因就在于未成年人犯罪案件实行强制辩护制度。虽然难以获得法定的无罪或罪轻证据,但辩护律师总得有所行为。恰好,向学校或社区调取类似证据一则轻松,二则没有任何执业风险,三则说不定可以促使法院判处轻刑或缓刑,当然也就成为多数律师的首选。

② 龙宗智:《刑事诉讼中的证据开示制度研究》,载《政法论坛》1988 年第 1 期。

③ 林钰雄:《刑事诉讼法》(上册),中国人民大学出版社 2005 年版,第 171 页。

本缺乏阅卷的机会。① 其次,律师介入率过低,诸多被告人难以通过律师获悉指控证据(表2-3)。最后,即便有律师介入,律师阅卷权在实践中也遭受诸多障碍:一是公诉人选择性地移送"主要证据",使辩护人难以掌握指控证据全貌,甚至可能被误导。二是法院可能对律师查阅、摘抄、复制案卷设置诸多限制。由是之故,刑事庭审整体上呈现"一边倒"现象,被告方不仅很少提出辩护证据进行积极防御,也有相当难度对指控证据进行有效质疑。

表2-3 A院2000—2004年度刑事被告人羁押及辩护情况比较

(样本数:20×5=100)

年度	2000	2001	2002	2003	2004	平均比例
审判阶段在押	14	14	14	12	12	66%
有辩护人	6	8	8	8	8	38%

注:1. 抽样标准:每年20件,普通程序、简易程序各10件。
2. 辩护人包括不具备律师资格的其他辩护人。

具体到A院,还有两个细节值得特别关注:其一,虽然自1996年《刑事诉讼法》修改以来,制度上即要求在普通程序案件中庭前仅移送主要证据复印件,但由于A区检察院财力有限,难以承担高额复印费用,故一直到2003年,检察院一直是全卷移送,公诉人出庭时再向审判长临时"借卷"。随着检察院财力增强,终在2004年起落实法律规定,仅移送主要证据复印件。② 不过对于少数证据简单的案件(主要证据几乎等于全案证据),或过于复杂的案件(主要证据太多),检察院偶尔还是全卷移送。③ 如此一来,虽然法官预

① 实际上,不管被告人是否委托辩护律师,现行法律并未赋予被告人本人阅卷权。从情理上考虑,由于被告人与案件的巨大利害关系,难保其阅卷时不会篡改或湮灭证据,因而证据先悉权的"权利主体是被告,但行使权则在其辩护人"。林钰雄:《刑事诉讼法》(上册),中国人民大学出版社2005年版,第171页。但是,在刑事法律援助覆盖面过窄、律师介入率过低的情况下,被告人往往并不具备通过律师行使证据先悉权的条件,无疑相当于被间接剥夺该权利。笔者认为,鉴于当前案卷复制的技术和成本都有大幅优化,在辩护律师缺位的情况下,应当考虑向被告人本人提供指控证据复印件。比如在日本刑事诉讼中,如果没有辩护律师,检察官必须向被告人本人提供预先阅览书证、物证的机会,并告知证人姓名及住址。法官应申请调查、保全的证据,也适用类似规则。参见〔日〕田口守一:《刑事诉讼法》,刘迪等译,法律出版社2000年版,第201、216页。

② 无独有偶,财力更为窘迫的C院也存在同样问题,而且直到2006年仍然实行全卷移送制度。

③ 访谈笔录:A-4-1。

断现象可能有所改善①，但律师的阅卷权却因此大受压制，以致有当地律师认为，案卷移送制度改革总体上弊大于利，尤其是在法官本无阅卷习惯的前提下。②

其二，虽然缺乏庭前阅卷的制度空间，部分律师却能通过非正常渠道阅卷。一是借助与检察官的私交（甚至是交易）到检察院秘密阅卷。③ 这基本属于本地律师的“专利”，不过其弊端也相当明显：不仅需要相当的成本促成并维护该私交或交易，也容易形成对检察官的依赖性，使律师不愿意与检察官过于对抗，从而扭曲正常的诉讼关系，最终损害被告人利益。④ 二是对于庭前未移送的证据，某些律师要求公诉人当庭全文宣读；如果证据太多，宣读不便，则要求法官给予时间当庭甚至休庭阅卷。在复杂案件中，该阅卷过程可能持续数小时或更长，甚至迫使法官不得不择日再行开庭。法官和公诉人尽管心有不快，但该请求于法于理均无不妥，故也不能强行否决。不过若非必要，律师不会冒着得罪法官和检察官的风险作此选择。相比之下，个别律师更愿意采取技巧性的做法，即在开庭前向法官说明情况，希望法官向检察官打个招呼，让律师直接去检察院阅卷，以避免庭审中的拖沓和难堪。从实际效果来看，法官一般还是愿意答应；而如果案件不是特别棘手，检察官也不会拒绝法官的意思。⑤

值得注意的是，笔者对三个样本法院的比较发现，尽管法官心证形成机制各不相同，但刑事案卷的组成基本类似，即指控证据占绝对优势，辩护证

---

① 不过笔者访谈发现，由于A院刑庭法官普遍没有庭前阅卷习惯，2004年卷宗移送改革并未起到排除法官预断的效果。相反，在法官有阅卷行为的个别案件中，经过公诉人剪裁的主要证据还可能导致“扭曲的预断”。参见龙宗智：《刑事庭审制度研究》，中国政法大学出版社2001年版，第151页。

② 访谈笔录：A-5-1，A-5-2等。也许部分基于这些原因，2012年《刑事诉讼法》的修改又回到1979年《刑事诉讼法》时全卷移送的老路。制度变迁地来回之间，或许可以窥见我国司法的一些微妙端倪。

③ 访谈笔录：A-5-1。实际上，当地律师借助与司法人员的私交甚至交易刺探诉讼信息的现象在基层广泛存在，最普遍的就是关于裁判权配置的问题，即打听案件的实际决策者，以做到“有的放矢”。这虽然与司法环境和个人品格有关，但主要原因还是在于实践中的诉讼规则不甚透明，相关制度不尽合理，迫使辩护律师不得不违规操作。更极端的是，借助长期经验获悉的地方规则，以及与当地司法官员的沟通甚至交易优势，本地律师与司法官员之间形成区域性的“知识共同体”甚至“利益共同体”，垄断本地案件，并构成对外地律师乃至（意图自行诉讼的）当事人的排斥。参见兰荣杰：《诉讼规则“地方化”实证研究——以裁判权配置为视角》，载《法制与社会发展》2008年第2期。

④ 访谈笔录：A-5-1。

⑤ 访谈笔录：A-5-1，A-5-2。

据则基本阙如;即便偶有个别辩护证据,其关联性和证明力还多有瑕疵(表2-4)。法官心证也都直接或间接地建立在侦查案卷基础上。转言之,不论“对抗/判定”模式、“阅卷/核实”模式,抑或“初断/审批”模式,侦查案卷均是法官心证的主要信息基础。三种模式之间的差异,并非在于是否依赖侦查案卷获取案件信息,而主要在于案卷使用方式不同。具体而言,在“对抗/判定”模式下,法官并不直接接触侦查案卷,而是通过听取控辩双方的口头举证间接了解案卷信息,并辅之以必要的职权调查,进而形成关于案件实体的心证。在“阅卷/核实”模式下,法官通过直接“默读”侦查案卷以获取案件信息,并借助庭审调查进行核实,从而形成内心确信。在“初断/审批”模式下,最终行使案件决策权的法官通过承办人的汇报间接了解案卷和庭审信息,必要时也亲自阅卷进行核实,并基于承办人的在先心证形成判决。

表 2-4 三个样本法院 2002 年度刑事案件控辩举证数量比较

(样本数:20×3)(单位:份)

样本	A 院	B 院	C 院
指控证据(平均)	13.6	14.5	11.3
辩护证据(平均)	0.3	0	0
辩方/控方(%)	2.2%	0%	0%

注:1. 抽样标准:每院 20 件,普通程序、简易程序各 10 件。

2.2.1.2 法官心证的直接基础(一):口头举证

如前所述,“对抗/判定”模式下法官虽然也须依赖侦查案卷获取信息,但却不直接阅读卷宗,而是通过听取控辩双方的口头举证了解案情。法官心证虽然归根结底受制于案卷,但却不能直接接触案卷内容,而须借助控辩举证这一个中介装置。庭审举证既帮助法官从案卷获取信息,又限制法官超出举证范围接触过多信息。因此,法官心证其实系由控辩双方直接塑造。双方自主确定提供给法官的信息范围,法官则基于这些信息作出判决。庭审因而变得充实,具备高度对话性、参与性和实效性,成为整个诉讼的核心和高潮。

根据 1996 年《刑事诉讼法》第 157 条(2012 年《刑事诉讼法》修改后为第 190 条)的规定,“对未到庭的证人的证言笔录、鉴定人的鉴定结论、勘验笔录和其他作为证据的文书,应当当庭宣读。审判人员应当听取公诉人、当事人和辩护人、诉讼代理人的意见。”可见在立法上,口头举证属于强制性规定,并不容有所变通。但在司法实践中,各地对“当庭宣读”的理解和运用相当灵活。具体操作有如下几种:

一是全文宣读,即逐字宣读证据全部内容。比如:

……(公诉人举证)以下宣读被告人雷××在侦查阶段的供述。讯问人:牛×;记录人:李×。讯问时间:2003年2月27日上午11点5分至11点41分。讯问地点:A区公安局交警大队。问:你今天因何报案?……①

二是摘要宣读,即选择证据关键部分予以宣读。比如:

……(公诉人举证)以下提供被害人游×的证言,摘要宣读如下:问:你是何时何地被抢的?答……②

三是总结概括,即以一句话概括一份或一组证据的种类与证明对象,但不介绍证据具体内容。比如:

……(公诉人举证)目击证人孙×的证言证实,他看见被告人张××拿起锄头殴打被害人,并将被害人打倒在地。③

……(公诉人举证)起诉书指控的犯罪事实,有被告人谢×、马×的供述,被害人周××、雍××的陈述,证人刘×的证言,估价鉴定书,被害人取款依据,谢×的前科材料,以及挡获经过等在案为证。④

严格说来,总结概括方式不能视为口头举证。证据内容并未通过口头方式呈现于法庭之中,当事人和法官并不能单独依赖该举证行为获知案件信息。实际上,法官必须借助庭外阅卷了解案情;当庭举证无非是“走过场”,其功能更多在于应付制度上的强制要求,为法官通过阅卷形成的心证组织合法化依据。因此可以说,总结概括式举证之对象并非法官,而是上诉法官等监督力量;其目的并非展示证据内容,而是展示举证行为,即向上级表明法官确确实实在公开“开庭”,没有以幕后方式判决案件。相比之下,全

---

① A院2003年8-13号案庭审笔录。需要注意的是,全文宣读很多时候不包括笔录首部的背景介绍和权利告知内容,而是直接从事实部分开始。个别时候,特别是在辩护律师的主张下(以确定是否有不当审讯嫌疑),公诉人会从首部开始宣读。即便如此,书记员一般也不会逐字记录,而是以“见被告人第×次供述,×年×月×日”代替(由于侦查案卷须于庭后移送法院归档,阅读者可直接参考原件)。因此,像本案这样逐字宣读、逐字记录的情况,在实践中极其罕见。

② A院2002年8-15号案庭审笔录。

③ A院2004年9-88号案庭审笔录。

④ B院2004年8-15号案庭审笔录。

文及摘要宣读式举证才是以法官为对象、以案情为内容的真实“举证”,也才是本书意义上的“口头举证”。

笔者对三个样本法院的考察发现,“对抗/判定”式庭审更多以全文或摘要宣读方式举证,“阅卷/核实”或“初断/审批”式庭审则主要采总结概括或摘要宣读方式举证。作为结果,“对抗/判定”式庭审持续时间相对更长。以A院为例,在笔者抽样旁听的20件庭审中,公诉人采全文宣读举证的有10件,另10件则系摘要宣读。反观B院,总结概括式举证达到65%,再扣除35%的摘要宣读举证,没有一个案件做到全文宣读。C院稍显折中,总结概括和全文宣读均不多,高达90%的案件系摘要宣读。举证方式的差异直接体现在庭审时间上。A院庭审最为耗时,普通程序案件平均持续约3小时,是C院的3倍,B院的3.6倍。即便是简易程序案件,在A院也须持续1小时,是C院的3倍,B院的6倍(表2-5)。[①]

表2-5 三个样本法院2005年度刑事庭审举证方式比较

(样本数:10×3×2)

样本		A院		B院		C院	
		普通	简易	普通	简易	普通	简易
举证方式	总结概括	0	0	3	10	0	1
	摘要宣读	4	6	7	0	9	9
	全文宣读	6	4	0	0	1	0
庭审时长(分钟)		173.2	60.7	48.0	9.5	59.5	20.5

注:1. 抽样标准:每院20件,普通程序、简易程序各10件。
2. 数据源于实地庭审观摩。

虽然不能保证证人出庭,A院实行的口头举证模式也可勉强将案件信息全面、细致地展示在法官面前。另一方面,借助正式或非正式的阅卷渠道,辩护人多半已经于庭前了解案卷内容,因而也能针对性地提出质证意见。即便是没有委托辩护人的被告人,无法事先查阅案卷,也可根据当庭宣读的证据内容尽力质证。笔者认为,在证人缺席、律师缺席的现实条件下,这已经是可能的最优结果,基本能够使庭审尽量实质化,从而保证法官尽量做到“兼听则明”。

---

① 遗憾的是,由于B院、C院庭审笔录普遍未记载具体起止时间,笔者未能比较更多年度的开庭情况,只能根据2005年调研当时庭审观摩的情况进行估计。

然而,如果仅仅落实口头举证,尚不足以保证法官基于庭审形成心证。囿于当前的案卷移送制度,即便检察院仅移送主要证据复印件,法官也可能基于阅卷形成心证,从而使庭审效果大打折扣,甚至使庭审与裁判脱节,导致庭审沦为彻底的“作秀”。因此,口头举证必须辅之以阅卷禁止和当庭宣判制度,才能实现庭审实质化。对此后文将详述。

2.2.1.3 法官心证的直接基础(二):当庭讯问①

如前所述,即使在“对抗/判定”模式下,法官心证也须间接建立在侦查案卷上。囿于侦查案卷必然的“入罪”倾向,以及制作过程中的单方性/官方性特点,仅仅依靠口头举证和当庭质证并不足以确保证据的真实性及合法性,案卷信息的可信度因而存在瑕疵。但在一步到庭、当庭宣判的“对抗/判定”模式下,法官需要根据庭审证据即时形成定罪的内心确信②,因而必须对指控证据有充分把握和信任。既然侦查案卷不尽可信,法官就需要通过其他渠道补强案卷信息。由于庭外阅卷基本已不可能,当庭讯问就成为法官首选的职权调查方式。

不仅如此,正如表2-1和表2-4所示,被告人及辩护人一般难以提供有效的辩护证据,因而其庭审策略主要依赖于质疑、攻击控方证据。庭审过程基本上被指控证据所笼罩,法官心智也仅仅聚焦于判断指控证据之证明力高低,而非在指控证据和辩护证据中进行权衡,因而难免有被误导或蒙蔽的危险,至少不利于其“兼听则明”。在此背景下,被告人本身的当庭陈述就显得弥足珍贵,因为这往往是辩方打破指控证据的垄断,独立提供辩护证据的唯一机会。③ 换言之,除口头宣读的侦查案卷信息之外,被告人的开庭陈述、

---

① 需要说明的是,笔者将庭审中法官对被告人的发问区分为程序性询问和事实性讯问两类。前者属于法官行使诉讼指挥权的具体表现,如在公诉人举证后询问被告人“有无异议”,目的在于维护庭审秩序,推进诉讼进程。后者属于法官行使职权调查权的表现,如讯问被告人为何翻供,目的在于查明案情,帮助法官形成心证。若无特别说明,本书所称“法官讯问”仅指事实性讯问。

② 囿于目前的审判委员会制度,以及其他一些原因,所有无罪案件都需要经过多层审批和集体讨论,阅卷禁止和当庭宣判自然难以实现。因此,“对抗/判定”模式上实际上仅适用于有罪案件。这也是“对抗/判定”模式的一大缺憾。对此后文将详述。

③ 实践中,排除非正当的幕后沟通甚至交易,被告人及其辩护人与法官沟通的传统渠道无非有三种:一是庭审,二是庭前庭后交换意见,三是提交书面辩护意见。但在一步到庭、当庭宣判的“对抗/判定”模式下,后两者都失去了存在空间,庭审因而成为辩方面对法官的唯一机会。参见兰荣杰:《诉讼规则“地方化”实证研究——以裁判权配置为视角》,载《法制与社会发展》2008年第2期。

最后陈述,辩护人对被告人的发问以及公诉人、法官对被告人的当庭讯问,就成为法官据以形成心证的另一个信息来源。

考察发现,相比“阅卷/核实”或“初断/审批”式庭审,“对抗/判定”庭审中控、辩、审三方对被告人的讯问或发问次数明显较多,尤其是法官讯问比较主动,体现出强烈的职权色彩。以 A 院为例,在简易程序案件中,法官平均讯问 3.1 次,接近 C 院的 8 倍,而 B 院法官甚至根本不予讯问。[①] 在普通程序案件中,A 院和 C 院法官讯问被告人平均超过 5 次,B 院则不到 1 次。作为结果,三个法院的庭审时长表现出巨大差异,A 院庭审大大长于 C 院和 B 院庭审。尤其是在 B 院,简易程序案件庭审只有不到 10 分钟,其“走过场”的形式化程度可见一斑(表 2-6)。[②]

表 2-6 三个样本法院 2005 年度刑事庭审讯问被告人频率比较

(样本数:10 × 3 × 2)

样本		A 院		B 院		C 院	
		普通	简易	普通	简易	普通	简易
讯问次数	公诉人	6.8	0	2.1	0	6.5	0
	辩护人	7.3	0.4	2.1	0	6.3	0
	法官	5.3	3.1	0.6	0	5.9	0.4
庭审时长(分钟)		173.2	60.7	48.0	9.5	59.5	20.5

注:1. 抽样标准:每院 20 件,普通程序、简易程序各 10 件。
2. 数据源于实地庭审观摩。

究其原因,根本上就在于庭审的功能不同。由于 A 院庭审须直接形成判决,法官一则需要讯问被告人以挖掘案件信息,二则需要通过被告人确证指控证据的证据资格和证明力,因而其讯问更为积极、频繁。反观 B 院,法官基本上是通过庭外阅卷形成心证,庭审功能则主要在于核实心证,而非调查案情,法官讯问因而显得不甚重要。C 院则稍显复杂,虽然部分法官基本依赖庭审形成心证,但却必须将案件提交集体讨论或领导审批,庭审功能因而被消减,法庭讯问也随之稍有减少。此外,由于部分法官——尤其是在简

① 不过,法官总会有少数几次程序性询问,如开庭答辩,质证意见,最后陈述等,但笔者未予纳入本统计之中。表 2-6 数据仅指事实性讯问次数。

② 不过,三个样本法院庭审时长的差异并非仅仅源于讯问次数差异。如前所述,公诉人当庭举证的方式(全文宣读、摘要宣读或概括总结)可能才是最主要的原因。毕竟,即便在当庭讯问最频繁的“对抗/判定”式庭审中,证据信息的主要来源仍然是侦查案卷,而非被告人的当庭陈述。

易程序案件中——习惯于通过阅卷形成心证,庭审因而趋于形式化,导致总体上的平均讯问次数偏低。[①]

考察发现,不论是从形成法官心证的目的出发,还是以被告人利益保障为视角,当庭讯问制度在目前的诉讼机制下都具有相当必要性。实际上,由于沉默权制度阙如,至少在1996年《刑事诉讼法》的框架下,“不自证其罪”并非我国刑事被告人的法定权利。[②] 一旦被告人在侦查阶段已经供述,且审判中不排除其供述笔录作为独立证据使用[③],被告人在庭审阶段的最优选择并非噤口不言,而是据实作证。[④] 原因有三:其一,由于侦查讯问实践的种种瑕疵(如逼供、诱供等)[⑤],讯问笔录可能并非被告人之真实意思。不仅如此,即便讯问程序合法,由于记录人员难免自行归纳或加工,最终的讯问笔录并非对被告人原始供述的真实记载,因而可能存在扭曲、省略或添附。在此情况下,如果被告人在庭审中保持沉默,无疑将难以纠正上述错误,导致法官完全根据瑕疵供述作出判决。其二,我国并未确立“被告人之沉默不得导致不利推定”制度,反之,“坦白从宽、抗拒从严”不论在文化上还是制度上都仍有市场。作为结果,在法庭上保持沉默的被告人往往被视为“认罪态度不好”,进而导致量刑上的不利待遇。[⑥] 其三,如前所述,相比指控证据而言,辩护证据在数量、质量上都居绝对弱势,使得法官处于指控证据的包围

---

① 另一个可能的原因在于:相比A院和C院,B院法官案件负担偏重,结案压力偏大。作为结果,分配到个案的时间——尤其是庭审时间——就比较紧张,导致法官不得不尽量压缩庭审。不仅如此,由于看守所离法院太远,而法院不能羁押被告人过夜,导致法官不得不压缩庭审以确保及时将被告人押送回看守所。对此后文将详述。访谈笔录:B-1-2,B-1-3,B-2-1等。

② 当然,2012年修改后的《刑事诉讼法》在写入“不得强迫任何人证实自己有罪”的同时,又规定“如实回答”的义务。两者如何协调,还有待观察。

③ 各国立法普遍承认,被告人庭前所作的书面供述可以作为弹劾使用,即用以质疑被告人当庭所作的不同供述。典型立法如美国《联邦证据规则》第613条。此外,如果被告人庭前供述不利于己,且具备保证该供述可信度的必要条件,也可作为独立证据使用。典型立法如日本《刑事诉讼法》第321条。

④ 其实即使在已经确立沉默权的诸多国家,被告人于庭审中的在场权及辩护权仍被视为预防裁判错误的重要制度设置。参见〔德〕罗科信:《刑事诉讼法》,吴丽琪译,法律出版社2003年版,第403页。

⑤ 参见马静华、彭美:《非法审讯:一个实证角度的研究——以S省为主要样板的分析》,载《福建公安高等专科学校学报》2006年第4期;刘方权:《认真对待侦查讯问——基于实证的考察》,载《中国刑事法杂志》2007年第5期。

⑥ 如C院某案件,被告人在庭审中坚持作无罪辩护,审判长不仅在庭审当时表现得极具攻击性,在次日的庭务会上还特别指出“被告人拒不认罪”。

之中，有丧失其中立、客观立场之虞。特别是在律师缺席的背景下，被告人的当庭陈述可能是唯一具有辩护性质的信息。因此，即便缺乏有力的辩护理由，被告人也应当适度陈述，以期稍微缓和、抵消强大的指控气氛，促使法官保持其应有立场。因此，当下我国刑事诉讼中被告人的庭审功能更重在提供口供，即充当一个出庭作证的“辩方证人”，而非与公诉机关地位对等的当事一方。

在理想状态下，党派性的控辩对抗能够有效揭示案件事实，并确保审判程序和定案证据的合法性。但在我国刑事司法实践中，限于对抗不足的结构性缺陷，法官心证仍然高度依赖于侦查案卷，因而必须寻求必要的补强机制，以补充控辩活动之不足，促使法官形成客观、中立的内心确信，避免因侦查案卷的片面性导致错案、冤案。对于这一点，多数法官都有充分认识①，但在具体的补强机制上，却有不同的选择。在“阅卷/核实”模式下，借助仔细、充分的阅卷，法官主要依赖可检验、可回复的“印证”方式获致证明结果的外在可接受性，并借以应对上诉法院的审查。② 在“初断/审批”模式下，由于集体讨论和领导审批的“把关”功能和责任分担功能，承办法官可在相当程度上抵消侦查案卷的片面导向。但就“对抗/判定”模式而言，法官既不能充分阅卷，又不能诉诸他人，因而只能尽量从庭审中挖掘补强信息；由于当庭讯问一方面可以核实案卷材料，另一方面又可能补充证据链条，所以当然成为法官的首选。

2.2.2 判决机制

2.2.2.1 法官心证的初步形成：听审及调查

“对抗/判定”模式要义之一在于集中审理，体现为两个层面：一是提示、展现案件信息的对抗过程集中于庭审阶段，二是法官心证形成的判定过程也集中于庭审阶段。前者具备可视性和公开性特点，主要体现为口头举证和当庭讯问；后者本质上属于法官心理活动，难以直接观察，但可间接体现

---

① 比如在涉及侦查笔录的可信度问题时，不少法官都相当谨慎。实际上，由于政法系统传统的交流机制，某些刑庭法官就曾担任过检察官甚至公安侦查人员。如 A 院刑庭庭长曾任检察院公诉科副科长，C 院某法官曾在县公安局刑侦大队任职。访谈笔录：A-1-2，C-1-7.

② 龙宗智：《印证与自由心证——我国刑事诉讼证明模式》，载《法学研究》2004 年第 2 期。

为法官听审、调查及评议等行为。前者以后者为目的,后者以前者为基础。“对抗/判定”程序因此具备交涉性和对话性,强调控辩活动对法官心证的约束,以及法官心证对控辩活动的回应。唯有如此,对抗才能实现其目的,判定也才能证成其基础,两者才成为相互依赖的有机系统。

但就实践来看,对抗与判定并非必然成为一体。根据控辩活动对法官心证的影响程度,笔者将法官角色分为三类:一是裁判者,指通过庭审发现案情,并真实行使裁判权力的法官;二是“传声筒”,指需要搜集庭审信息,但却不能直接作出裁判,只负责将庭审信息传递给幕后作为真实裁判者的法官;三是“木头人”,指临时被拉来“坐庭”,既不关心庭审,也不参与裁判,仅仅是为合议庭“凑数”的法官(或陪审员)。[①] 在“对抗/判定”模式下,法官(含承办人及其他合议庭成员)一般体现为裁判者面孔,但个别法官(或人民陪审员)却相对近似“木头人”。“阅卷/核实”模式和“初断/审批”模式下的承办人可分别纳入裁判者和“传声筒”范围,但其他合议庭成员则多为“木头人”。

具体说来,裁判者的庭审活动以听审及调查为主,能够专注于控辩双方的庭审活动,积极获取庭审信息,并根据心证形成情况适时进行职权调查。“传声筒”一般稍显消极,虽然也重视听审,但职权调查并不太多。“木头人”则形同摆设,既不听审,也不调查,甚至经常“开小差”,如打电话、读小说、间断性离席等。

表 2-7 显示,在以“对抗/判定”模式为主的 A 院,法官当庭讯问次数达到 B 院的 14 倍,C 院的 1.4 倍。另一方面,在笔者抽样旁听的 20 个案件中,仅有一名法官在庭审过程中短暂离席[②];绝大多数法官总体上比较专心,能够与诉讼当事人形成有效的现场沟通。反观 C 院,庭审的重要性因为庭前阅卷和庭后审批而冲淡,合议庭则因庭务会和审委会而基本流于形式,导

① 兰荣杰:《诉讼规则“地方化”实证研究——以裁判权配置为视角》,载《法制与社会发展》2008 年第 2 期。

② 该法官并非刑庭一员,而是研究室法官,此前多年从事民事审判。由于刑庭仅有 3 名法官,一旦任何一人缺席,便需要从其他部门“借”人组成合议庭。研究室人员一般没有审判任务,便于随时补缺,又多半具有审判资格,因而成为刑庭的首选“替补”。法院内部戏称为“抓壮丁”。不过,临时充当合议庭成员的法官既非承办人,也非审判长,因而一般只是象征性地“坐庭”了事,几乎不会真正参与听审,也不会参加合议庭评议。访谈笔录:A-1-2,A-4-1。

致非承办人、非审判长的合议庭成员对庭审敷衍了事。就笔者的观察来看，有两名法官在开庭时低声接听电话，另有两人在公诉人举证时私下交谈，一人自始至终在阅读其他案件卷宗，还有一人中途离席约5分钟。[①] B院庭审虽然实质化程度也不高，但一则因为持续时间短，二则因为法官管理较严，法官当庭“开小差”现象并不多见。笔者只看到一名法官接听电话，另有一名人民陪审员在长时间持续开庭后稍有打盹。[②]

表2-7 三个样本法院2005年度刑事庭审法官行为比较

（样本数：20×3）（单位：份）

样本	A院	B院	C院
法官讯问次数（平均）	4.2	0.3	3.1
法官“开小差”次数	1	2	6
法官“开小差”类型	离席	打盹、电话	电话、离席、阅卷、交谈
庭审平均时长（分钟）	116.5	28.8	40

注：1. 抽样标准：每院20件，普通程序、简易程序各10件。数据源于实地庭审观摩。

2. 本表中法官包括人民陪审员。法官阅卷指法官阅读其他案件卷宗。实践中，不论庭前是否移送全卷，庭审过程中侦查案卷都在公诉人手中，法官并无完整案卷可阅（但不排除有主要证据复印件）。如果法官（一般是非承办人、非审判长的合议庭成员）拿出完整卷宗阅读，则基本可肯定属于“开小差”。广义上的法官当庭交谈有两类，一是审判长在作出认证等决定之前咨询其他法官的意见，二是法官之间无视当事人正在进行举证或辩论而自行交谈；不管其内容是否与本案无关，法官至少没有认真听取当事人意见。本表仅将第二种交谈统计为“开小差”。

作为结果，庭审功能在A院得到强化，得以直接决定法官心证，当庭生成事实判断。与此相反，B院和C院庭审往往被法官忽视，法官自然难以通过庭审有效挖掘案件信息，因而不得不更多依赖庭外阅卷。笔者对三个法

---

① 相比之下，B院仍然普遍存在合议庭“合而不议”现象，但法官“开小差”事件相对少很多。笔者猜测，虽然法官素质可能稍有差距，但主要原因可能还在于公众和媒体的监督力量。C院地处国家级贫困县县城，远离城市，资讯及传媒尚不够发达，国家机关及工作人员的日常行为尚不够规范，诸多方面显得比较随意，而当地人多半习以为常。反观B院，地处省会城市中心城区，虽然法院对接受新闻媒体采访有诸多限制，但考虑到当地资讯及媒体较为发达，兼之省市区党委政府对机关形象有较高要求，法官公然“开小差”的情况不算太多。笔者访谈的诸多律师也有同感。访谈笔录B-5-2，B-5-7。

② 因看守所距离太远，押送被告人时间长，B院真正能用于开庭的时间只有上午10点到下午3点半之间5个多小时。加之案件较多，刑庭普遍需要在中午连续开庭。一些习惯午休的老年陪审员往往坚持不住。访谈笔录：B-1-2。

院刑庭法官的逐一访谈发现,各院法官形成心证的具体时间呈现明显差别。A 院 3 名法官中,其中两人基本是在法庭调查阶段形成心证,另一人需要等待法庭辩论终结。只有在少数复杂、疑难案件中,一次庭审尚不足以支持判断,法官才需要于庭后阅卷加以补强。另有部分重大、敏感案件①,为了避免庭审出现差错,也需要庭前商请检察院全卷移送并仔细阅读。反观 C 院,7 名法官中有 5 名存在庭前阅卷习惯,兼之检察院几乎一概移送全卷,导致法官普遍于庭前就已形成初步的定罪量刑判断。另两名资深法官庭审驾驭能力较强,基本无需庭前阅卷,一般也足以通过庭审确定意见,必要时也会加以庭后阅卷。B 院情况类似,在所有简易程序案件及大部分普通程序案件中,法官都会庭前阅卷,并都能基于阅卷形成初步意见。不过,在检察院仅移送主要证据复印件的普通程序案件中,有两名法官在庭前一般不会阅卷,而是待开庭后再查阅全卷。虽然阅卷在开庭之后,但因为庭审普遍趋于简单,法官难以获得足够信息以形成判断,所以实际上往往是依靠庭后阅卷形成心证。

表 2-8 三个样本法院刑庭承办法官心证形成阶段比较

心证形成阶段	A 院	B 院	C 院
庭前阅卷	≈5%	77%	71%
当庭听审及调查	≈90%	≈5%	≈24%
庭后阅卷	≈5%	≈18%	≈5%

注:1. 根据访谈内容统计,没有实地观察。实际上,没有任何法官曾就心证形成阶段做过精确统计,因而其回答均为粗略估计,如“不到 5%”等类似答案,导致上表统计出现“≈5%”等数据。

2. 有意思的是,笔者曾就同一问题设计问卷供三个法院刑庭法官回答,但所得答案却与访谈内容大相径庭,15 名法官中仅 1 人承认主要依赖阅卷形成心证。笔者猜测,与气氛相对随意的匿名性、个别化访谈相比,需要留下白纸黑字的问卷(尽管也是匿名)可能更易引起法官的“警惕”和防范心理,因而更可能采取“规范”的回答。类似情况在谈及“合而不议”、法外因素等问题时也曾出现。

2.2.2.2 法官心证的最终确立:合议庭评议

仅就法官心证过程而言,合议庭评议并非必要程序。实际上,通过当庭听审和调查,多数法官都能初步形成内心确信(见表 2-8,A 院数据),集体

① 如公审案件,邀请人大代表、政协委员旁听的案件,媒体集中关注的案件等。

评议不免有画蛇添足之嫌。不过鉴于司法的审慎品格,一步到庭、当庭宣判的“对抗/判定”模式可能有失仓促。庭审过程如此紧凑、短暂[①]而且颇具戏剧化色彩,据此形成的法官心证可能难免草率、疏忽甚至差池。对应之策,当在于发掘群体裁判机制集思广益的优势,避免个体法官单独决策,使法官心证得以相互对照、补充和确证,提升最终判决的合理性和正确性。

不仅如此,由于合议庭评议的“主体间性”,个体法官不仅要说服自我,更要说服其同僚,因而能促进判决结果的形式正当性和可接受性。达玛斯卡就发现,相比个体裁判者而言,为群体裁判者设置的裁判标准更倾向于外部标准或主体间标准。[②] 左卫民等人也认为,相比于独任审判制度,合议制度更多体现司法民主,并有利于抑制司法专横和司法腐败。[③]

概而言之,合议制度的功能主要体现于两方面:一是实体功能,即通过集思广益优化法官心证,促进实体判决的正确性和合理性。二是程序功能,即提升判决结果的形式正当性和可接受性。正是因此,至少在重大案件中,各国都将群体裁判(合议庭或陪审团)确定为普遍规则,或至少赋予当事人优先选择的权利。

不过就我国实践而言,一则由于二审的全面审查制度,二则由于广泛存在的审判长[④]制度、院/庭长批案、庭务会/审委会讨论制度,三则由于案件质量评查、错案追究等内控制度,承办人或合议庭的初步判断受到多重制约,使其不得不高度重视裁判程序及结果的外部合法性和可检验性。如此一来,合议制度的程序功能就显得多余;实际上,除人民陪审员参审制度外,我国法院基本很少将判决可接受性寄希望于合议制度。另一方面,正是因为“阅卷/核实”、“初断/审批”等裁判模式的现实存在,承办人角色的重要性

---

① 相对于阅卷过程和审批过程而言。实际上,正如表 2-5 所示,“对抗/判定”式庭审远比“阅卷/核实”和“初断/审批”式庭审持续时间要长。但在后两种模式中,法官心证并非形成于庭审过程,而是依赖于悠闲甚至拖沓的庭外程序。

② Damaska, Epistemology and Legal Regulation of Proof, 2 Law, Probability and Risk 117 (2003).

③ 左卫民、汤火箭、吴卫军:《合议制度研究——兼论合议庭独立审判》,法律出版社 2001 年版,第 59—62 页。

④ “审判长”在实践中有两种意义:一指合议庭内担任审判长、主持庭审及合议的法官,这是一种临时资格,不是固定的职称等级。二指根据最高人民法院《审判长选任办法(试行)》考核授予审判长资格的法官,这是一种长期职称,除在合议庭中的投票权重高于其他成员外,还负责审批其他法官承办的某些简易程序案件。本书审判长制度即采后一种说法。

凸显,案卷研读、集体讨论和科层审批成为提高实体判决正确性和合理性的主要手段,合议制度集思广益的实体功能难以得到充分发挥,导致“合而不议”、“形合实独”[①]现象广泛存在。但在“对抗/判定”模式下,一则由于承办人的审慎心理,二则因为当庭宣判为召集合议庭评议提供了便利条件[②],因而往往能摆脱“合而不议”的窠臼。

以A院为例,刑庭三名法官均承认,除少量特别简单的案件外,承办人都会组织合议庭进行评议。不过如果合议庭中有人民陪审员,则可能不邀请其参加;但因为A院案件总量偏少,刑庭负担偏轻,使用人民陪审员的机会并不多。[③] 反观C院,虽然人民陪审员参审率也很低,但由于所有案件均须由庭务会集体讨论确定,其中约二分之一还需要上报审判委员会,导致承办人普遍缺乏组织评议的积极性,尤以刑庭领导和资深法官为甚。B院则稍显复杂,参审率达30%左右的人民陪审员基本不参加合议庭评议[④],而独任审判员因不具备案件决策权,需要在制作判决书时征求审判长的意见。也就是说,B院合议庭评议是一种非完整评议,合议庭成员并非全员参与,而仅包括审判长和承办人两人。如果审判长本人系承办人,则一般不组织评议。

---

① 左卫民、吴卫军:《“形合实独”:中国合议制度的困境与出路》,载《法制与社会发展》2002年第2期。

② “合而不议”广泛存在的一个现实原因是:一旦庭审结束,合议庭成员——尤其是不需要八小时“坐班”的人民陪审员——往往很难召集。但在“对抗/判定”模式下,当庭宣判成为常规,庭审、评议和宣判一气呵成,不须额外占用合议庭成员的时间,因而并无多少阻力。

③ 特别值得注意的是,尽管案件负担不重,但因A院刑庭规模过小,一旦有法官因培训等原因缺席,便导致难以组成合议庭的尴尬。虽然有通过正规程序选拔的人民陪审员,但又存在通知不便、手续繁琐、业务不熟等弊端。于是在案件比较集中的阶段,刑庭就将某些退休法官临时返聘,以人民陪审员的名义参加审判。因为其背景和经验,承办人都将其视为正式法官,因而一般会邀请其参加合议庭评议。访谈笔录:A-1-4。

④ 2005年以前,B院人民陪审员基本由法院自行选拔,主要由基层社区退休干部充任,其素质、能力和积极性均不理想。2005年初,根据全国人大常委会《关于完善人民陪审员制度的决定》及最高人民法院相关部署,法院协同司法局等部门向社会公开选拔了数十名人民陪审员。虽然后者文化素质、专业知识和参与热情都有相当提高,但从实际运行情况看来,仍然不免“三分钟热度”,除开始阶段比较规范外,之后也逐渐沦为法院补充人手短缺的工具,基本难以对定罪量刑等实质问题提出有价值的意见。久而久之,多数承办人也懒得通知其参加评议,甚至连判决结果都不告知。访谈笔录:B-1-1,B-1-2等。

表 2-9 三个样本法院 2005 年度普通程序刑事案件合议庭评议率比较

样本	A 院	B 院	C 院
普通程序适用率	59.8%	44.3%	69.1%
合议庭评议率	≈95%	≈38%	≈20%

注:1. 根据司法统计和访谈内容统计,没有实地观察。因为缺乏精确数据,故合议庭评议率均为估算数据。

2. 在人民陪审员参审案件中,如果仅有一名陪审员,且未参与评议,但其他两名职业法官确有评议,则整个案件统计为评议。

进一步考察发现,即便合议庭存在真实评议过程,其对于形成法官心证的实质功能也值得推敲。根据评议与心证的关联程度高低,笔者将实践中的合议庭评议分为三类:一是论证型评议,即对案件事实、证据和法律进行充分讨论,合议庭各成员之间相互对个人心证进行交流、诘问和补充,最终获致一个普遍认可的结论,或确定一个最终分歧方案。评议结果体现为法官心证的固化、强化和优化。二是表态型评议,即先由一名法官提出个人意见,其他法官只作同意与否的简单表态;除非相互之间有争议,否则都不需要具体说明理由。评议结果主要体现为法官心证的统一和固定,但却缺乏强化、优化心证的功能。三是审批型评议,即合议庭各成员之间并不存在口头评议,而是由承办人先行起草判决书,待拟定后交审判长审查。若审判长无异议,则直接签发付印;若有异议,一则可径行修改进而签发,二则可要求承办人修改后再行审查。审判长实际是代行之前由庭长或分管院长承担的批案职责,其目的主要不在于补充或优化承办人心证,而在于对裁判质量进行"把关",避免出现明显、重大差错。合议制度本身的集思广益功能并未得到充分发挥。

考察发现,尽管具体审判模式大不相同,各院合议庭进行论证型评议的案件均不多见。一般而言,只有在疑难、复杂或重大案件中,因为承办人个人难以把握,或是出于必要的慎重考虑,或是合议庭意见分歧,才会进行相对充分的论证。不过此类案件毕竟只是少数,绝大多数案件都相对简单,因而合议庭一般只是简单表态,或仅仅在判决书草稿形成后稍事审查,甚至根本就不进行任何形式的评议。值得玩味的是,不管合议庭有无真实评议,也不管评议过程详略如何,归档入卷的评议笔录却大同小异。实际上,多数评议笔录系书记员事后补记,且多半属于照抄甚至复制判决书内容。原因有二:一是不少合议庭本就“合而不议”,书记员无从记录,只能凭空炮制评议内容;二是书记员没有参加评议,只能杜撰笔录。① 作为结果,多数评议笔录与判决书高度雷同,且一般只有短短一段话,完全不能再现真实的评议情况。唯一的例外在于,如果合议庭分歧较大,可能涉及事后的责任分配问题②,审判长会特意要求书记员仔细、准确记录各法官的具体意见。

表 2-10 三个样本法院 2004 年度刑事案件合议庭评议类型比较

评议类型	A 院	B 院	C 院
论证型	≈20%	≈16%	≈11%
表态型	≈75%	0%	≈9%
审批型	0%	≈22%	0%
合而不议	≈5%	≈62%	≈80

注:1. 根据合议庭评议笔录及访谈内容估算,没有实地观察。

2. 实际上,每个普通程序案件都有比较规范的评议笔录;考虑到事后杜撰的比例极高,笔者仅将记录有原始争论过程的案件统计为论证型评议。表态型和审批型评议的比例主要依据法官访谈内容计算。

《最高人民法院关于人民法院合议庭工作的若干规定》第 10 条要求:“合议庭评议案件时,先由承办法官对认定案件事实、证据是否确实、充分以及适用法律等发表意见。”“合议庭成员进行评议的时候,应当认真负责,充分陈述意见,独立行使表决权,不得拒绝陈述意见或者仅作同意与否的简单表态。同意他人意见的,也应当提出事实根据和法律依据,进行分析论证。”但从表 2-10 看来,简单表态乃至“合而不议”成为普遍现象,充分论证反而成为特例。B 院甚至大量存在书面式、审批式的异化的评议。值得肯定的是,以“对抗/判定”模式为主的 A 院虽然也存在评议草率的问题,但由于集中审理对合议机制的促进作用,“合而不议”比例极低(约 5%),充分论证的评议也相对更高(约 20%)。不仅如此,由于当庭宣判机制使法官在评议时保有对庭审的新鲜印象,也能有效提高评议效率和评议质量,并在一定程度

① 根据《人民法院诉讼文书立卷归档办法》等规定,法院归档保存的普通程序案件卷宗必须包含合议庭评议笔录。实践中,不少法院将归档(档案室收存)作为结案的最终标志,而档案室一般拒收材料不齐的卷宗,导致负责整理卷宗的书记员不得不杜撰合议庭笔录。

② 多数法院均实行错案追究制度,但合议庭中持反对意见的法官除外。如 B 院《案件质量检查评价办法》第 52 条第 2 项规定:“实体质量责任,由持差错结论的合议庭成员承担责任。”

上抵销简单表态式评议的弊端。[1] 相比B院和C院的做法,A院法官更能通过评议过程使个人心证得到固化、强化甚至优化,从而实现通过庭审形成最终判决。

2.2.2.3 限制庭外因素影响法官心证(一):一步到庭

庭审中心主义意味着对庭外因素的严格限制甚至彻底杜绝。我国刑事司法实践的一大弊病就是庭审"去中心化"。原因有三:一是庭前案卷移送合法化,二是延期宣判普遍化,三是司法本身不够独立,导致庭外因素经常干扰法官心证,造成对庭审效果的冲淡,甚至引发司法不公和司法腐败。"对抗/判定"模式核心在于通过庭审形成判决,重在保证控辩活动对法官心证的有效约束,强调法官心证对控辩活动的针对性回应,因而需要通过一步到庭和当庭宣判两个程序设置限制庭外因素的影响。

一步到庭主要有两大功能:一是避免庭外因素影响法官心证,确保法官基于案件事实和证据形成判断;二是排除法官预断,保证庭审过程对判决结果的塑造作用。前者主要依靠随机分案和临时分案机制来实现,后者则有赖于法官庭前阅卷禁止的落实。

考察发现,除个别重大或敏感案件外,各法院已基本实现随机分案。如B院就是由立案庭统一收案,逐一编号后移送刑庭内勤,再由内勤按编号顺序轮流分配到各承办人。[2] 如此一来,无论是内勤还是承办人都不能人为操纵案件分配,抽象、预定的普遍规则成为确定承办法官的依据。[3] 不仅如此,A院还基本做到临时分案,即由内勤于每周五排定下一周的开庭时间[4],并同时指定承办法官,移送案卷(或主要证据复印件)。在此之前,各法官并不知道将要承办哪一案件。由于开庭日相当迫近(特别是对周一或周二开庭

---

① 因此笔者也认为,如果系当庭评议,不必先由承办人详细介绍案情。只有在延期评议的情况下,为帮助其他合议庭成员完整回忆、全面把握案情,才有必要严格执行《最高人民法院关于人民法院合议庭工作的若干规定》的上述要求。

② 因为庭长行政事务较多,一般是隔一轮或多轮承办一个案件。B院和C院都是如此。访谈笔录:B-2-1,C-2-1。

③ 大陆法上将其称为法定法官原则。参见林钰雄:《刑事诉讼法》(上册),中国人民大学出版社2005年版,第88—89页。

④ 需要说明的是,1996年《刑事诉讼法》第151条规定必须提前三日将开庭时间和地点通知公诉人、被告人和辩护人。A院书记员往往提前通知控辩双方,但一般要到开庭之前那个周五才通知法官具体要承办的案件。

的案件而言),即便当事人或法官有心营私,可能也缺乏必要的行动时间。相比之下,B 院和 C 院刑庭基本在立案当日或次日就确定承办人并移送案卷。

阅卷禁止能否实现,取决于两个要素:一是案卷移送范围,二是法官阅卷习惯。① 前者虽有法律明文规定,但限于财力不济,诸多贫困地区检察院并未严格落实。如 C 院因地处贫困县,财政拨款还处于“保工资”阶段,导致检察院办公经费极其紧张。作为结果,除少数案件外,C 县检察院都是全卷移送。② 例外者主要是争议较大的案件,目的在于限制律师阅卷范围,避免庭审时处于被动。③ A 院也一度面临财政困难,在 2004 年之前长期实行全卷移送。后因财力增强,从 2004 年起基本落实法律规定,严格移送主要证据复印件。但有两类例外:一是简单案件,证据总量较少,主要证据几乎等于全案证据;二是复杂案件,主要证据太多,不便复印,因而全卷移送。B 院地处省城核心城区,经济条件较好,基本能落实 1996 年《刑事诉讼法》的案卷移送规定。

表 2-11 三个样本法院 2005 年度公诉案件庭前案卷移送范围比较

移送范围	A 院		B 院		C 院	
	普通	简易	普通	简易	普通	简易
全卷移送	≈5%	100%	≈5%	100%	≈95%	100%
主要证据复印件	≈95%	0%	≈95%	0%	≈5%	0%

注:1. 根据访谈内容统计,普通程序案件为估算数据。

如上表所示,由于“起诉状一本主义”尚未建立,只能依靠法官的个人习惯实现一步到庭。不过长期以来,制度上不仅不鼓励一步到庭,还要求法官必须庭前阅卷,甚至还严格检查法官阅卷笔录。一直到 2000 年左右,各院才逐渐放松对法官阅卷的要求。兼之主要证据复印件可能导致“预断扭曲”,部分庭审驾驭能力较强的资深法官逐渐放弃庭前阅卷,转而依赖庭审或庭后阅卷形成心证。比如在 A 院,由于庭审调查比较细致,案件信息能够

① 笔者曾就阅卷问题追问法官,所获回答基本一致:是否庭前阅卷主要是法官个人习惯,而非法官出于排除预断与否的道德自觉。访谈笔录:A-1-2 等。

② 类似现象,亦可参见龙宗智:《刑事庭审制度研究》,中国政法大学出版社 2001 年版,第 152—153 页。

③ 访谈笔录:C-3-1。

得到充分展示，除少数简易程序案件外[①]，刑庭3名法官无一进行庭前阅卷。C院庭审虽然不无草率，但一则存在庭务会和审委会两道把关机制，二则庭后撰写判决文书时还有充分的阅卷机会，部分资深法官也就逐渐省略掉庭前阅卷。

表2-12　三个样本法院刑庭法官庭前阅卷习惯统计表

项目	简易程序		普通程序			阅卷后形成有罪判断	庭审不会改变阅卷后的预断
	阅卷	不阅卷	阅卷	不阅卷	仅阅复杂案件		
A院	1	2	0	3	0	1	1
B院	7	0	5	1	1	7	7
C院	5	2	5	0	2	6	6
合计	13	4	10	4	3	14	14

注：1. 根据问卷调查和访谈笔录进行统计，没有实地观察。

2. 阅卷习惯仅针对一般案件而言。实际上，对于敏感案件（如领导交办案件）或重大影响案件（如公审案件），不论案件本身是否复杂，法官几乎无一例外会仔细阅卷。

访谈发现，法官放弃庭前阅卷的主因，除了主要证据复印件可能造成"预断扭曲"外，更多还是出于个人方便和节约精力的考虑。毕竟，阅卷内容与庭审举证内容基本相同，既然庭审过程不容省略，不如将庭前阅卷与庭审过程合二为一，以节约精力，提高效率。当然，前提是法官有能力驾驭庭审，不会因为没有阅卷而致庭审失控。[②] 由此可见，排除预断并非法官放弃庭前阅卷的初衷，而是其附带的衍生品。法官的真正目的，并非通过一步到庭提升程序公正性，而在于尽量简化程序以实现个人方便。只不过在实际效果上，放弃阅卷确能有效防止法官预断，突出庭审过程对法官心证的核心作用，进而促成"对抗/判定"模式的实现。

2.2.2.4　限制庭外因素影响法官心证（二）：当庭宣判

就形成法官心证这一目的而言，当庭宣判的功能有三：一是保证法官基于对庭审信息的新鲜记忆作出判断，提高事实认定的准确性；二是保障法官

---

① 如果公诉人不出庭，被告人也没有委托辩护人，虽然被告人认罪，但既缺乏对抗又不够细致的庭审程序可能遮蔽潜在的错误。出于慎重考虑，部分法官还是愿意在庭前进行必要的阅卷，否则就需要在庭审中尽量以全文宣读方式举证。访谈笔录：A-1-2。

② 正是如此，敢于放弃庭前阅卷者均为资深法官，既有丰富经验驾驭庭审，又有足够资格便宜行事。相比之下，年轻法官即便有能力一步到庭，往往也不敢草率行事，而须尽量表现得勤勉谨慎、中规中矩。访谈笔录：C-1-2。

独立,隔断庭外因素的影响;三是杜绝法官庭后阅卷,确保法官基于庭审过程形成心证。[①] 也就是说,当庭宣判在实体上能提升判决正确性,在程序上能促进判决正当化,可谓一举多得,因而有法官称之为“司法改革的瓶颈”,可以作为司法改革的最佳突破口。[②]

笔者的实证考察也证实:相比“阅卷/核实”及“初断/审批”模式,“对抗/判定”式庭审更加趋于当庭宣判。三个样本法院中,A 院和 C 院形成两个极端:A 院绝大多数案件都能做到当庭宣判,其中 2003 和 2005 两个年度甚至达到 100%。反之,C 院当庭宣判率一向较低,在 2005 年度居然为 0%。B 院处于中间状态,2003 年以后逐年提高,到 2005 年已超过 50%。

表 2-13 三个样本法院 2001—2005 年度刑事当庭宣判率比较

年度	A 院	B 院	C 院
2005	100.0%	55.0%	0.0%
2004	82.5%	30.8%	2.7%
2003	100.0%	7.8%	9.4%
2002	98.0%	36.4%	2.3%
2001	97.9%	12.5%	12.1%

注:1. 数据主要源于各院案卷档案和司法统计;两者不一致时,以前者为准。

2. 调研当时,C 院 2005 年案卷尚未归档,司法统计中该项目为空白,上表数据系根据法官访谈内容所计算。

前文述及,A 院法官普遍不愿庭前阅卷,在普通程序案件中尤其如此。法官以一种“空明”心态进入庭审,通过亲自听审及必要的职权调查获取案件信息,再经由集体评议对个人心证进行强化和优化,最终实现当庭宣判。不仅如此,由于庭审过程的高度紧凑性和公开性,庭外力量很难有所作为。这样一来,一步到庭与当庭宣判两相结合,庭审过程就成为生产判决的唯一装置,“对抗/判定”模式因而得以完整实现。

反之,如果缺乏当庭宣判,单纯依靠一步到庭并不能实现庭审中心主

① 参见邱联恭:《程序制度机能论》,台湾三民书局 1996 年版,第 211—214 页;宋英辉主编:《刑事诉讼原理》,法律出版社 2007 年版,第 301—307 页;林钰雄:《刑事诉讼法》(下册),中国人民大学出版社 2005 年版,第 150—151 页;兰荣杰:《制度设计与制度实践之间——刑事当庭宣判制度实证研究》,载《中国刑事法杂志》2008 年第 3 期。

② 景汉朝:《中国司法改革策论》,中国检察出版社 2002 年版,第 176 页。

义。如表2-12所示,B院和C院均有部分资深法官放弃庭前阅卷,但无非是将阅卷工作推迟到开庭之后,与撰写判决书合并进行,以减少一道工序,提高办案效率。这样一来,庭审程序并不能直接塑造判决结果,也不能完全限定法官心证,“对抗/判定”模式并未得以实现。

进一步考察发现,部分案件虽然表面上统计为当庭宣判,但却并不等于不间断审理或集中审理。比如A院,对于需要上报分管院长或审判委员会的案件,合议庭在第一次开庭后即行报批,待审批结束后再组织第二次开庭,并依照审批结果当庭宣判。对于无须审批但又难以一次开庭审结的复杂案件,合议庭在第一次开庭后仔细阅卷①,形成结论后再次开庭并当庭宣判。第二次开庭往往就沦为“走过场”,仅仅是“为宣判而开庭”。由于法院的司法统计只重其形不重其实,只关注宣判是否紧随“开庭”②,而不论是否存在分段审理、多次开庭的现象③,导致上述案件也统计为当庭宣判,促成100%当庭宣判率的“文字游戏”。如此一来,虽然表面上提高了当庭宣判率,实质上却违背了集中审理原则。庭审程序的重要性也大打折扣,对法官心证的塑造和制约作用大为削弱。法官并非基于对庭审的新鲜记忆独立作出判断,而是依赖层层审批或仔细阅卷。集中审理固有的效率优势也被分段审理所瓦解。不仅如此,由于法官必须在宣判之前炮制一场几无实质意义的“开庭”,检察官和辩护律师还不得不出庭,导致无谓的浪费和麻烦。④对三个样本法院的比较也证实,A院当庭宣判率虽高,但普通程序案件中多次开庭的比率也相应最高,几乎达到B院和C院的4倍,其中相当部分属于借开庭之名行宣判之实的“水分”。

---

① A区检察院在多数普通程序案件中仅移送主要证据复印件,法官一般也不愿庭前阅卷。如果案情复杂,不能一次开庭查明,合议庭会先行休庭,留下侦查案卷后仔细研读。

② 但法律上对“开庭”并无准确定义,实践中的把握是:只要控辩审三方(在简易程序中为审辩两方)到庭,实施了法庭调查、法庭辩论或最后陈述程序之中的任意一项,即视为开庭。转言之,法官只要稍事修饰,将本不必到场的公诉人、辩护人通知到庭,就可将正常的宣判程序改造为“开庭后当庭宣判”的模样。

③ 比如2002年8月,时任河北高院副院长的景汉朝将当庭宣判解释为:“不管是开了两次庭还是三次庭,只要是整个案件审理结束不会再开庭了,这时不要间断,马上合议后宣判,仍然是当庭宣判。”参见高娣:《当庭宣判——公正与效率的选择》,载《法制日报》2002年9月23日。

④ 兰荣杰:《制度设计与制度实践之间——刑事当庭宣判制度实证研究》,载《中国刑事法杂志》2008年第3期。

表 2-14 三个样本法院 2005 年度普通程序案件多次开庭率比较

项目	A 院	B 院	C 院
多次开庭率	25.3%	6.7%	6.4%
当庭宣判率	100.0%	54.9%	0.0%

注:1. 数据来源于各院案卷档案。

最后,简单归纳“对抗/判定”模式的基本运行结构如下:刑事案件按照随机、临时两项原则分配给法官,并随案移送侦查案卷或主要证据复印件。但基于节约精力考虑,法官并不提前阅卷,而主要依赖当庭听审及职权讯问获取案件信息。案件事实及证据由控辩双方以口头举证方式当庭提供,但归根结底来源于侦查案卷。个体法官的初步心证经集体评议予以固化、强化和优化,及时形成判决意见并当庭宣判。

第三节 效果评价:“对抗/判定”模式的功能与缺陷

正如原最高人民法院院长肖扬所言,“公正与效率是人民法院的永恒主题。”①检验基层法院司法改革制度设计的成败得失,也必须以公正和效率为根本的出发点和落脚点。公正包括两个方面:一是实体公正或曰结果公正,体现为被告人罪刑与刑法规范的一致性;二是程序公正或曰过程公正,体现为诉讼程序本身的合法性、合理性和公平性。效率也分为两个层面:一是审判期间,即法院从立案到判决的处理过程,对应被告人未决待审期间;二是办案花费,即法官个人因办理个案耗费的精力,对应个体法官的审判效率。

需要注意的是,公正和效率主要是以个案为视角,重在对个案程序及结果进行评价,而未涉及司法体制这一更为根本的宏观问题。近年来司法改革的实践证明,如果不能改变司法行政化、司法工具化等体制性痼疾,个案层面的公正与效率也难以普遍实现。不仅如此,如果单纯借助传统体制推进个案层面的制度改革,虽然能起到一时之功效,在部分个案中能促进公正

① 吴兢:《肖扬:公正与效率是人民法院的永恒主题》,载《人民日报》2005 年 12 月 19 日。

与效率,但也同时强化了对传统体制的依赖,增强了体制性变革的难度。因此,对基层法院审判模式改革效果的评价,除了以公正和效率为标准外,更应该关注审判模式与司法体制的互动关系,考察特定的审判模式是否能促进法院体制的现代化转型,从而获致刑事司法改革的制度化和可持续性。

2.3.1 实体公正:实践背叛理论

在刑事诉讼中,实体公正体现为刑法规范在个案中的正确实施,即以恰当的罪名和刑罚评价被告人的受诉行为。不过在实践中,囿于法律规范的模糊性和受诉行为的复杂性,以及法官解释规范和判断事实的个体差异,导致难以简单衡量个案结果是否公正。作为结果,实体公正更多只停留在理论层面,而难以在实践中确立具体的评价标准。尽管如此,由于我国法院的高度科层化,体制性的“指标依赖症”导致唯“率”是从[①],数字化的考核指标成为评价、监督、管理基层法院乃至个体法官的主要工具。[②] 在此背景下,虽然明知实体公正难以直接测量,司法实践中还是广泛使用上诉/抗诉率、改判/发回重审率(简称改发率)等间接指标进行考察。

毋庸置疑,上诉率直接体现被告人对一审裁判的信服程度,相当程度上可反映以被告人为视角的主观公正。不过,由于“上诉不加刑”的制度背景,不排除部分上诉纯属无谓拖延。相比之下,公诉机关所作抗诉决定,以及上诉法院所作的改判或发回重审决定,虽然不排除偶有恣意行为,但总体上确属基于一审裁判事实认定或法律适用的差错,或是司法人员个体间对法律的认识差异。需要特别指出的是,上诉率和改发率具有单向性和片面性特征,一般只能涵括对被告人不利的非公正裁判。而有利被告人的错误裁判,特别是通过权钱交易等非法渠道获致者,虽然理论上可以借助抗诉率予以体现,但囿于此类判决的模糊性和隐秘性,司法实践中基本难以区分。概而言之,上/抗诉率和改发率虽能在一定程度上表征案件实体公正程度,但不免有主观性、片面性之虞。

从理论上分析,相比“阅卷/核实”模式与“初断/审批”模式,“对抗/判

---

① 参见杜涛、欣燕博:《刑事司法宽严相济的郑州样本:彰显司法文明》,载《民主与法制时报》2007年8月13日。

② 参见黄维智:《业务考评制度与刑事法治》,载《社会科学研究》2006年第2期。

定”模式下的事实认定更容易接近案件真相。原因有四:其一,一步到庭基本排除庭前预断,有效淡化单方制作的侦查案卷的不当影响。其二,当庭宣判既能阻隔庭外因素影响,又能确保法官基于对庭审信息的新鲜记忆作出裁判。其三,相对细致的庭审举证一则可以有效挖掘案件信息,二则可以促进庭审对抗,实现“兼听则明”。其四,相对真实的合议庭评议既能达致集思广益,也能抑制个人偏见。相比之下,“阅卷/核实”模式过于依赖侦查案卷,庭审被极度压缩,合议制度也名存实亡。“初断/审批”模式则囿于“审者不判、判者不审”,不仅导致庭审信息难以到达决策者,也难以避免庭外因素的不当影响。作为结果,“对抗/判定”模式应更能发现事实真相,从而导致上/抗诉率和改发率的整体降低。

然而,笔者对三个样本法院的实证考察发现,尽管审判模式各不相同,上/抗诉率和改发率两项指标却并无多大差异。特别是就改发率而言,三个法院可谓非常接近(表2-15)。由此足见,相比基于庭审直接形成的事实判断,依赖阅卷或审批获得的事实结论可能并无多大偏差。虽然后者在程序公正性、合理性方面值得商榷,但可能并不影响定罪量刑的准确性和公平性。换句话说,“阅卷/核实”模式下几近“走过场”的庭审,以及“初断/审批”模式下“判而不审”的幕后决策,实际上都足以比较公正地处理刑事案件。这无疑与上文的理论分析存在冲突。

表2-15 三个样本法院2005年度刑事案件实体公正度比较

项目	A院	B院	C院
上/抗诉率	7.58%	9.55%	13.84%
改发率	1.54%	1.41%	1.89%

注:1. 数据源于各院刑庭2005年终总结。

笔者认为,上述实证数据之所以与理论推理背道而驰,主要源于以下原因:其一,基层法院刑事案件总体趋于简单,案件类型高度雷同,被告人认罪率高,导致事实认定和法律适用均比较容易。一般情况下,不论是基于庭审对抗还是庭外阅卷,稍有经验的法官都足以作出合理的事实判断,不会因为信息获取方式的不同而导致事实判断的差异。与此类似,由于案件类型单一、法律关系清楚,长期浸淫于基层审判的法官很轻易即可完成法律适用;不管是当庭宣判还是层层审批,都不会出现多大差异。其二,对于少数复杂、疑难案件,本书建构的三种审判模式其实均不适用。法官不仅会仔细阅卷,也会认真对待庭审,而且多半需要经过集体讨论和逐级审批,甚至需要请示上级法院。如此一来,最终判决必然极为谨慎,出现实体错误的可能性也不大。其三,各院都有严格的错案追究制度和案件评查制度,且直接与承办法官及所在部门的经济利益和政治待遇挂钩。不无尴尬的是:现实中正是这一非法治化的行政管理体制相对有效地保障了司法审判的公正性,而主要不是依赖诉讼程序本身。特别是在"阅卷/核实"模式和"初断/审批"模式下,由于缺少排除预断和抵制干涉的程序设置,威慑性的考评机制就更显重要。

概而言之,实证考察的结果呈现一个相当尴尬的现实:基层刑事审判的实体公正性,很大程度上并不依赖于诉讼程序设置,反而高度受制于科层化的行政监督体制。刑事审判实践处于诉讼程序与行政管理的"双重结构化"[①]中:一方面,刑事审判基本遵行诉讼法制的程序设计,表现出形式上的"合法律性";但因为诉讼程序本身缺乏足够的自治性[②],尚不能独立生产值得信赖的司法判决。另一方面,隐藏于诉讼程序之外、根植于科层结构的行政监督功能异常活跃,形成对审判实践的强大制约,基本得以保证实体公正的实现。正是因此,诉讼程序本身被虚置,与审判结果之间并无直接关联。作为结果,尽管不同法院的程序设置大相径庭,但表征实体公正程度的上/抗诉率和改发率却基本一致。

2.3.2 程序公正:有参与但不平等

关于程序公正的标准,中外学界均多有研究。西方传统上有"自然正义"原则一说,包括(1) 任何人不得做自己案件的法官,(2) 应当听取当事双方意见。美国"正当程序"理论的基本含义亦大致如此。[③] 戈尔丁将程序

---

① "双重结构化"概念系借鉴强世功和赵晓力对中国基层法官法律解释行动逻辑的分析。参见强世功、赵晓力:《双重结构化下的法律解释——对 8 名中国法官的调查》,载梁治平编:《法律解释问题》,法律出版社 1998 年版,第 222—246 页。

② 程序自治性指"法官的裁判结果必须从法庭审判过程中形成和产生",即审判程序本身具有生产判决的功能。参见陈瑞华:《刑事审判原理论》,北京大学出版社 1997 年版,第 69 页。更全面的分析请参见该书第五章第一节。

③ 参见魏晓娜:《刑事正当程序原理》,中国人民公安大学出版社 2006 年版,第一、二、四章。

公正细化为九项标准,主要包括法官中立、平等对待、积极参与、证据裁判、理性推理等。[1] 陈瑞华则总结为六大原则,分别是程序参与、法官中立、程序对等、程序理性、程序自治、程序及时和终结原则。[2] 左卫民则强调三个要素,分别是中立性、平等性和充分性。[3] 汪建成和谢安平则认为,程序公正主要体现为参与、平等、公开和人道四大原则。[4] 顾培东的观点稍显特殊,他把(1)冲突事实的真实回复,(2)执法者的中立立场,和(3)对冲突主体合法愿望的尊重视为实现程序公正的三大要素。[5] 笔者无意自创标准,但出于检验、测量程序公正程度的考虑,笔者主要以程序参与和控辩平等为评价标准。其他如法官中立、理性推理、证据裁判等因素,笔者未能发现有效的测量指标,因而暂不考虑。

程序参与原则要义有三:首先,被告人能够直面裁判者;其次,被告人有充分机会提供证据并进行辩解;最后,辩护活动受到裁判者的重视,并直接影响判决结果。[6] 反映到司法实践中,可分别量化为以下指标:首先是法院“放权”程度,即合议庭/独任庭独立裁判案件的比率,笔者称之为“放权率”;其次是被告人的参与程度,包括辩护证据的多少、庭审时间的长短,当庭讯问的次数等指标。至于辩护活动对法官心证的实质影响,以及法官对辩护活动的重视程度,因为一则过于主观化,二则难以直接观察,笔者未发现可量化的评价指标。

考察发现,相比奉行“阅卷/核实”模式的B院和奉行“初断/审批”模式的C院,基本实现“对抗/判定”模式的A院表现出较高“放权率”,合议庭/独任庭有权自行判决绝大多数案件(表2-16)。原因在于,“对抗/判定”模式依赖庭审形成判决,要求法官一步到庭、当庭宣判。如果合议庭/独任庭缺乏案件决策权,自然难以实现“即审即判”。

---

① 〔美〕戈尔丁:《法律哲学》,齐海滨译,三联书店1987年版,第240—241页。

② 陈瑞华:《刑事审判原理论》,北京大学出版社1997年版,第60—61页。

③ 左卫民:《价值与结构——刑事程序的双重分析》,法律出版社2003年版,第29—34页。

④ 汪建成、谢安平:《论程序公正与刑罚效果》,载《政法论坛》2002年第1期。

⑤ 顾培东:《社会冲突与诉讼机制》,法律出版社2004年版,第75—80页。

⑥ 参见陈瑞华:《刑事审判原理论》,北京大学出版社1997年版,第63页;宋英辉主编:《刑事诉讼原理》(第2版),法律出版社2007年版,第102—103页。

表 2-16 三个样本法院 2005 年度刑事案件“放权率”比较

裁判权归属	A 院	B 院	C 院
合议庭/独任庭	89%	68%	0%
其他裁判组织	11%	32%	100%

注:1. 其他裁判组织包括审判长、庭务会、分管院长和审委会;

2. 数据主要源于庭务会、审委会记录及司法统计;部分数据系根据法官访谈内容计算。

就被告人参与程度而言,A 院同样高于 B 院和 C 院。首先,A 院庭审时间明显长于 B 院和 C 院,控方举证和辩方质证过程相对更为细致;其次,A 院庭审中控、辩、审三方讯问、发问被告人的次数更多,因而被告人本人得以提供更多信息(表 2-17)。不过正如前文所述,囿于制度和现实的多重挤压,绝大多数案件中辩方都难以提供有效的辩护证据;法官心证总体上还须以侦查案卷为基础,尽管案卷信息需要经过口头举证的过滤。[①] 即便如此,因为庭审时间和当庭讯问次数的增加,“对抗/判定”模式给予被告人更多“说话的机会”,从而有助于强化辩护活动对法官心证的影响,促进审判程序的公正性和合理性。

表 2-17 三个样本法院 2005 年度刑事被告人庭审参与程度比较

(样本数:10×3×2)

项目	A 院		B 院		C 院	
	普通	简易	普通	简易	普通	简易
讯问被告人次数	19.4	3.5	4.8	0	19.7	0.4
庭审时长(分钟)	173.2	60.7	48.0	9.5	59.5	20.5

注:1. 抽样标准:每院 20 件,普通程序、简易程序各 10 件。

2. 数据源于实地观摩庭审。

毋庸讳言,不论就制度还是实践来说,我国刑事被告人都未能获得与公诉机关对等的地位和能力。话语上的控辩平等并未获得足够的现实支持。即便在高度依赖当庭控辩的“对抗/判定”模式下,律师介入比率也不见有所提高,法律援助范围则依旧狭窄(见表 2-3);辩方阅卷权、取证权甚至律师会见权也受到诸多限制。被告人虽能获得相对更多的发言机会,但除了接

---

① 参见本书 2.2.1.1 及表 2-1。

受讯问外,难以另行提供辩护证据(见表2-4)。正是因此,本书仅在一种折衷、次优的立场上使用“对抗/判定”概念,而非直接等同作为其蓝本的民事诉讼和英美对抗式刑事诉讼。

后文的分析将表明,控辩平等从未成为基层法院推进审判方式改革的目标。考察发现,基层法院和法官的改革动力主要有二:一是上级法院的考核压力,关系到法院荣誉及法官个人绩效评价和经济利益。二是法院及法官本身工作的方便性甚至私利。[①] 正是因此,尽管“对抗/判定”模式高度依赖有效的控辩对抗,但若非是被告人自行聘请律师或存在法定援助情形,基本没有法院会考虑为被告人指定律师。作为结果,实践中基本只存在“跛足”的“对抗/判定”式审判:法官判决确实直接源于庭审,庭审过程也确实包含被告人的积极参与,但因为控辩双方的地位和能力悬殊,并不能形成有效的庭审对抗。被告人虽然在法律上被定性为当事人,但主要以“口供提供者”角色参与庭审,而非以对抗式诉讼活动塑造法官判决。

2.3.3 审判效率:不被重视的双赢效果

基于相对紧凑的程序结构,“对抗/判定”模式可以在以下两方面提高审判效率:首先,因为强调一步到庭和当庭宣判,能够减少诸如阅卷、审批等诉讼环节,从而有效压缩审判期间。笔者统计发现,A院个案平均审理期间仅为15天,远比B院和C院要短,甚至不到C院(31天)的一半(表2-18)。其次,因为诉讼活动高度集中于庭审阶段,法官一则无需庭前、庭后阅卷,二则基本免除审批手续,得以节约大量精力。笔者粗略统计发现,如果以承办人针对个案的时间消耗为标准,A院仅分别为B院的1/2和C院的1/3(表2-19)。

不过另一方面,由于强调逐一举证、全文宣读,“对抗/判定”模式庭审时间普遍较长。相比之下,“阅卷/核实”模式和“初断/审批”模式庭审总体趋于空洞,因而持续时间较短。以简易程序庭审为例,B院平均不到10分钟,C院刚好超过20分钟,A院则长达60分钟。再看普通程序庭审,B院平均仅48分钟,C院将近1小时,A院则几乎达到3小时(表2-18)。不过这并不

---

① 参见兰荣杰:《制度设计与制度实践之间——刑事当庭宣判制度实证研究》,载《中国刑事法杂志》2008年第3期。

表 2-18　三个样本法院 2005 年度刑事案件审判效率比较(一)

(样本数:10×3×2)

项目	A 院		B 院		C 院	
	普通	简易	普通	简易	普通	简易
审理期间(天)	21.1	9.3	34.2	10.4	37.2	14.4
庭审时长(分钟)	173.2	60.7	48.0	9.5	59.5	20.5

注:1. 抽样标准:每院 20 件,普通程序、简易程序各 10 件。
2. 审理期间数据源于阅卷统计,庭审时长数据源于实地观摩。

表 2-19　三个样本法院 2005 年度刑事案件审判效率比较(二)

(单位:分钟)

项目	A 院		B 院		C 院	
	普通	简易	普通	简易	普通	简易
庭审耗时(含评议)	173.2	60.7	48.0	9.5	59.5	20.5
庭前阅卷耗时	0	≈10	≈60	≈120	≈150	≈60
庭后阅卷及制作判决书耗时	≈60	≈30	≈240	0	≈210	≈60
案件审批耗时	0	0	≈60	0	≈180	≈60
合计(约)	233.2	100.7	408	129.5	599.5	200.5

注:1. 庭审耗时为抽样数据(每院 20 件,普通程序、简易程序各 10 件),实地观摩。
2. 阅卷、制作判决书和审批程序耗时系根据访谈内容统计并取平均数,无精确数据。

意味着 B 院和 C 院审判效率更高;实际上,该两院法官无非是把工作放到庭审之外而已。笔者访谈发现,在 B 院和 C 院,法官庭前阅卷时间少则 1 小时,多则超过 3 小时;庭后阅卷及制作判决的时间则可能更长。不仅如此,由于诸多案件需要审批,部分案件甚至需要庭务会和审委会重复讨论,导致庭后耗时较多。特别是在 C 院,审批环节消耗的法官精力可能高达庭审时间的 5—6 倍(表 2-19)。相比之下,借助一步到庭、当庭宣判的程序优势,A 院庭审程序尽管稍显拖沓,但总体审判效率仍然较高。

对刑事被告人而言,“迟来的正义非正义”,这似乎已是不容置疑的真理。迅速审判能有效减轻“捉摸不定给犯人带来的无益而残酷的折磨”[①],及时修复被犯罪行为所破坏的社会秩序。尤其是对最终获判免处、管制、缓刑或单处罚金的在押被告人来说,迅速审判还直接缩短被羁押时间,这无疑

① 〔意〕贝卡里亚:《论犯罪与刑罚》,黄风译,中国大百科全书出版社 1993 年版,第 56 页。

是一个“意外惊喜”。此外,由于司法实践中习惯于“疑罪从轻”,对可能无罪的在押被告人往往比照已羁押期限判处拘役或有期徒刑,以实现“即判即放”的效果,相当于变相宣告无罪。[①] 如此一来,迅速审判虽不能还其清白,但至少也算“不幸中的万幸”。

不过对承办法官来说,审判效率可能只是一柄“双刃剑”,并不当然值得追求。首先,如果过度强调审判效率,可能因节奏紧张导致忙中出错;相比之下,“慢工出细活”更能保证审判质量。其次,不管个案审判效率如何,法官都须保证8小时上班时间。浸淫职场者都明白,与其一天高效工作两天尽情休息,不如分成三天慢慢完成,方才显得兢兢业业、工作繁忙。[②] 再次,如果案件附带民事诉讼,为了促成当事人达成赔偿和解,法官经常需要故意拖延判决。最后,如果个别法官希望辩方实施“幕后动作”,适当拖延无疑是必要的手段甚至筹码。这样一来,只要不是案件积压过重,法官可能没有迅速审判的动力。

进一步考察发现,鉴于实践中广泛存在的“合而不议”现象,庭审相对充实的“对抗/判定”模式可能并不太受欢迎。毕竟,相当部分法官只是象征性“坐庭”,既无需阅卷,也不需评议,更不需撰写判决书,甚至连判决结果都不过问。不仅如此,参加合议庭一般不计入工作量,几乎是纯粹的“帮忙”。如此一来,不是承办人的合议庭成员自然希望庭审越短越好,评议则最好取消。至于承办人庭外是否阅卷,是否报送审批,其实与他们无关。作为结果,“对抗/判定”模式虽有助于承办人高效审判,但因庭审过于充实,对其他合议庭成员却成为负担。

最后再来分析法院的态度。笔者考察发现,多数法院考核审判效率的指标都有所偏差,基本上“只求无错,不求有功”。具体而言,法院只关注是否超过法定审限结案[③],以及是否能做到“本年案本年结”,而不太在乎个案具体审判期间,更遑论法官就个案的精力消耗。以B院为例,用以评价刑事审判效率的指标有三:一是结案率,二是超审限率,三是简易程序适用率。C院基本雷同,只不过未采用简易程序适用率。A院指标相对特殊,除考核结案率和超限率外,一则要求至少80%案件实现当庭宣判,二则要求最低

① 访谈笔录:A-1-2,C-1-1。

② 笔者访谈了解到,这被不少法官尊奉为职场生存定律。访谈笔录:C-1-6。

③ 有学者认为,近年来各级法院对审判效率的关注在相当程度上源于政法系统对超期羁押的运动式清理。参见万毅、刘沛胥:《刑事审限制度之检讨》,载《法商研究》2005年第1期。笔者对基层法官的访谈也证实了这一点。参见访谈笔录A-1-2,C-1-1,B-1-2等。

85%的高效审结率,即简易程序须在15日内审结,普通程序须在25日内审结。不过笔者发现,类似A院的做法并不普遍,多数法院所关心者,无非是不超期、能结案,至于个案审判效率如何,以及法官如何安排审判环节,法院似乎并不在意。[①] 作为结果,各院之间尽管个案审判效率高低不同,但结案率、超限率等"底线"指标却基本一致。由此足见,法院显然更为重视刑事审判的形式合法性,并允许法官在合法前提下根据自身方便调整审判效率,至于被告人的程序利益和权利保障,则基本不在法院考虑之列。

表2-20 三个样本法院2005年度刑事案件审判效率比较(三)

项目	A院	B院	C院
结案率	98.48%	98.92%	97.85%
超限率	0.00%	0.00%	0.00%

注:1. 以上均为全年数据,源于各院刑庭2005年终总结。

左卫民认为,刑事诉讼之效率性/经济性应从两个角度分析:一是权力型经济,二是权利型经济。前者重在节约国家权力运行成本,提高权力行使收益;后者重在减少被告人保障自身利益的成本,并提高权利保障的成效(如轻判、快判等)。当下我国刑事诉讼之一大弊端,即在于过度牺牲被告人权利的同时,并未能获得理想的权力经济,导致有限的诉讼资源被浪费。[②] 上文的分析证实:以庭审为中心的"对抗/判定"模式一则能压缩审判期间,保障被告人获得迅速审判的权利,二则能压缩诉讼环节,减少承办人的精力消耗,因而足以实现权利经济与权力经济的双赢。但在诸多情况下,效率性并非法院和法官的首选,形式合法性、自身方便性甚至职场潜规则才是真正的关注重点,从而导致迅速审判并未获得足够的重视和支持。

2.3.4 体制性进步:法官独立和去行政化

季卫东认为,我国司法改革隐现一种"多米诺骨牌"效应,即首先从体制内的技术性改革着手,提高审判效率、减轻案件积压,降低法院财政负担,再逐步过渡到司法权配置、法官地位和法官职业化等体制问题。改革者希望,

---

① 笔者2011年回访时发现,当庭宣判率已经成为各个法院普遍重视的考核指标。不仅如此,B院还另行增加"结案均衡率"这一指标,考核法官是否均衡安排时间,而非在考核节点(如年底)突击结案。

② 参见左卫民:《刑事诉讼的经济分析》,载《法学研究》2005年第4期。

借助该“四两拨千斤”的改革手法,能够最终实现“量变到质变”的转型,获致制度性的司法现代化。[①] 不过另一种担心也同时存在:制度变迁过程广泛存在“路径依赖”现象,“人们过去作出的选择决定了他们现在可能的选择”。[②] 旧制度有天然的自我强化倾向和报酬递增机制,甚至可能将制度变迁“锁定”于恶性循环之中而难以自拔。具体到我国法院司法改革中,一方面法院在整个国家权力体系中的弱势地位难以改变,另一方面法院内部权力结构难以发生根本性转型,导致刑事司法改革难以跳出行政化、科层化的窠臼。既有的程序性、技术性修补,尽管可能在一定程度上提升司法合理性,但往往却依赖于目标考核、责任承包等行政手段的强力推动,从而也进一步强化法院对刑事审判的行政控制。

进一步说,一则由于“路径依赖”对旧制度的前置性肯定,二则由于“四两拨千斤”手法的试验进路,我国法院司法改革总体缺乏系统思维和坚定目标。改革的前景也因而模糊不清:既有可能通过技术性改革的“量变”过程获致体制性转型的“质变”结果,也有可能因为对科层结构和官僚体制的不断强化而加剧体制性转型的难度。季卫东甚至还提出第三种可能:因为法院权力资源极度有限,只能在有限范围内“施展自我革命的拳脚”[③],不敢越雷池半步;如果一味关注技术性、形式性改革,可能最终沦为“自说自话、无人在乎”的无趣行为,其意义可能仅在于向社会传达“我动故我在”的信息,虽然不会恶化传统司法的痼疾,但也难以促进我国司法的体制性转型。[④]

---

① 参见季卫东:《渐进改革的新动力——从“化整为零”到“合零为整”》,载《二十一世纪》2002 年 8 月号,总第 72 期。

② 〔美〕诺思:《经济史中的结构与变迁》,陈郁、罗华平译,上海三联书店 1994 年版,第 1 页。

③ 季卫东:《渐进改革的新动力——从“化整为零”到“合零为整”》,载《二十一世纪》2002 年 8 月号,总第 72 期。

④ 比如普通程序简化审改革即为一个典型。最高人民法院的改革初衷,一则在于提高审判效率,二则在于推动我国控辩协商制度,促进刑事司法的交涉性。但实践结果显示,该改革措施除导致本就草率的刑事庭审被进一步大幅压缩之外,并未能明显降低量刑幅度,也未能促进控辩协商,因而遭到诸多质疑。如徐美君对上海市三个基层法院的调查发现,86% 的法官认为普通程序简化审改革“非常成功”或“成功”,但 68% 的律师认为改革“不成功”、“非常不成功”或“无意见”。参见徐美君:《刑事诉讼普通程序简化实证研究》,载《现代法学》2007 年第 2 期。无独有偶,郭志媛对北京市三个区法院的调查显示,91% 的法官选择“非常成功”或“成功”,但 93% 的律师选择“不成功”、“非常不成功”或“无意见”。参见郭志媛:《问题与对策:“普通程序简化审”改革的实证分析》,载徐昕主编:《司法程序的实证研究》,中国法制出版社 2007 年版,第 157—176 页。也许正是基于这些争议,2012 年《刑事诉讼法》修改将普通程序简化审一并纳入简易程序,但将控辩合意、酌情从轻处罚等规定废除。

具体到本书语境中，三种“理想型”审判模式其实也是诸多技术性改革措施综合作用形成的不同样本。笔者对A院的考察发现，该院其实自始至终没有建构“对抗/判定”模式的计划，只不过因为当庭宣判改革、审委会改革、案卷移送方式改革等细节措施的逐步实施，最终获致以庭审为中心的审判模式。从这个意义出发，“对抗/判定”模式无非是多重因素相互作用导致的“意外产物”，而非改革者事先设计的既定目标。但难能可贵的是，按照上文所述季卫东的标准，“对抗/判定”模式已经基本超越技术性改革的层面，初步涉及司法权配置等体制性因素，表现出“量变到质变”的乐观趋势。比如，相比其他两个样本法院而言，A院刑事案件裁判权大多归属合议庭/独任庭，呈现较为强烈的法官独立色彩。[①]

表2-21　2005年三个样本法院刑事案件裁判权配置表

样本	合议庭/独任庭	审判长	庭务会	分管院长	审判委员会
A院	89%	0%	0%	8%	3%
B院	68%	20%	8%	0%	4%
C院	0%	0%	47%	0%	53%

注：数据主要来源于会议（庭务会、审判委员会）记录及司法统计资料；部分数据系根据法官访谈内容所计算。

上表显示，由于“放权”幅度及内部结构有别，A院和C院走向两个极端。A院刑庭仅3名法官，刚够组成一个合议庭，因此不单设庭务会。简易程序案件由各承办法官自行决定。普通程序案件按合议庭多数意见处理；分歧较大的（约8%）报分管院长决定；极少数无罪或重大、疑难案件（约3%）由审判委员会讨论决定。C院每周召开一次庭务会，分管院长参加[②]，集体讨论本周所有案件并作出定罪量刑决定。其中判处无罪、缓刑、拘役、管制、单处罚金的案件，以及特殊疑难或重大案件，还必须交审判委员会讨

① 参见兰荣杰：《诉讼规则“地方化”实证研究——以裁判权配置为视角》，载《法制与社会发展》2008年第2期。

② C院分管院长在庭务会的投票权权重等同于普通法官，虽可单独决定将案件提交审判委员会讨论，但无权直接改变庭务会多数意见形成的决议。从这个意义上说，C院分管院长并非独立的裁判主体。B院亦是如此。A院的不同在于，对于合议庭分歧较大的案件，只要无须审判委员会讨论，分管院长均可直接决定。

论决定(约53%)。[①] B院由于实施了审判长选任制度,合议庭[②]有权决定多数案件(68%);若意见高度不统一,则交有分管院长参加的庭务会讨论(8%);无罪及特殊案件须上审判委员会(4%)。但是,独任审判员审理的简易程序案件(约20%),需要由审判长审批。[③]

进一步考查发现,作为个体的审批者,如审判长和分管院长,直接改变合议庭/独任庭意见的比例不太高(约10%);但实行集体决策的庭务会和审判委员会,却相对容易改变合议庭/独任庭意见(见表2-22)。可能的原因在于:审判长往往只负责审批简易程序案件,原承办人多半足以正确处理,故无须审判长调整。分管院长审批合议庭分歧较大的案件,但一般是附和合议庭的多数意见,或提交审判委员会讨论,直接改变合议庭意见的情况并不多。[④] 反之,提交庭务会、审判委员会讨论的多半是大案或疑案[⑤],各成员往往意见各一,最终结果不无妥协折中之处,与承办人的初步意见有出入也在所难免。[⑥]

---

① 缓刑案件占C院审判委员会讨论案件的绝大多数。不过,其中大部分又属于未成年人犯罪案件或交通肇事案件,而多数法院已经将这两类案件的缓刑决定权放至刑庭或合议庭。有意思的是,C院的缓刑适用率相对较高,一个主要原因在于当地财政状况不佳,法院需要以“罚金换缓刑”的手段创收。访谈笔录:C-1-5。

② 合议庭审判长必须由具备审判长资格的法官担任,其他成员可以是独任审判员,也可以是人民陪审员。审判长可以直接签发多数案件的判决书。

③ B院将3—4个法官编成一个审判小组(一般也是一个相对固定的合议庭),配备一名具备审判长资格的法官,负责审批组内各独任审判员承办的简易程序案件。这也在B院造成一个奇怪现象:最复杂(如无罪)以及最简单(交独任审判员审理、简易程序)的案件需要审批,而其他案件却由合议庭/独任庭自行决定。

④ 笔者猜测,审判长、分管院长与承办人相对密切的私人关系,以及“三个臭皮匠(合议庭)胜过诸葛亮(审判长或分管院长)”的传统,也实际上影响着审判长或分管院长的决策。但笔者没能获得直接数据支持。

⑤ C院有所不同,庭务会需讨论所有案件。不过,庭务会更加关注相似案件处刑的一致性,因而经常改变承办人的量刑意见(31%)。

⑥ 根据苏力的田野考查,审判委员会的决策逻辑并不严格遵循法律与事实,而往往是综合考虑各种法内法外因素的结果,这与承办人的意见自然有所出入。参见苏力:《送法下乡:中国基层司法制度研究》,中国政法大学出版社2000年版,第88—145页。限于该因素的模糊性,笔者没能获得有效数据支持。

表 2-22　2005 年三个样本法院审批主体改变合议庭/独任庭意见比例

样本	审判长	分管院长	庭务会	审判委员会
A 院	—	10%	—	50%
B 院	9%	—	46%	22%
C 院	—	—	31%	38%

注:1. 数据主要来源于会议记录,部分数据系根据法官访谈内容所计算。

2. A 院没有审判长及庭务会设置,C 院没有审判长及分管院长审批环节,故对应数据显示为无。

3. 若合议庭不能形成多数意见,最终由案件审批机关确定判决意见,则统计为"改变"。

综合表 2-21 和表 2-22,品迭对应数据后发现:A 院法官已基本实现独立审判:首先,合议庭/独任庭可直接决定大多数案件(89%);其次,即便少数案件(11%)需要履行报批手续,但由于分管院长总体倾向于尊重合议庭意见,且审委会讨论案件数量极少,使得多数报批案件最终仍以合议庭意见结案。两项相加,实际上 A 院有高达 98% 的案件系根据合议庭/独任庭的意见作出最终判决。B 院由于存在审判长批案制度,法官独立性稍低,但该项指标仍然达到 94%。C 院一则因上会(庭务会、审委会)案件比例高,二则合议庭/独任庭意见经常因上会而被改变,导致约 51% 的案件最终未能遵循合议庭/独任庭的意见。由此可见,由于一步到庭、当庭宣判等技术性改革的影响,"对抗/判定"模式得以有效强化法官独立性,使法官角色最接近理论上的"裁判者"形象,基本能够按照自己的意志作出判决①;相比之下,"初断/审批"模式下的法官则经常"审而不判",仅在控辩双方与审批者之间充当"传声筒"角色。②

进一步考察发现,正是因为法官独立性增强,"对抗/判定"模式导致法院内部官僚结构弱化,科层体制对审判事务的影响相对较小。具体表现在以下几个方面:其一,个案审判基本由独任庭/合议庭一次性完成,而不会细

---

① 当然,这个判断仅仅基于成文的档案记录和比较正式的访谈,指向相对制度化的裁判权配置规则对法官意志的"显性"影响,而没有考虑一些近似"隐形"的影响法官意志的因素,如人情或贿赂。实际上,笔者对三个法院所有刑事法官都问了同一个问题:有人"打招呼"的案件比例有多少?答案是惊人的一致:20% 左右。访谈笔录:B-1-2,A-1-2,C-1-1 等。

② 考虑到承办人在汇报案件时不可避免的加工行为,他可能还并非称职的"传声筒",不能将当事人的意见全面、准确地传达给案件审批者。访谈笔录:C-1-1。

分为庭审、报批、核准等多个环节。审判过程相对紧凑,不具备官僚体制下明显的分段作业特征。其二,法官之间在行政结构中的层级关系并不直接导致审判事务的层级化,庭长甚至院长等行政领导与普通法官在审判事务中的分工并无明显差异。其三,行政领导广泛参与普通案件全程办理,对案件审批等职能的关注反而较少。以 A 院为例,刑庭庭长并不审批案件,而是和普通法官一道轮流承办案件。即便是分管院长,虽然偶尔也批阅案件,但主要精力还在于单独承办案件或处理法院行政事务(表 2-23)。相比之下,“阅卷/核实”模式特别是“初断/审批”模式表现出强烈的官僚特征,个案审判被细化为初审、复核等前后相继的多个环节;法官之间根据行政职级高低进行细致分工,分别负责特定审判环节。审判程序一方面被科层结构所肢解,另一方面也强化着科层结构的权力分工和层级监控关系。以 B 院和 C 院为例,刑庭庭长和分管院长自身办案较少,甚至根本不参与办案,而主要承担案件审批和行政管理职能(表 2-23);与此同时,通过审批权和管理权的行使,院长、庭长的地位和权力也一再得到强化和彰明。

表 2-23 2005 年三个样本法院行政领导及普通法官办案比较 (单位:件)

样本	分管院长	刑庭庭长	普通法官(平均)	刑案总数
A 院	18	55	60	133
B 院	6	4	106	646
C 院	0	26	53	341

注:1. 主要数据系根据法官访谈内容所计算,部分数据源于刑庭年终总结材料。

2. A 院分管院长项目包括院长和分管刑庭的副院长,当年院长也亲自承办 4 件影响重大的刑事案件。

3. A 院刑庭在编法官 3 人,其中 1 人在 2005 年几乎全年上挂中院,只是偶尔回院参加合议庭,但不单独承办案件。

由此可见,“对抗/判定”模式已经初步超越技术性改革的浅表层次,触及体制性转型的“质变”阶段。通过一步到庭、当庭宣判、审委会改革等个别措施的综合作用,法官独立性得以大幅提升,行政领导和外部力量对法官意志的影响得到较好抑制,庭审过程对最终判决的塑造作用更加明显,司法的公正性、合理性因而得到较大促进。不仅如此,法院内部权力结构也因法官独立而有所改变,科层化的官僚结构对审判程序的影响得到限制,“司法行政化”痼疾有所缓解。由此观之,借助零碎的技术性变革不断累计,“对抗/

判定”模式初步呈现向现代型司法转型的明显倾向。季卫东所谓“多米诺骨牌”效应似乎正在发生。

第四节　背景分析:“对抗/判定”模式的生成机制

诸多学者认为,1996 年《刑事诉讼法》修改的主要目标之一,即是借鉴当事人主义刑事诉讼模式,构建一种“控辩式”庭审。[①] 时任全国人大法工委主任的顾昂然曾专门就此向全国人大报告,指出《刑事诉讼法》修改是为“更好地加强庭审,发挥控辩双方的作用”。主要措施有二:一是强化合议庭的案件决策功能。只有合议庭难以决定的疑难、复杂、重大案件,才提请院长决定提交审判委员会讨论。二是强化庭审对抗性。公诉人当庭出示证据,被告人和辩护人可以进行充分质证和辩论。[②] 不过正如陈瑞华所言,此次修改更大程度上只是对审判程序的浅层加工,主要关注表面上的审判行为;虽然合议庭权限、案卷制度等深层次问题有所触及,却终未获得有效改进,导致初具对抗色彩的法庭审判流于形式,并不具有生产判决结论的功能。[③] 即便在某些已经基本实现合议庭独立的法院,庭审与判决仍然是相互隔离的“两张皮”,拥有案件决策权的法官还是习惯于通过阅卷等方式形成心证。作为结果,改革后的庭审形式可能确实有所“美化”——如果我们将控辩对抗视为可欲目标的话,但庭审功能并未获得足够强化,控辩对抗并不能有效塑造法官心证。

在此背景下,A 院能够初步实现“对抗/判定”模式,做到通过庭审直接形成判决,无疑相当难能可贵。不过正如前文所述,这实际上并非改革者事先设计的既定目标,而是多重因素相互作用导致的“意外产物”。因而在很大程度上,A 院模式可能难以复制。甚至就 A 院本身而言,由于促成“对抗/

---

① 龙宗智:《试析我国刑事审判方式改革的方向与路径》,载《社会科学研究》2005 年第 1 期。2012 年《刑事诉讼法》再修改显然延续了这一方向。

② 陈光中、严端:《中华人民共和国刑事诉讼法修改建议稿与论证》,中国方正出版社 1995 年版,第 476 页。

③ 参见陈瑞华:《案卷笔录中心主义——对中国刑事审判方式的重新考察》,载《法学研究》2006 年第 4 期。

判定”模式的部分因素具有临时性和客观性特征,一旦这些条件发生变化,“对抗/判定”模式可能也将难以为继。

2.4.1 从审判委员会改革到法官独立:刑庭规模导致的意外

根据《世界司法独立宣言》和《国际律师协会关于司法独立最低限度标准的规则》,完整的司法独立包括四个不可分割的基本层面:一是实质独立或曰裁判独立,即法官仅依法律及良心履行审判职能,不仅在程序上无需寻求他人的核准,在实体上也不受外界的干涉和影响。二是身份独立,即法官任期和待遇应受到充分保障,避免法官因个人利益受到行政机关的控制。三是集体独立,即法院作为整体相对于行政、立法机关的独立。四是内部独立,即个体法官在个案审理及身份保障方面独立于其同事和上级法官。①

囿于当前的司法体制和科层结构,我国法官尚难以完全实现身份独立、集体独立和内部独立。即便是就裁判独立而言,面临特殊的社会网络和权力结构,要在实体上完全杜绝外界力量对法官意志的干涉和影响也不现实②;但在程序上,随着法院内部改革的逐渐深入,原本科层式的审判组织逐渐扁平化,传统的审批程序逐渐弱化甚至取消,合议庭和独任法官逐渐获得更多案件的最终决策权。审判委员会的“放权”改革,正是这一背景下的主要措施。

笔者访谈发现,至少到20世纪90年代中后期,各地法院审委会还普遍为刑事案件所拖累。③ 主要原因在于:需要上会讨论的刑事案件范围过广。根据1996年《刑事诉讼法》第149条的规定(2012年修改时继续保留),对于合议庭难以作出决定的“疑难、复杂、重大”案件,提请院长决定提交审委会讨论。司法实践中,一则因为“疑难、复杂、重大”案件缺乏明确定义,二则因为对法官业务水平和职业操守的潜在怀疑,各院普遍以下述四个标准确

---

① 参见陈瑞华:《刑事审判原理论》,北京大学出版社1997年版,第164—166页。

② 比如前文述及,笔者曾询问三个法院各法官同一个问题:有人“打招呼”的案件比例有多少?答案基本一致:20%左右。访谈笔录:B-1-2,A-1-2,C-1-1等。

③ 其他学者也有类似判断。如王元1997年对上海法院的考察发现,10%—15%左右的刑事案件须经审委会讨论;苏力则发现,绝大多数行政案件都会进入审委会。参见苏力:《送法下乡:中国基层司法制度研究》,中国政法大学出版社2000年版,第104—105页。肖仕卫:《基层法院审判委员会“放权”改革的过程研究——以对某法院法官的访谈为素材》,载《法制与社会发展》2007年第2期。

定上会案件[1]:第一类为争议案件,即合议庭成员意见分歧较大,难以形成多数意见。第二类是敏感案件,包括职务犯罪案件、媒体关注案件、领导交办案件、抗诉案件等。第三类是为重判案件,如基层法院处刑10年以上有期徒刑的案件。第四类是轻判案件,包括缓刑、拘役、管制、单处罚金和无罪案件,以及取保候审决定等。[2] 纵向考察看来,争议案件、重判案件和敏感案件一则比例不大,数量较少,二则比较稳定,各年之间波动不大。但随着未成年人犯罪和交通肇事案件的逐年增加[3],轻判案件在近年来呈明显攀升趋势。[4] 作为结果,各院审委会案件负担越来越重,部分法院甚至到了难以为继的程度。

不仅如此,由于"审者不判、判者不审"等痼疾,审委会批案制度受到坊间学界的广泛批评。鉴于上述种种压力,借助最高人民法院三个《五年改革纲要》的推动,各级法院广泛开展审委会改革。具体措施主要有二:一是"放权",即强化合议庭职责,将上会案件严格限定于少数重大、疑难、复杂案件,且只讨论法律适用问题,不涉及事实认定。二是转变工作方式,弱化个案讨论,强化全局性审判指导,集中精力总结审判经验,细化审判制度。不过在实践中,由于"放权"效果最为直接,影响最为深远,因而不少论者直接将审委会改革视同为审委会"放权"。[5]

按照最高人民法院第一个《五年改革纲要》的设计,"放权"工作须与审

---

① 可参见罗书平:《审判委员会"审批案件"制度应予取消》,载《中国律师》2002年第2期。

② 多个法官坦言:对轻判案件的严格把关,实际上反映出当前体制对法官操守的不信任。某种程度上,任何导致即时"放人"的判决——包括缓刑、管制、单处罚金以及比照已羁押期限判处的短期有期徒刑或拘役——普遍容易导致来自体制内外"不怀好意"的猜测,产生幕后交易、行贿受贿等联想。如此一来,轻判俨然成为"瓜田纳履、李下整冠"的是非之举,致使诸多法官不愿轻判,以免招惹猜疑。相比之下,当前体制对明显偏重的判决则比较宽容,因为幕后权钱交易可基本排除;何况,虽然重判对被告人不公平,但还有上诉机制作为补救。访谈笔录:B-1-1,C-1-5等。

③ 以A院为例,2001年至2005年间,未成年人犯罪比例分别为:10.2%,20.9%,15.9%,16.7%,13.4%。参见A院相关年度司法统计。

④ 以C院为例,2002年至2005年间,该院判处缓刑、管制、单处罚金的比例分别是:24.94%,31.79%,48.01%,40.13%。参见C院相关年度司法统计。究其原因,一则因法院本身利益驱使(后文将详述),二则因最高法院的相关司法解释和审判精神。比如2005年颁布的《最高人民法院关于审理未成年人刑事案件具体应用法律若干问题的解释》规定:"对于初犯、具备监护和帮教条件、积极退赔的未成年人,应当尽量适用缓刑。"交通肇事案件本为过失犯罪,如果被告人积极进行民事赔偿,在普遍追求刑事和解、创建和谐司法的大背景下,适用缓刑几乎是大势所趋。

⑤ 参见肖仕卫:《基层法院审判委员会"放权"改革的过程研究——以对某法院法官的访谈为素材》,载《法制与社会发展》2007年第2期。

判长选任制度、院/庭长办案制度同步推进,以确保合议庭有精英法官(审判长或院/庭长)参加并主持,从而保证个案裁判质量。需要注意的是,具备独任审判员资格的法官可以单独承办简易程序案件,但往往不能直接决策,而须经所在小组的审判长审批。① 在部分法院,审委会“放权”还导致庭务会②的重生或强化,即通过庭务会集体讨论决定审委会分流出来的案件。由此看来,审委会“放权”其实并不直接等于法官独立,甚至不等于合议庭独立,而是将审委会讨论决定的相当部分案件进行分流,交由精英法官、合议庭或庭务会决策。虽然合议庭独立性确实因此大幅提升,但权力扩张更为明显的还属审判长和庭务会。换言之,审委会“放权”的最直接效果,还在于强化了原本不存在的审判长或已基本消亡的庭务会的审判职能,在审委会与合议庭/独任庭之间加入一个“夹心”层级,并赋予其相当分量的裁判权;至于真正意义上的合议庭独立或法官独立,尚有一段距离。

制度变迁总是充满偶然。A 院刑庭规模过小,仅 3 名法官具有审判资格,且均为资历深厚的中年法官,其中还包括正副庭长各一名。③ 兼之该院少有使用人民陪审员,故除分管院长偶尔参加合议庭外,所谓刑事合议庭其实就等于刑庭庭务会。正是因此,与多数基层法院不同的是,A 院既没有单独设置庭务会,也没有实施审判长选拔工作④,客观上压缩了法院内部科层结构,避免在审委会与合议庭/独任庭之间出现“夹心”组织。由是之故,在审委会“放权”之后,除极少数案件外(如无罪判决、职务犯罪、敏感案件或

---

① 需要解释的是,此处之审判长并非合议庭成员(因为本无合议庭),实际上是负责该审判小组的组长。

② 庭务会设置并无法律根据,不过各级法院普遍存在该议事机构。部分法院将庭务会职能限定于政治学习、业务学习、庭务管理等,不包括案件讨论和决策。参见《福建省邵武市人民法院院志》,http://www.shaowucourt.com/News/Show.asp? id=182,访问时间:2008 年 8 月 28 日。部分法院则将庭务会设计为咨询机构,即由庭领导和资深法官对疑难案件进行集体讨论并提供咨询意见,但并无约束效力。另有部分法院则将庭务会视为一级审判组织,可直接讨论决定案件结果。参见王利明:《司法改革研究》(修订版),法律出版社 2001 年版,第五章第三节。

③ 值得特别说明的是,2006 年调研结束之后不久,A 院刑庭原内勤就正式取得法官资格,可以单独署名办案。但其告诉笔者(回访时电话沟通,未记入访谈笔录),因为资历尚浅,经验不足,故即使是独任审判的案件,也会报庭长把关。

④ 不过有意思的是,由于最高人民法院自上而下强势推进审判长选任工作,并要求地方各级法院逐级上报实施情况,A 院虽然限于客观条件没有落实,但在对上汇报对外宣传时,依然声称已经切实实施。访谈笔录:A-1-2。

争议案件等),A 院合议庭或独任法官均可直接决定,并径行签发裁判文书。[①] 客观地说,按照前文罗列的法官独立四项指标,A 院已经基本实现程序上的裁判独立,成为“对抗/判定”模式的关键条件。

但问题在于,A 院的特殊情况基本难以复制。小规模的刑庭、经验丰富的法官,这两项条件在绝大多数法院都不太现实。比如在 B 院,虽然审委会“放权”幅度与 A 院基本相当,即超过 95% 的案件均不上会[②],但因为刑庭规模偏大,共有法官 9 人[③],且部分年轻法官资历较浅,致使审委会不敢直接放权合议庭/独任庭。作为折中方案,B 院分别选拔两名资深法官担任副庭长和审判长,加上原有的一名副庭长,三人分别负责一个审判小组。小组其他成员为独任审判员。如遇普通程序案件,则由组长(审判长或副庭长)任审判长,辅以独任审判员或人民陪审员组成合议庭。一般情况下,合议庭可以直接签发判决书;若案件比较复杂,或合议庭分歧较大,则由分管院长、庭长和各审判长召开庭务会讨论;如遇简易程序案件,审判长可径行判决,独任审判员须经组长审批。如此一来,虽然审委会得以成功“减负”,但由于审判长和庭务会的审批功能,相比 A 院而言,B 院合议庭/独任庭的独立性并不理想。

由上足见,A 院法官独立性的提升,虽然根本上源于审委会的“放权”改革,但客观上还受益于该院特殊的刑庭规模和法官素质。与 B 院的对照也证明,如果缺乏 A 院的特殊条件,审委会“放权”并不能直接导致合议庭/独任庭独立。换句话说,法官独立在 A 院的初步实现,很大程度上是一种偶然的巧合,一种“美丽的意外”。

2.4.2 从案卷移送改革到一步到庭:法官习惯导致的意外

公诉方式改革是 1996 年《刑事诉讼法》修改的一大特色。为了限制法官庭前预断,提升庭审对抗程度,传统的“全案移送主义”被“主要证据复印

---

① 进一步的分析,可参见前文 2.3.4,特别是表 2-21 和表 2-22。

② 以 2005 年为例,A 院审判委员会讨论案件比例为 3.76%,B 院为 3.01%。

③ 笔者在 B 院调研时,刑庭两法官分别被区政法委、市中院借调,故本书中相当部分数据系以 7 人为基数进行计算。

件主义”所替代。[①] 但诸多学者发现,由于财政支持、证据交换等关联问题未获及时解决,“主要证据复印件主义”的实际运行效果并不理想,具体表现有四:其一,限于复印成本考虑,诸多财政能力不佳的检察院仍然坚持全卷移送,导致审前预断、先定后审的痼疾未获改善。[②] 其二,缺乏庭前证据展示制度的配套,“主要证据复印件主义”直接限制律师阅卷范围,进一步恶化控辩双方的信息不对称,导致被告人辩护能力大幅削弱。其三,公诉方精心挑选移送的主要证据复印件容易使法官形成“扭曲的预断”。[③] 其四,公诉审查机制被架空,难以有效防范公诉权滥用,也不利于节约审判资源。[④]

笔者的实证考察也多次证实上述判断。比如在地处国家贫困县的 C 院,检察院办公经费捉襟见肘,所以至今仍然实行全卷移送,法官也普遍承认存在审前预断现象。[⑤] 但在“衣食无忧”的 B 院,检察院严格执行主要证据复印件移送制度,个别法官却抱怨案件信息被肢解,容易产生误导作用。[⑥] 另一方面,被访律师无一例外地严厉抨击“阅卷难”现象,认为案卷移送改革是刑诉法修改的一大败笔。[⑦]

不过 A 院再次出现“美丽的意外”:2004 年之前,由于财政支持不够,检察院基本实行全卷移送,法官也乐于庭前阅卷。自 2004 年开始,得益于新任检察长的“创收”能力,检察院的办公条件大有改善,开始逐步落实主要证据复印件移送制度。不过就法官而言,面临检察官精心裁剪的主要证据复印件,不免经常感觉疑虑重重,难以形成内心确信。为了避免被片面信息所误导,法官往往需要在庭审中加倍小心,通过细致的法庭调查和充分的法庭辩论核实案卷信息。如此一来,庭前阅卷不仅不能提高效率,反而造成不必

---

① 陈卫东、韩红兴:《慎防起诉状一本主义下的陷阱——以日本法为例的考察》,载《河北法学》2007 年第 9 期。

② 李奋飞:《从“复印件主义”走向“起诉状一本主义”——对我国刑事公诉方式改革的一种思考》,载《国家检察官学院学报》2003 年第 2 期。

③ 龙宗智:《刑事庭审制度研究》,中国政法大学出版社 2001 年版,第 151 页。

④ 陈卫东、韩红兴:《慎防起诉状一本主义下的陷阱——以日本法为例的考察》,载《河北法学》2007 年第 9 期。

⑤ 访谈笔录:C-1-1,C-1-2 等。不过一个好处是:2012 年《刑事诉讼法》改回全卷移送后,他们无需再改。

⑥ 访谈笔录:B-1-3,B-1-4。

⑦ 访谈笔录:A-5-1,B-5-1,C-5-1 等。也许正是因为这些争议,2012 年《刑事诉讼法》再修改后又回到全卷移送的老路。

要的重复和浪费，甚至一不小心还可能造成错案。久而久之，A 院法官干脆放弃庭前阅卷，尝试直接依赖庭审形成事实判断。试验结果看来，借助三名法官丰富的审判经验，只要庭审过程足够细致，评议过程足够充实，一步到庭进而当庭宣判基本没有问题。而另一方面，由于三名法官的特殊身份——庭长一人、副庭长一人、资深法官一人——法院领导也默认甚至鼓励他们的“大胆”行为。如此一来，尽管检察官仍然坚持移送主要证据复印件，A 院法官却基本置之不理；一步到庭也就在法官的自信甚至“狂妄”中得以实现。虽然律师阅卷困难、公诉审查架空等问题依然存在，但庭前预断甚至预断扭曲等弊端却得以避免。更重要的是，借助一步到庭、当庭宣判的程序架构，A 院基本实现以庭审过程为中心的“对抗/判定”模式，有效提升了诉讼程序的合理性、效率性和公正性。

其实仅就驾驭庭审的能力和信心而言，A 院三名法官远非特例。比如 C 院刑庭庭长和某资深法官就坦言，尽管检察院一向是全卷移送，他们在庭前也基本不阅卷，但同样足以驾驭庭审。[①] 不过问题在于，由于无需当庭宣判，他们无非是把庭前阅卷挪到庭后而已。如此一来，虽然一步到庭得以实现，庭前预断得以避免，律师阅卷也能保障，但是因为庭后阅卷和审批程序的关键作用，C 院庭审并不具备生产判决的功能。更值得玩味的是，C 院刑庭唯一科班出身的某年轻法官告诉笔者，尽管他自信有能力一步到庭，但考虑到自己身份特殊（年轻人 + 学历最高），一则要避免锋芒毕露，二则要显得勤勉踏实，因此仍旧坚持庭前阅卷。[②] B 院某副庭长的回答也有类似无奈：尽管自己庭前不愿阅卷，但因为刑庭开庭时间极其有限[③]，庭审调查比较仓促甚至空洞，难以直接形成充分的心证，因而需要在庭后仔细研读全部案卷。[④] 相比 A 院来说，B 院和 C 院法官的一步到庭既不能促进控辩对抗，也不能提升庭审实质化程度。由此可见，若一线法官缺乏一步到庭、当庭宣判

① 访谈笔录：C-1-3，C-1-4。

② 访谈笔录：C-1-2。实际上，不少法院确实把庭前不阅卷视为审判作风不佳、庭审能力不足的表现。参见《认真落实人大代表建议案 扎实开展大学习大讨论活动》，http://www.zhxz.gov.cn/xznews/2008-5/200857933001.htm，访问日期：2008 年 9 月 28 日。

③ B 院所在城市主城区各区法院共用一个看守所，距离 B 院大约三十多公里，且看守所提押手续繁琐，致使 B 院能够真正用于开庭的时间只有 5 个小时（含中午）。加之案件较多，刑庭不得不尽量压缩开庭时间，把相当部分审理工作放在庭外。

④ 访谈笔录：B-1-4。

的能力和信心,或者法院内部缺乏必要的客观条件和制度环境,不管是“全案移送主义”还是“主要证据复印件主义”,都难以促成庭审的中心地位,难以实现庭审的判决生产功能。从这个意义出发,“对抗/判定”模式在A院的初步实现,相当程度上确属一种“美丽的意外”。①

2.4.3 当庭宣判:法官独立、目标考核导致的意外

前文2.2.2.4已述,当庭宣判主要功能有三:一是保证法官基于对庭审信息的新鲜记忆作出判断,提高事实认定的准确性;二是保障法官独立,隔断庭外力量和案卷信息的影响;三是压缩个案审理周期,提高审判效率。因此就“对抗/判定”模式而言,当庭宣判无疑是最为关键的程序设置之一,是庭审中心主义得以实现的基础性保障。不过《刑事诉讼法》似乎并不鼓励当庭宣判,而是任凭法官自由选择宣判方式。② 在1998年底全国高级法院院长会议上,肖扬院长首次提出强化当庭宣判。③ 1999年,最高人民法院第一个《五年改革纲要》再次强调提高当庭宣判率。2003年,最高人民法院、最高人民检察院和司法部联合规定,普通程序简化审和简易程序案件“一般应当庭宣判”。2007年,最高人民法院在《关于加强人民法院审判公开工作的若干意见》中提出:“要逐步提高当庭宣判比率……人民法院审理案件,能够当庭宣判的,应当当庭宣判。”至此,当庭宣判优先、延期宣判其次的原则最终确立。

正常情况下,根据最高人民法院的改革纲要和三机关的联合规定,当庭宣判率应当与简易程序和普通程序简化审适用比例成正比。不过笔者的实证考察否定了这一判断:一方面,三个样本法院当庭宣判率大相径庭,其中

---

① 由于2012年《刑事诉讼法》修订又回到全卷移送的老路,而A院刑庭又有年轻法官加入,其审判方式是否会有变化,倒是一个相当有趣的问题,也能进一步证实/证伪笔者的观点。不过限于2012年《刑事诉讼法》修正案尚未实施,笔者暂不能获得相关数据。

② 1996年《刑事诉讼法》第163条(2012年《刑事诉讼法》第196条)规定:“宣告判决,一律公开进行。当庭宣告判决的,应当在五日内将判决书送达当事人和提起公诉的人民检察院;定期宣告判决的,应当在宣告后立即将判决书送达当事人和提起公诉的人民检察院。”仅从文本上看,全国人大在当庭宣判与定期宣判之间保持价值中立,并无鼓励当庭宣判的意思。

③ 肖扬说:“要逐步提高当庭宣判的比例,不能当庭宣判的,开完庭后要尽快合议,尽快宣判,不要拖很长时间,以防背后交易,淡化庭审效果,影响裁判的公正。”肖扬:《全面推进人民法院各项工作为改革、发展、稳定提供有力的司法保障》,载《人民法院报》1998年12月2日。

A 院和 C 院形成两个极端。另一方面,除基本已被实践抛弃的普通程序简化审外[①],三个法院适用简易程序的比例大体接近,远非如当庭宣判率那样彼此悬殊。以 2005 年度为例,A 院适用简易程序的案件比例仅比 C 院高 10 个百分点,但当庭宣判率之比却是 100%∶0%。B 院的数据看起来相对正常,当庭宣判率基本等于简易程序适用率。

表 2-24　2005 年度三个样本法院简易程序适用率比较

项目	B 院	A 院	C 院
简易程序适用率	55.71%	40.15%	30.79%
当庭宣判率	54.93%	100.00%	0.00%

注:1. 简易程序数据来源于各院刑庭 2005 年终总结。

由此可见,至少在部分法院,是否适用简易程序并非当庭宣判与否的决定因素,甚至可能不是主要因素。实际上,司法实践的运行逻辑远非如此简单。宣判方式的调整往往受到法院权力结构、法官个体利益、法院客观环境等背景因素的制约,是一项"牵一发而动全身"的系统工程。A 院之所以实现较高当庭宣判率,很大程度上源于其特殊的制度环境和客观条件,因而可谓又一个"美丽的意外"。

特殊之一在于,A 院法官独立性相对较高(参见表 2-21),除少数争议、复杂或敏感案件外,合议庭/独任庭均有权自行决策,当庭宣判也因而成为可能。反观 C 院,几乎所有刑事案件都须经庭务会讨论,其中 1/2 左右还需要上审判委员会,当然不可能实现当庭宣判。其实正如 A 院刑庭某法官坦言:既然经过庭审已经形成内心确信,而且合议庭有权径行判决,如果还要延期宣判,不仅是浪费时间,也是对被告人的不人道,甚至还招致不必要的猜疑。[②]

特殊之二在于,A 院针对性的考核指标成为当庭宣判的巨大动力。苏力通过实证研究发现,我国法院审判制度为法院内部行政管理制度所支配,

---

① 由于庭前准备程序(包括征求意见、书面通知、证据交换等)过于复杂,庭审简化程度又相当有限,一线法官普遍不愿意适用普通程序简化审,或者干脆行"有实无名"之方便,即一方面保留对庭审的简化,另一方面却回避法定的庭前程序。参见左卫民等:《简易刑事程序研究》,法律出版社 2005 年版,第 222—228 页;访谈笔录:B-1-3,A-1-2 等。2012 年《刑事诉讼法》再修改则以扩大简易程序适用范围的方式,变相将之前适用普通程序简化审的案件纳入。

② 访谈笔录:A-1-2。

在一定程度上沦为后者的附庸。[①] 尤其是盛行于基层法院的数字化目标管理体系,因为直接关系到法官个人的绩效考核和经济利益,已俨然取代审判制度而成为主导法官行为的“指挥棒”。具体在A院,由于其上级法院要求当庭宣判率至少达到85%[②],法官迫于考核的压力不得不尽量当庭宣判,使得2001—2005五年平均当庭宣判率高达95.66%。相比之下,C院、B院虽也一度提倡当庭宣判,但从未将其纳入法官考核指标体系,致使法官缺乏当庭宣判的压力和动力。

最后还需要指出的是,A院不需要借助延期宣判实现创收目的。比如C院多名法官坦言:为督促被告人积极缴纳罚金,往往需要故意延期宣判,先借庭审威严打压被告人的侥幸心理,再以轻刑、缓刑相诱,动员被告人在宣判前缴纳罚金,否则就适用重刑、实刑。另一方面,为了避免个别法官滥用缓刑谋取私利,C院要求所有缓刑案件都须经审判委员会讨论。[③] 如此一来,由于挡在法院“创收”的路上,当庭宣判自然就被抛弃了。反之A院,法官几无创收任务,对罚金刑只管判决不管执行,当然无须借助开庭后宣判前的期间向被告人施压,从而也能更多适用当庭宣判。

2.4.4 小结:弱制度化的“对抗/判定”模式

制度变迁的历史总是同时充满偶然和必然。恩格斯曾说:“历史是这样创造的:最终的结果总是从许多单个的意志的相互冲突中产生出来的,而其中每一个意志,又是由于许多特殊的生活条件,才成为它所成为的那样。……因为任何一个人的愿望都会受到任何另一个人的妨碍,而最后出现的结果就是谁都没有希望过的事物。所以以往的历史总是像一种自然过程一样地进行,而且实质上也是服从于同一运动规律的。”[④]换句话说,制度变迁尽管可能包含个人的主观意愿甚至刻意设计,但总体上却表现为整个共同

---

① 苏力:《送法下乡:中国基层司法制度研究》,中国政法大学出版社2000年版,第82页。

② X市中级人民法院:《2005年全市刑事审判目标管理考核表》。

③ 类似做法在经济欠发达地区可谓普遍。访谈笔录:C-1-2。也可参见莫湘益:《当庭宣判率低的弊端、成因及对策》,载《黑龙江政法管理干部学院学报》2000年第3期。

④ 《马克思恩格斯选集》第4卷,人民出版社1972年版,第478—479页。

体的经验演化和渐进式反馈。[①]

脱胎于近年的审判方式改革,“对抗/判定”模式一方面带有明显的主观痕迹,反映出上至最高人民法院下至基层法官的改革思维和个体意志,另一方面也体现出司法改革的客观走向和普遍趋势,带有相当程度的必然性和规律性。正是因此,当前的“对抗/判定”模式还显得比较脆弱,尚未制度化为稳定的诉讼规则,因而其未来走向也不太明确,既可能不断自我强化而逐渐成熟并定型,也可能因为法院或法官主观因素的改变而最终偏离庭审中心主义。

具体到A院来说,审判方式改革过程呈现明显的主观色彩:其一,尽管在多数法院,由于传统和制度等因素的影响,庭前阅卷仍然比较普遍;但在A院刑庭,出于驾驭庭审的自信和节约精力的考虑,法官普遍不愿庭前阅卷,客观上促成一步到庭。其二,尽管制度上对当庭宣判的提倡多于强制,A院领导和上级刑庭却主动将其落实到目标考核系统之中,导致A院当庭宣判率大幅高于其他法院,并直接促成庭审中心主义的实现。

不仅如此,A院“对抗/判定”模式还过度依赖该院的特殊条件。首先,A院合议庭/独任庭之所以基本实现独立裁判,一是因为刑庭规模过小,庭务会和审判长都无从设置,因而一旦审判委员会放权,案卷决策权就基本归于合议庭/独任庭;二是因为刑庭三名法官的资历、经验均可支持独立裁判,无须设置复核程序。其次,由于案件相对较少,办案时间特别是庭审时间比较充裕,A院法官得以充分依赖庭审挖掘案件信息,而无需如B院法官那样迫于时间压力匆忙闭庭,庭审直接生产判决因而成为可能。再次,A院经济条件尚可,无需如C院般借助庭审压力敦促被告人缴纳罚金,因而可以直接当庭宣判。

制度经济学认为,只有当局部性行为规则获得足够的一般性和确定性特征,才能逐渐演变为普适性的制度规范。一般性特征要求规则“适应于未知的、数目无法确定的个人和情境”,确定性特征要求规则可以辨识,能够为

---

① 〔德〕柯武刚、史漫飞:《制度经济学:社会秩序与公共政策》,韩朝华译,商务印书馆2003年版,第35—36页。

未来的环境提供可靠的行为指南。[①] 以此为标准,A院目前的“对抗/判定”模式尚难以称为规范的制度。首先,审判方式改革过程中过于强烈的主观色彩导致改革方向难以确定;一旦法官习惯和能力因人事变动而改变,或法院领导意志发生转换,都可能导致目前的“对抗/判定”模式难以为继。其次,对于特殊条件的过度依赖也使改革结果难以复制;不同时期、不同法院之间因为规模、财力、法官素质的差异都可能阻碍“对抗/判定”模式的维持和扩张。也正是因此,尽管各地法院都在或多或少地推进审委会放权改革、当庭宣判改革等措施,但能够直接通过庭审形成判决的法院并不多见。

不过根据路径依赖理论,制度具有自我强化、自我复制的功能。制度变迁就如技术进步一样,可以通过一系列自增强(Self-Reinforcing)机制获致报酬递增,同时也使制度逆转的难度逐步增大。[②] 笔者对A院的考察也发现,尽管当前的“对抗/判定”模式尚显脆弱,制度化程度不高,但已经初步表现出明显的自我强化态势。比如三名刑庭法官均说道,因为已经逐渐习惯一步到庭、当庭宣判的高效率模式,所以不论检察院在庭前是否移送全卷,自己也不大愿意庭前阅卷。分管院长也坦言,其实当初对刑庭法官的“过分”大胆和自信有所担心,但年终考核结果表明,一步到庭、当庭宣判的做法不仅没有导致审判质量降低,反而能够有效促进审判效率,所以也乐于让刑庭法官放手施为。[③] 因此笔者有理由相信,随着“对抗/判定”式审判逐渐内化为法官的日常习惯,社会认同稳步提升,配套制度日渐完善,通过庭审生产判决将成为部分法院的普遍趋势。

---

① 〔德〕柯武刚、史漫飞:《制度经济学:社会秩序与公共政策》,韩朝华译,商务印书馆2003年版,第148页。

② 具体表现如下:一是学习效应,即行动者在制度实施过程中不断强化对制度的记忆,最终“内化”为日常习惯甚至无意识行动。二是协调效应,即制度的配套机制和支撑结构不断完善,从而提升制度本身的合理性和生存能力。三是适应性预期,即通过话语和实践的不断重复和强调,社会对制度的认同程度逐步得到提高。四是初始成本下降,即后续行动者可以借鉴先行者的经验和教训,从而降低信息搜寻、制度试验等初始成本。参见赵晓男、刘霄:《制度路径依赖理论的发展、逻辑基础和分析框架》,载《当代财经》2007年第7期。

③ 访谈笔录:A-1-1。

第三章 “阅卷/核实”模式:案卷中心主义

第一节 “阅卷/核实”模式的理论模型

根据庭审的实质化程度,达玛斯卡将一审诉讼程序划分为两种“理想类型”:一是“出庭日”模式,或曰严格意义上的“审判”,以英美法系陪审团审判为典型。在这类庭审中,与案件有关的所有材料通常都在特定的“出庭日”中得到展示并被裁判者加以考虑。“庭审可能充满激动和剧场效果:第一印象的鲜活性未曾受到笼罩在审判之上的文件之幕的不利影响。初审判决可能具有的终局性更强化了这种戏剧化的法庭气氛:没有人会为了在上级权威面前展开程序性战略而留一手。”①另外一种是“渐进式”模式,以欧陆刑事审判为代表。“诉讼程序被设计为一系列前后相继的步骤,案件的卷宗是整个程序的神经中枢,整合着各个层次的决策。”②“开庭审判实际上并不像有些教条主义者宣称的那样是一项具有无比重要性的活动——它独立于早先的(渐进式进行的)所有程序步骤,当庭产生出所有的材料以供裁断。审判看

---

① 〔美〕达玛斯卡:《司法和国家权力的多种面孔——比较法视野中的法律程序》,郑戈译,中国政法大学出版社 2004 年版,第 94—95 页。

② 同上书,第 85—86 页。

起来是对以前所做工作的审计或是对预先调查程序中的事实发现所做的审核。”①

笔者认为，达玛斯卡本意在于划分“庭审中心主义”和“案卷中心主义”。② 前者对应“出庭日”模式，强调庭审活动对法官心证的直接塑造作用；后者对应“渐进式”模式，强调侦查案卷及法官阅卷行为的判决生产功能。不过在概念归纳上，达玛斯卡更加关注两种审判模式的形态差异，强调前者的集中性特征和后者的分段性特征，因而分别以“开庭日”和“渐进式”加以指代。就本书语境而言，笔者重在考察法官心证的形成方式，关注法官获取信息并处理信息的具体过程，所以使用更具过程感的“对抗/判定”和“阅卷/核实”两个概念。具体而言，“对抗/判定”指案件信息以庭审对抗的方式加以提示，法官则通过听审过程形成判断；“阅卷/核实”则指证据信息以案卷方式直接呈现于法官面前，法官主要依赖阅卷获取信息并形成心证，再通过开庭审理加以核实。

3.1.1　本质特征：阅卷形成判决

“阅卷/核实”模式强调阅卷过程对法官心证的决定作用。简而言之，庭前程序高度实质化，不仅具备公诉审查功能，更进一步进行实体审理，并初步形成判决意见。相比之下，庭审的判决生产功能极度弱化，基本上沦为对庭前预断的核实过程，其功能一则在于强化法官通过阅卷形成的心证，二则在于为最终判决提供形式上的合法化依据。庭审对抗要么因过度弱化而几近消失，要么因法官预断而被虚置。

正如达玛斯卡所言，在“阅卷/核实”模式下，案卷成为整个程序的中枢神经。首先，案卷本身即是证据（尤其是指控证据），成为法官心证的信息来源。控辩双方的口头辩论，被告人及证人的当庭表现（如表情、眼神、语速、

---

① 〔美〕达玛斯卡：《司法和国家权力的多种面孔——比较法视野中的法律程序》，郑戈译，中国政法大学出版社 2004 年版，第 80 页。

② 需要说明的是，本书意义上的“庭审中心主义”/“案卷中心主义”与部分学者使用的“审判中心主义”/“侦查中心主义”并不相同。前者重在关注法官心证的形成方式，即究竟是依赖庭审形成心证还是依赖阅卷形成心证。后者重在关注刑事诉讼中侦查、起诉、审判三阶段的重要性对比，即究竟是以一审为诉讼核心，还是以侦查为诉讼核心。参见孙长永：《审判中心主义及其对刑事程序的影响》，载《现代法学》1999 年第 4 期。

口齿、肢体动作等),基本被排除在法官考量范围之外,尽管后者在重视直接言词原则的现代刑事审判中颇具分量。[①] 不仅如此,由于案卷主要由公诉人单方提供,辩方无权限制案卷内容,导致诸多非法证据借助案卷移送一并呈现于法官面前,并现实地影响到法官心证。

其次,移送书面案卷即是进行证据提示,无需借助口头方式予以再现。起诉程序与举证程序合二为一,公诉审查与实体审理融为一体。法官并不直接面对控辩双方,也不依赖双方对抗式的口头举证获取案情,而是借助主动阅卷进行事实调查进而形成心证。

再次,法官阅卷即是审理行为,阅卷过程即是法官心证的形成过程。默读案卷代替当庭听审和直接言词原则,成为事实上的实体审理过程。两造对抗因庭审功能弱化而仅具形式意义,"兼听则明"则因单向度的阅读性调查而基本虚置。控辩"举证"和相互"质证"基本趋于消亡,唯独法官"查证"行为极其强大。

最后,案卷同时也是上诉审理的基础,并导致上诉审结果高度趋同于一审判决。司法实践中,刑事二审开庭率较低,基于侦查卷宗的书面审理相当普遍。由于二审卷宗和一审卷宗高度雷同[②],因此只要一审法官严格根据案卷判案,二审改判或发回重审的机会就可谓微乎其微。考虑到本书主要以基层法院一审刑事审判为考察对象,此一问题就不再展开论述。

3.1.2 形式特征:默读式审判[③]

3.1.2.1 单方调查

其要义有二:一是法官主导,即法官主动进行事实调查以获取案件信息,并完全控制整个调查程序的进程。二是控辩消极,即控辩双方参与程度

---

① 其实即便在我国刑事审判历史上,"两造具备,师听五辞"也是历来之传统。按照孙星衍的解释,"五辞,即五听也。《周礼·小司寇》职以五声听狱讼,求民情,一曰辞听,二曰色听,三曰气听,四曰耳听,五曰目听。"

② 多数情况下,二审卷宗仅仅比一审卷宗多一份庭审笔录而已。不过部分案件一审程序中,辩方也会提交一些书面材料,包括证据资料、辩护词等,也会一并归卷并移送二审法院。不过正如本书第二章2.2.1.1所述,辩方证据一则数量极少,二则关联性极低,基本属于酌定量刑情节问题,难以有效影响案件定罪量刑。

③ 借用龙宗智使用的概念。参见龙宗智:《刑事庭审制度研究》,中国政法大学出版社2001年版,第236页。

较低,其主要功能并非以口头方式向法官提示案件信息,而是在高度压缩的庭审过程中证实或证伪法官通过阅卷形成的事实判断。简而言之,在“阅卷/核实”模式下,法官主要依赖职权调查获取信息并形成心证,控辩活动仅具辅助作用。

发现案件真实并在此基础上正确适用法律,可谓任何诉讼制度的理想状态。[①] 综观古今中外司法史,事实调查模式无非两种:一是控辩对抗式,即借助控辩双方的相互攻讦展现案件事实。二是官方调查式,即委派一名(理论上)中立的官方调查员,主动并独立地进行事实调查,以避免因当事双方的自利行动导致偏颇。[②] 前者重在调动诉讼双方的自利心态,将正反两个“一面之词”同时呈现给法官,以求获致更为全面、客观的事实。后者信赖法官的职业操守和专业技术,认为基于客观立场的官方调查可以最大限度发现真实。一般而言,两种模式被视为当事人主义和职权主义诉讼的关键区别。

就本书建构的三种理想模式而言,“对抗/判定”模式勉强可以归入控辩对抗式调查,尽管其实际运行与英美当事人主义诉讼尚有不小差距。比如因律师介入率过低,两造对抗基本沦为单方表演[③];又如因法官职权色彩比较浓厚,由法官发动的事实调查其实相当普遍。不过总体而言,借助一步到庭和当庭宣判,法官心证还是主要依赖控辩双方的庭审举证。相比之下,“阅卷/核实”审判更多趋近官方调查模式,依赖法官单方进行的阅卷行为发掘信息,控辩活动对法官心证并无多大塑造作用。

具体到程序技术上,官方调查模式主要表现为两种形式:一种是主动询问证人(含被告人和被害人),另一种是主动调取控辩双方未予提供的证据。

① 张建伟:《司法竞技主义——英美诉讼传统与中国庭审方式》,北京大学出版社 2005 年版,第 339 页。

② See Dmaska, The Uncertain Fate of Evidentiary Transplants: Anglo—American and Continental Experiments, 45 Am. J. Comp. L. 839 (1997),以及〔美〕达玛斯卡:《定罪的证据障碍与刑事诉讼的两种模式》,载达玛斯卡:《比较法视野中的证据制度》,吴宏耀、魏晓娜等译,中国人民公安大学出版社 2006 年版,第 122 页。

③ 参见汪海燕:《贫穷者如何获得正义——论我国公设辩护人制度的构建》,载《中国刑事法杂志》2008 年第 3 期。

长期以来,多数比较法学者都将两者视为职权主义刑事诉讼的关键特征。[①] 不过在我国刑事司法实践中,一则由于证人出庭率过低,二则由于庭审高度压缩,法官一般并不依赖询问证人获悉案情;至于对被告人的当庭讯问,虽说是刑事庭审的必经程序,但其实践意义主要在于核实之前的口供,强化法官经过阅卷形成的预断,而非为法官心证的形成提供事实信息。另一方面,虽说法官有权主动传唤证人或调取证据,但由于实践中逮捕标准和起诉标准基本趋近于定罪标准[②],导致公诉案件的指控证据相对完善,法官一般无需超越案卷内容而另行启动职权调查。

实际上,与欧陆各国刑事法官不同,我国法官的职权调查主要体现为阅卷行为,而非当庭询问和证据调取。基于"阅卷/核实"模式框架,法官阅卷并非被动"接受"信息,而是主动"调查"案情。阅卷并非为庭审作准备,而是实实在在地进行事实探知活动。法官阅卷之目的,首先是要尽量发掘案件信息,其次是要组织一套合理的证据锁链,构建一个内心确信的"故事"或"案件"。[③] 只不过与通常意义上的案件调查相比,口头询问和实地观察被默读案卷所代替,真实证人和实物证据被书面笔录所代替。换言之,法官阅卷本质上是一种间接调查,一种以侦查案卷为对象的书面调查。

实证考察发现,正是由于法官阅卷代替了当庭询问和证据调取,相比欧陆各国刑事审判而言,我国"阅卷/核实"模式表现出更为强烈的职权主义色彩。首先,阅卷过程几乎完全由法官所控制,控辩双方基本难以介入,导致事实认定过程成为法官个人的单独行动。法官完全是在一种秘密、自由的时空环境中进行阅卷调查,可以随心所欲启动、中止、改变或终结调查程序。控辩双方除了提供书面材料之外,对法官的具体调查行为可谓毫无干预能力。而在欧陆各国,法官主要通过公开的当庭询问和证据调取进行职权调

---

① 类似区别还包括法官有权改变指控罪名。考虑到本节考察对象仅为法官调查,此处不再赘述。参见宋冰编:《读本:美国与德国的司法制度及司法程序》,中国政法大学出版社 1998 年版,第 320—394 页;陈瑞华:《刑事审判原理论》,北京大学出版社 1997 年版,第 298—322 页。

② 参见毛晓玲:《逮捕证明标准研究》,载《人民检察》2003 年第 7 期;刘根菊、唐海娟:《提起公诉的证据标准探讨》,载《现代法学》2003 年第 2 期;孙长永:《提起公诉的证据标准及其司法审查比较研究》,载《中国法学》2001 年第 4 期。

③ 英美刑事诉讼的传统理念认为,在一审阶段,控辩双方本质上是在构建一个自己的"故事"(story)或"案件"(case),而法官的任务就是判断哪一方的故事或案件更为合理,更值得相信,并最终接纳为法官自身的内心确信。

查，当事人因而得以参与、监督法官调查行为。其次，“阅卷/核实”模式下的庭审被高度压缩而趋近虚置，控辩双方的庭审活动更大意义上只在于强化法官的庭前预断，而难以有效塑造法官心证。相比之下，欧陆各国法官虽然积极进行职权调查，但庭审程序依然是法官形成心证的主要阶段。简而言之，将欧陆职权主义和我国“阅卷/核实”模式相比，虽然两者都以法官调查为特色，但前者注重当庭调查，后者注重庭前调查；前者是口头调查，后者是书面调查；前者是互动式调查，后者是单向度调查；前者是公开调查，后者是秘密调查。

3.1.2.2 书面审理

其要义有二：一是“以阅代审”，即法官默读案卷取代当庭听审成为实质上的审理过程，法官心证在阅卷过程中得以成型。二是“依卷定案”，即案卷本身成为定案证据，案卷信息成为法官心证的基础，不仅直接塑造法官心证，还被最终判决文书直接引用。

以阅代审强调阅卷的审理化。所谓审理，本意即为通过观察、剖析而后获知。古语云：“审，谓详观其道也。”[①]“理，治玉也。顺玉之文而剖析之。”[②]无独有偶，英语中“try”（审理）一词解释为 examine 或 hear；前者意为“以获取信息为目的而进行正式询问”[③]，后者其实就是“听”。望文生义，所谓审理，必须要直面审理对象，查其言、观其色，通过仔细的斟酌和分析以求获知。审理的对象必须是真实的人，而不是沉默的卷宗。审理的目的在于获取信息，依赖的手段则是察言观色。

以此观之，“对抗/判定”模式无疑是经典的审理模型。所谓“两造具备，师听五辞”，正是强调审判者与当事者的直接对话。然而就“阅卷/核实”模式而言，虽然“获知”这一目的最终得以实现，但具体方法却大为不同。冰冷的卷宗代替真实的人物，成为法官直接面对的审理对象。默读式阅卷代替察言观色的现场式审理，成为法官获取信息的主要方式。通过认真阅卷并仔细分析，法官首先能够充分挖掘案件信息，掌握基本案件事实，

---

① 《荀子·非相》。

② 《说文》。

③ “To question formally, as to elicit facts or information; interrogate”, see American Heritage Dictionary of the English Language, 4th edition, Houghton Miffin Harcourt, 2000.

其次还能根据案卷内容构建一个合理的“故事”和相应的证据锁链,并进一步结合刑法及刑事诉讼的有关规范,形成关于案件事实及法律评价的内心确信。在此过程中,虽然没有出现通常的举证质证、两造辩论等庭审形式,但刑事审判的直接任务——查证犯罪事实,明确定罪量刑——却得以基本完成。从这个意义出发,阅卷当然就是审理。

然而,阅卷本身就像一把“双刃剑”影响着刑事审判。一方面是阅卷过程的审理化,另一方面是庭审过程的空洞化,致使案卷信息成为法官心证的主要来源。法官的事实认定基本建立在案卷的基础上,案卷本身即成为定案证据。不仅如此,没有载入案卷的信息,比如被告人、证人的庭审活动(言词、举止、神态等),往往难以在法官心中获得足够分量。作为结果,最终判决主要援引案卷内容,对庭审活动则很少涉及。案卷内容和判决文书可以一一对应,庭审信息则基本从判决书中消失。如此一来,“阅卷/核实”模式在相当程度上造成传统证据制度的颠覆:本质上属于备份信息的案卷上升为证据,当事人及证人的庭审活动反而被忽视。“两造具备,师听五辞”变异为默读阅卷、依卷定案。

3.1.2.3 秘密审判

其要义有二:一是秘密调查,即法官在完全缺乏对抗性和公开性的时空环境下进行阅卷调查,无需接受当事人、社会公众甚至法院内部的制约和规范。二是秘密判断,具体又包括两个方面:首先是合议制度虚置,即承办法官通过秘密阅卷单独作出事实判断;其次是判决说理不充分,当事人和社会公众难以知悉或监督法官心证形成过程。

需要承认,司法实践中并不存在完全的秘密审判。根据《刑事诉讼法》的相关规定,即便是涉及国家机密、个人隐私或商业秘密的案件,抑或未成年人犯罪案件,尽管开庭审理时不应公开,最后也须公开宣判。而在其他绝大部分案件中,不管法官是否庭前阅卷,也不管是否存在层层审批,公开的开庭审理也属必要环节。不过笔者的考察表明,开庭公开并不等于审判公开。相当部分案件中,由于庭前阅卷高度审理化,庭审被严重虚置,基本丧失展示案件信息和塑造法官心证的功能。公开的庭审可能了无意义,秘密的阅卷反而至关重要。

一般说来,审判公开包括以下几个方面:证据公开、事实公开、认证公开和判决公开。[①] 前两方面体现为控辩活动的公开，后两方面体现为法官心证的公开。经典意义的审判结构中，举证、质证、认证均集中于庭审阶段完成，证据和事实通过控辩活动公开于法庭之上，法官心证则通过认证活动和判决说理公之于众。以此为标准，“阅卷/核实”模式其实本质上属于秘密审判，具体表现如下：

首先，默读式阅卷基本代替法庭调查，法官直接通过阅卷获取案件信息，无需再借助控辩双方的口头举证和质证。其次，残存的开庭审理被极度压缩，徒具开庭之形式，却没有真实的调查和辩论；庭审既不能支持法官形成心证，也难以支持当事人或公众形成对法官的有效监督和制约。再次，非承办人的合议庭成员一则不需阅卷，二则难以通过高度压缩的庭审获悉案情，因而很难发表有价值的评议意见，难免致使合议制度虚置。最后，由于判决说理不充分，缺乏对证据和法律的细致分析，多数判决书并不能再现法官心证的形成过程，致使当事人和公众只知其果，不知其因。

3.1.2.4 印证证明

其要义有二：一是卷内相印，即载入案卷的各份证据之间相互印证，能够形成合理的证据锁链以支持判决结论。二是卷供相印，即被告人的当庭供述与案卷证据能够相互印证。当然，如果当庭供述与案卷不能相互印证，如被告人当庭翻供，则需要单独依赖卷内证据形成锁链。

诸多论者认为，我国司法实践中实行的证明方式乃是一种比自由心证更加严格的“印证证明”模式，通俗地说就是“一人供听，二人供信，三人供定”，或是“孤证不能定案”，主要特点包括：其一，获得印证性直接支持证据是证明的关键；其二，注重证明的“外部性”而不注重“内省性”；其三，要求证据间相互印证导致证明标准拔高，在信息有限的司法环境中很难达到；其四，为实现印证目的，易于采用比较灵活的取证手段。[②]

笔者考察发现，“阅卷/核实”模式几乎普遍适用印证证明方法。具体操作程序如下：首先，法官庭前阅卷时强调卷内相印，要求侦查案卷中的各项

---

① 杨浙京、程新生：《论审判公开原则》，载《人民司法》1999 年第 4 期。

② 龙宗智：《印证与自由心证——我国刑事诉讼证明模式》，载《法学研究》2004 年第 2 期。另可参见李建明：《刑事证据相互印证的合理性及合理限度》，载《法学研究》2005 年第 6 期；谢小剑：《我国刑事诉讼相互印证的证明模式》，载《现代法学》2004 年第 6 期。

证据能够相互印证，而且足以形成定罪量刑的完整证据锁链。如果发现有矛盾或缺失之处，则通过庭审或庭外调查方式加以弥补或澄清。[1] 其次，开庭审理以核实为主，一旦确认被告人认罪，即可形成定罪量刑的内心确信，之后的法庭调查和法庭辩论自然草草结束。如果被告人翻供，则需仔细审查翻供理由是否成立，重新核实阅卷时初步形成的证据锁链。

龙宗智认为，印证证明模式主要基于以下原因：一是言词审理和直接审理未予落实，二是审理者与判决者相互分离，三是包括事实审的二审程序需要一审结果具备书面上的可检验性和印证性，四是法官素质和公信力的潜在危险要求证明具备外部性，五是印证模式符合主流认识论的“唯物论”色彩。[2]

具体到“阅卷/核实”模式下，除了上述五方面因素之外，笔者认为还存在两个重要原因：首先，由于庭前阅卷的秘密性和非对抗性，一旦侦查案卷本身存在虚假的可能，“以阅代审”的法官就容易产生错误判断。兼之侦查程序的单轨制甚至强迫式特征，侦查案卷尤其是言词证据的可信度时常值得怀疑。再考虑到近年来时时曝光的逼供、诱供、造假等现象，法官不得不对侦查案卷分外小心。如此一来，一方面要避免被侦查人员“牵着鼻子走”，另一方面又要保留阅卷式审判的效率优势，法官便需要借助印证方法核实侦查案卷。就具体印证技术而言，一是可以将言词证据与物证、书证等相对难以作假的证据进行印证，二是将被告人的口供笔录与当庭供述相互印证。其次，由于庭审被高度压缩，法官心证主要经由秘密的阅卷程序形成，难免给外界以“暗箱操作”的猜测。为了适当向外界传递“公正审判”的信息，法官需要将证明过程以一种可观察、可检验的方式展示出来，具备“外部性”特征的印证证明方式因而成为首选。

---

① 部分法官接受访谈时谈到，如果阅卷时发现矛盾，往往会直接致电公诉人加以询问。如果公诉人本身不太清楚，一般会向侦查人员了解后回复法官。访谈笔录：B-1-2。

② 龙宗智：《印证与自由心证——我国刑事诉讼证明模式》，载《法学研究》2004 年第 2 期。

第二节　实证考察:“阅卷/核实”模式的运行机制

笔者在三个法院的实证考察发现,“阅卷/核实”模式在三地都或多或少存在。尤其是在B院,由于案件负担较重,开庭时间有限,相对高效且简便的“阅卷/核实”模式更为普遍。总体而言,B院简易程序案件基本如此操作,而即便是普通程序案件,只要被告人认罪,“阅卷/核实”色彩也相当浓厚,只不过阅卷行为主要放在开庭之后而已。本节试以B院为样本,对“阅卷/核实”模式的运行机制作一具体考察。

以下是两个真实案件的审判流程[①]:

【案例一】　何某被控盗窃案(B院:2004年9-305号)

2004年8月16日,检察院提起公诉。法院立案庭登记编号后,随即移交刑庭。内勤根据轮流原则将案件分配给某独任审判员。截止起诉时,被告人何某已被羁押76天。

鉴于案情简单,承办人决定适用简易程序。[②] 8月17日,书记员前往看守所,将起诉书副本送达被告人。送达笔录显示,被告人认罪,而且无意委托辩护人。

检察院起诉时移送全部侦查案卷[③],包括被告人供述5份,共计14页。除宣布刑拘、逮捕措施时的2次例行讯问外,另外3次主要形成于刑拘之前。除此之外,卷中有被害人陈述和证人证言共3份,总计15页;另有价格鉴定、户口信息等证据8页。

8月23日,法院发布公告,确定3日后开庭。

8月24日,承办人详细阅卷,并草拟完毕判决书,提交庭长签字发

① 因为庭审笔录不够精确,部分内容系根据访谈内容大体推测。

② 刑庭的惯例是:金额较小的单人盗窃案件,只要被告人认罪,基本适用简易程序。访谈笔录:B-2-1。

③ 与法院刑庭类似,检察院依惯例也将此类案件按照简易程序处理。因此尽管双方事前并无沟通,也缺乏正式的适用简易程序的建议与回复,但仅靠多年的“合作”默契便能达成一致。

文。[1] 承办人将判决书草稿从内部网上寄发文印部门,后者校核后打印、盖章;该项工作估计于8月25日完成。

8月26日上午10:30左右,案件开庭审理。公诉机关并未派员出席。承办人简单宣读起诉书之后,询问被告人对指控事实有无异议。被告人认罪,承办人并未要求陈述案情,也没有追加讯问,便直接列举卷内证据目录,偶尔加以说明(如价格鉴定结论的具体金额)。整体举证完毕后,承办人让被告人发表质证意见,后者表示无异议。鉴于被告人没有辩论意见,庭审直接进入最后陈述阶段;被告人简单表示认罪悔过,希望法院从轻处罚。法官随后当庭宣判,被告人盗窃罪成立,判处有期徒刑7个月,并处罚金1000元。庭审结束,持续时间约14分钟。

8月26日下午,被告人还羁押在法院[2],书记员向其送达正式判决书,落款显示制作时间为当天。[3] 判决书一共三页[4],其中最后一页没有正文,仅有落款和盖章;整体内容比较简单,缺乏对事实和证据的详细分析,行文与起诉书基本一致。

9月14日,看守所发回执行回执,案件归档、结案。

【案例二】 王某被控抢劫案(B院:2004年8-58号)

检察院于2004年9月20日提起公诉,法院于当日受理并移交刑庭。根据轮流原则,内勤将案件分派给某独任审判员,此时被告人已被羁押112天。承办人拿到卷宗后迅速浏览了一遍(大概10分钟),发现

---

① 笔者正是根据该发文通知的日期,推断承办法官于当日阅卷并制作判决。该推断也得到当事法官的确认,尽管其个人不能精确回忆该案细节,但坦言此类现象比较普遍。访谈笔录:B-1-2。

② 由于B院所在城市看守所较远,法警队提押犯人比较麻烦,故一般在早上一次性提押多名被告人,待下午全部开庭完毕后再押回看守所。

③ 笔者猜测,该判决书其实早在开庭前便已打印盖章,完全可以在当庭宣判后直接送达被告人。但为了避免暴露先定后审的"马脚",书记员故意于下午才进行送达。如此既显得程序合法,又不需专程前往看守所,可谓一举多得的最佳方案。

④ 值得强调的是,根据统一规定的文书格式,判决书采用4号字体,行距较大,首部和落款段落较多,篇幅为A4大小。一般说来,首部和落款约占一页,那么总计3页的判决书最多只有2页主文,800字左右。排除思考因素,普通人打字速度约为50—70字/分钟。也就是说,制作一份3页内容的判决书,所需时间可能也就在20分钟以内。何况对法官而言,判决书中的相当部分内容可以直接用模板填充(如首部和落款),事实部分则可以直接复制起诉书内容(如果法官与检察官比较熟稔,一般会让后者发送电子版起诉书)。笔者在另一基层法院调研时曾经发现,由于电脑不够用,刑庭法官普遍习惯直接将起诉书事实部分裁剪下来,然后用浆糊粘贴在稿纸上,作为判决书草稿的一个部分,然后送交打印室。据称,至少在本世纪第一个十年间,在硬件设施不够理想的农村法院,类似的原始手工作业还比较流行。

被告人认罪,且指控证据基本形成锁链,遂搁置一边,先行处理其他案件。次日,书记员向被告人送达起诉书副本。例行讯问发现,被告人认罪,且没有委托辩护人。

依据惯例,抢劫案件一般量刑较重(起刑多为三年以上有期徒刑),不宜适用简易程序,故检察院仅移送主要证据复印件。主要包括:被告人供述3份,均显示被告人承认犯罪事实;被害人陈述一份,证人证言一份。证据目录显示,其他尚有数份被告人供述未予移送。

10月17日,法院发布公告,定于三日后开庭。承办法官于当日阅卷约半小时,基本形成初步意见。

10月20日,也就是起诉整整一个月之后,该案开庭审理。[①] 公诉人到庭,合议庭由三名法官组成,承办人并非审判长。庭审于11:30左右开始,公诉人宣读起诉书后,被告人答辩认罪,并没有作详细陈述。由于承办人没有问题讯问被告人,审判长直接要求公诉人举证。公诉人将证据分为三组:一是被告人前后5次供述[②],二是被害人陈述和证

---

① 1996年《刑事诉讼法》第168条第1款规定:“人民法院审理公诉案件(指普通程序案件——笔者注),应当在受理后一个月以内宣判,至迟不得超过一个半月。”严格按照字面意思理解,正常审限应为一个月,一个半月已经属于例外。但实际上,各地法院普遍把45天作为普通程序案件的正常审限;在此之前结案的,一概不计为超审限或超期羁押。类似现象在刑事诉讼中较为普遍。比如刑事拘留的正常期限最长为7天,只有团伙作案、多次作案、流窜作案等特殊情形才允许延长至30天,但实际上诸多地区平均刑拘期间都在20天以上。相关实证研究可参见:左卫民、马静华:《侦查羁押制度:问题与出路——从查证保障功能角度的分析》,载左卫民等:《中国刑事诉讼运行机制实证研究》,法律出版社2007年版,第109页。其实正如诸多论者所言,执法者总是倾向于把法律规定的权限用足、用够、用灵活。

② 侦查案卷中共有8份被告人供述,但公诉人在庭审中仅举出其中5份。其余3份其实与该案关系不大,主要内容为侦查人员追问被告人是否有其他未予交代的犯罪(该案于2001年立案,但直到2004年才将被告人抓获归案;被告人很有可能在此期间另有犯罪,侦查人员按例应当仔细追查)。由于缺乏足够的印证证据,公诉人没有起诉其他犯罪,不过仍然将相关讯问笔录纳入案卷移送法院。这种做法相当普遍,虽然不能直接体现在判决书中,但往往对法官量刑幅度有重要影响。比如C院2006年第8号案件,被告人被控盗窃一辆摩托车,估价为3800元。但在侦查阶段,被告人还承认之前曾盗窃过多部手机的事实。不过因事过境迁,侦查机关未能取到相关证据。不得已之下,检察院仅指控盗窃摩托车一项犯罪行为。在庭审过程中,公诉人也仅围绕该事实举证。但在移送案卷时,公诉人却有意将被告人对盗窃手机的供述一并移送,甚至还专门制作一份《情况说明》,强调被告人承认这些事实,只是因客观条件限制无从查实。显然根据证据相关性标准,如果将这些证据当庭出示,辩护人及被告人肯定会提出质疑,法官也不得不否认其证据效力。公诉人也清楚这一点,因此根本就不作为证据使用,只是附卷移送供法官参考。而实际上,公诉人的这一明显违反正当程序的做法确实影响到法官的判断,以致在承办人制作的审理报告中,将该情节作为“需要说明的问题”特别强调。最终审委会决议判处被告人有期徒刑一年零六个月,并处罚金5000元。相比该院类似案件而言,这个判决明显偏重。

人证言,三是现场勘验笔录。公诉人只是简单概述各组证据的内容,没有逐一全文宣读或摘要宣读。被告人对证据均无异议。征求承办人意见后[①],审判长宣布进行法庭辩论。公诉人简单叙述犯罪构成及对应事实,被告人没有辩护意见。在最后陈述中,被告人也只是简要表示悔改,希望法院从轻判决。随即审判长宣布休庭。整个庭审持续约 30 分钟。

开庭结束后,公诉人将全部侦查卷宗移交给承办人。由于下午没有安排开庭,承办人便仔细研读卷宗,并同时草拟判决书。此过程大约耗时一个小时。草稿完成后,承办人将其提交庭长审核。[②]

诉讼副卷中的合议庭评议笔录显示,当天下午合议庭曾组织评议,并达成定罪量刑的一致意见。但根据评议笔录的笔迹和行文猜测,再结合笔者对承办人的访谈,该评议笔录基本可确定为杜撰。实际上,一般案件并不存在真实的合议庭评议。承办人拟定判决书后,一般会简单知会其他合议庭成员,后者多数情况下也不会提出异议。

10 月 21 日,庭长签发发文通知。22 日,判决书打印出稿并交付盖章,不过落款处显示的判决日期为 10 月 28 日。[③]

10 月 29 日,被告人被提押到法院听取宣判,并当庭领取判决文书。合议庭认为被告人抢劫罪成立,判处有期徒刑 6 年,并处罚金 1000 元。此时距离起诉日期已过 39 天,尚未突破 45 天审限,因此算作按期结案。

上诉期间,被告人认为量刑过重,向中院提起上诉。中院实行书面审理,很快送达二审判决,维持原判。2005 年 2 月 21 日,被告人被押解送监狱执行有期徒刑。

---

① 由于审判长不是承办人,一般不会事先阅卷,因而对案情并不十分清楚(其实也不需要了解清楚);承办人则不同,需要认真核实案情,因此在进入法庭辩论之前,审判长一般都会询问承办人是否需要追加调查。

② 2004 年,B 院尚未实施审判长选任制度改革,因此即便合议庭意见一致,也需要报请庭长或分管院长审批并签发发文通知。

③ 类似情况比较普遍,个别司法官员甚至会违法倒签日期。个中目的,无非是使法律程序更具形式合法性和合理性。正是因此,考察刑事诉讼各阶段的真实期间不能纯粹以法律文书载明的期日为准,而应主要依赖有关笔录和内部审批手续。

表面上看,上述两案的审判机制呈现诸多差异:案例一中,法官在开庭之前已经调阅全卷,全面形成定罪量刑意见,甚至开始撰写判决书并报送审批;作为结果,开庭审判显得极其简单,一旦核实被告人认罪,法庭调查和辩论基本等于取消,进而直接当庭宣判。案例二中,由于检察院仅移送主要证据复印件,承办人于庭前阶段只是简单浏览以便熟悉案情,并重点关注被告人是否认罪。开庭之后,首先确认被告人认罪与否;一旦获得肯定答复,整个举证、质证、辩论阶段就尽量简化。承办人似乎并不急于通过庭审获取信息,而是趋向在庭后仔细阅卷——反正被告人已经认罪,余下的工作无非就是组织一份形式合法的判决书而已。于是乎,可能一直到庭后阅卷阶段,承办人才第一次全面、仔细地了解案情,进而据此作出判决。这与案例一的先判后审截然不同。

不过即便如此,两个案例还是呈现一个根本性的共同点:法官心证主要形成于阅卷过程之中,侦查案卷通过法官阅卷行为直接塑造最终判决。开庭审判高度压缩,实际上并不具备生产判决的功能,其主要意义仅在于核实被告人是否认罪。从这一意义出发,上述两个案例均可纳入“阅卷/核实”模式。只不过案例一更为接近前文构建的“阅卷/核实”审判的理论模型,而案例二则稍有差异,不妨视为案卷移送制度改革后的变种式“阅卷/核实”审判。

3.2.1 审理机制

3.2.1.1 庭前阅卷:从预备式阅卷到审理式阅卷

基于实地访谈和观摩,笔者将庭前阅卷区分为两种模式:一是预备式阅卷,即以熟悉案情和准备庭审为目的,通过迅速浏览案卷大概了解犯罪事实和指控证据,初步判断案件复杂程度,以便合理安排庭审程序。二是审理式阅卷,即以定罪量刑和制作判决为目的,仔细审查案卷证据并认真组织证据锁链,从而形成关于案件结论的内心确信。

进一步考察发现,法官的阅卷模式受到以下因素的直接影响:首先是案卷移送范围。如果公诉机关实施全卷移送,庭前阅卷完全足以形成结论,并能因此提高庭审效率,诸多法官都倾向于审理式阅卷。反之,如果公诉机关仅移送主要证据,法官一则不敢轻易依据局部证据直接定案,二则担心公诉人保留有部分关键证据,三则时常难以辨认清楚复印件[①],所以多半倾向于预备式阅卷。其次是宣判方式。如果要求当庭宣判,且庭审能力或庭审时间有限,难以通过庭审直接形成判断,法官往往趋于审理式阅卷,做到先定后审、当庭宣判。反之,如果允许延期宣判,且案件负担不重,不必过于追求个案效率,法官还是偏向在庭审之后再仔细阅卷并制作判决。如此一来,庭前阅卷当然就以预备式为主。最后还有一点,法官一般都是在向被告人送达起诉书副本后才阅卷,而送达时依惯例会询问被告人是否认罪。因此不少法官阅卷时首先看送达回证,再根据被告人认罪情况确定是否仔细阅卷。特别是在普通程序案件中,如果送达回证显示被告人拒绝认罪,往往意味着庭审对抗会比较激烈,因而需要法官相对仔细地准备庭审。

三机关联合颁布的有关简易程序和普通程序简化审的司法解释规定[②],适用简易程序和简化审程序的案件一则可以全卷移送,二则原则上应该当庭宣判。根据上文分析,以上两个因素相结合,应当促使法官尽量采取审理式阅卷模式。对于普通程序案件,1996 年《刑事诉讼法》规定仅移送主要证据复印件,且多数法院并不强调当庭宣判。按照上文标准,法官多半趋于采用预备式阅卷模式。[③] 笔者在 B 院的调查足以证实这一推断。

表 3-1 显示,在简易程序案件中,B 院刑庭 7 名法官无一例外都会进行庭前阅卷,且平均阅卷时间长达两个小时。与此同时,虽然案均庭审时间不到 10 分钟,B 院简易程序案件却基本实现当庭宣判。个中窍门已然清楚:法官无非是在庭前“以阅代审”,先行确定判决意见,然后再开庭走个“过场”,当庭宣判而已。反观普通程序案件[④],庭前阅卷时间似乎不长,大概只

---

① 部分法官在访谈中抱怨,公诉机关移送的主要证据复印件——特别是讯问、询问笔录——往往模糊不清,很难辨认,经常因此影响阅卷,甚至导致某些法官放弃阅卷。笔者观察发现,侦查机关笔录用纸普遍偏薄,隔页之间多半存在透视现象,一旦复印便容易造成重影,确实严重影响阅读。尤其是部分侦查笔录书写潦草,删改较多,复印之后几乎难以阅读。如果是全卷移送,都是直接移送原始侦查卷宗,清晰效果相对较好。访谈笔录:B-1-4。

② 指的是最高人民法院、最高人民检察院、司法部三机关联合发布的《关于适用简易程序审理公诉案件的若干意见》和《关于适用普通程序审理“被告人认罪案件”的若干意见(试行)》。

③ 不过也有例外。笔者前文对 A 院的考察发现,刑庭三个法官经验丰富,庭审能力强,兼之案件负担不重,但又面临当庭宣判考核,居然基本做到所有案件都一步到庭、当庭宣判,从而造就最具控辩色彩的“对抗/判定”审判模式。

④ 需要说明的是,由于庭前程序(包括征求意见、书面通知、证据交换等)过于复杂,B 院基本没有实施规范意义上的普通程序简化审。因此在抽样案卷之中,笔者没能发现任何一例普通程序简化审决定书。不过实际上,B 院是“有实无名”,即一方面保留对庭审的简化,另一方面却回避法定的庭前程序。对这一部分案件,笔者均统计为普通程序而非简化审程序。

有一个小时,开庭审理也比较仓促,但庭后阅卷却相当耗时,平均在 4 个小时左右;可见法官审理重心在庭后,庭前阅卷和开庭程序基本都属准备性工作。

表 3-1 2005 年度 B 院刑事案件各阶段时间分配表

适用程序	庭前阅卷时间	庭审时间	庭后阅卷时间	当庭宣判率
简易	≈120	9.5	≈10	≈100%
普通	≈60	48.0	≈240	≈0

注:1. 阅卷时间根据访谈笔录进行统计,缺乏精确数据;庭审时间根据实地观摩计算,样本数为 10×2,即简易程序和普通程序各 10 件。

2. 当庭宣判率指全年数据,排除因多次开庭促成的“名不副实”的当庭宣判。

进一步考察发现,B 院简易程序案件的侦查卷宗其实比较简单,平均每个案件只有证据 66.7 页。除去只需看结果的价格鉴定,以及被告人身份信息、赃物照片等一目了然的证据,最终需要仔细阅读的大概只有 40 余页。一般说来,一个有经验的法官只需半小时即可浏览完毕。然而实际统计显示,B 院法官平均耗费两个小时进行庭前阅卷。个中原因,一是法官阅卷更为仔细,二是法官需要一边阅卷一边制作判决书。也就是说,简易程序案件的庭前阅卷过程不仅具备庭审准备功能,本质上更是一场“无声的审判”,是法官根据侦查案卷直接实施定罪量刑的判决过程。

反观普通程序案件,B 院刑庭 7 名法官中有 1 人几乎从不提前阅卷,另有 1 人只阅复杂案件,另外 5 人虽说习惯于庭前阅卷,但也是以浏览为主,只求大概了解案情,并不需要对案件事实和控辩证据有充分把握。部分法官甚至坦言,庭前阅卷基本上只看被告人供述笔录,不仅可以确认其是否认罪,还可以粗略了解案情,而且不需要花费多少精力,一般 10 余分钟即可。[①] 正是因此,尽管公诉机关庭前移送的主要证据并不算少[②],而且复印效果不佳往往还影响浏览速度,但法官平均阅卷时间大概只有一个小时,约为简易程序阅卷时间的一半。实际上,多数法官只是简单浏览案卷,如果发现疑虑之处,可能会简单记录下来,以备开庭时核实。根据上文确立的标准,这无疑属于典型的预备式阅卷。

---

① 访谈笔录:B-1-2。

② 由于最终归档的案卷中已经剔除公诉机关起诉时移送的主要证据复印件,笔者无从考察其具体数量。不过根据法官访谈内容得知,一般普通程序案件的主要证据复印件都在 30—50 页左右。

3.2.1.2 开庭审理:认罪导致庭审高度形式化

根据《刑事诉讼法》设定的开庭程序,除去一开始的例行程序和最后陈述,刑事庭审大概分为三个阶段:一是“问态度”,即在公诉人宣读起诉书之后,询问被告人是否认罪。二是“摆证据”,即由控辩双方分别举证证明己方主张。三是“辩理由”,即结合犯罪构成和量刑因素进一步阐述法律理由,又称法庭辩论。普遍说来,一个规范的庭审应该重在“摆证据”、“辩理由”;至于“问态度”,无非是希望一开始就明确双方的争点,以便为之后的调查和辩论提示方向。换句话说,“问态度”仅仅是一种铺垫,“摆证据”和“辩理由”才是庭审的高潮。这种庭审结构,前述“对抗/判定”模式可谓是集中体现。

不过笔者发现,B 院庭审呈现相对特殊的结构:“摆证据”、“辩理由”两个阶段严重萎缩,基本是徒具形式而已;反之,“问态度”阶段重要性凸显,俨然成为整个庭审程序的高潮和核心。一旦通过“问态度”确认被告人认罪,后续的“摆证据”、“辩理由”就沦为可有可无的“尾声”。

调研期间,笔者曾实地旁听 B 院 20 个案件的庭审,包括普通程序、简易程序各 10 件。其中 6 个案件有辩护律师出庭,包括两个被告人不认罪的案件①和一个聋哑人犯罪案件。根据表 3-2 可见,10 个普通程序案件平均庭审时间为 48 分钟,其中最长约 150 分钟(分两次开庭),最短仅为 8 分钟。多数案件中,因为被告人一开始即表态认罪,因此基本没有受到当庭讯问;不过在不认罪案件中,公诉人和辩护人讯问次数较多,导致 10 个案件平均讯问次数达到 4.8 次。而且一旦被告人认罪,公诉人便基本采取总结概括的方式举证,往往一次性列举所有证据,然后让被告人整体质证。此后的法庭辩论一般只有一轮,但不认罪案件最多达到 4 轮。

表 3-2 B 院 2005 年度刑事庭审信息统计表 (样本数:10×2)

适用程序	庭审时间(分钟)	当庭讯问次数(次)	总结概括式举证	摘要宣读式举证	法庭辩论轮数(轮)
简易	9.5	0	100%	0%	0.6
普通	48.0	4.8	30%	70%	1.5

注:1. 数据源于实地庭审观摩。

2. 讯问次数为公诉人、辩护人、审判人员(含人民陪审员)讯问和发问之和。

① 一件是单人职务侵占,一件是拐卖妇女团伙中的一人不认罪。

再看10个简易程序案件,平均庭审时间仅为9.5分钟,最短8分钟,最长也不过14分钟。由于被告人无一例外认罪,法官并没有追加任何讯问,而且清一色采取总结概括的方式举证。不仅如此,其中4个案件中,被告人根本没有任何辩论意见,导致全部10个案件平均辩论轮数仅为0.6。即便这样,所有10个案件却都实现当庭宣判。毋庸置疑,法官不可能通过如此匆忙的庭审过程查明事实进而作出法律判断,唯一合理的解释就是:真正的审理已经通过庭前阅卷完成,庭审根本就是形式,唯一功能仅在于核实通过阅卷形成的判断。一旦被告人当庭认可指控事实和罪名,后续调查已经没有意义,因此才被高度压缩。

不过进一步考察发现,一旦被告人不认罪(包括从未认罪和当庭翻供),庭审过程就变得相当充实和细致。表3-3显示,同样适用普通程序审理,不认罪案件庭审时间达到认罪案件的5倍多(140:26)。由于公诉人和辩护人的积极对抗,针对被告人的当庭讯问和发问平均接近40次,是不认罪案件的14倍。法庭辩论平均达到3轮,是不认罪案件的将近4倍。[①] 上述差异也直接体现在庭审笔录上,根据笔者统计,不认罪案件的庭审笔录平均超过15页,而认罪案件仅为4.2页。也就是说,各诉讼参与人在不认罪案件中的发言达到认罪案件的将近4倍。不过稍显意外的是,只要是适用普通程序,不论是庭审如此充实的不认罪案件,还是庭审基本流于形式的认罪案件,一般没有法官敢于当庭宣判。定罪量刑的最终确定,还需要庭后阅卷甚至审批程序来完成。

表3-3 B院2004—2005年度认罪案件与不认罪案件庭审对照表

案件类型	庭审时间(分钟)	当庭讯问次数(次)	法庭辩论轮数(轮)	庭审笔录页数(页)	辩护人参与率(%)
认罪	26	2.8	0.8	4.2	20%
不认罪	140	39	3	15.2	100%

注:1. 均为普通程序案件。不认罪案件包括共同犯罪案件中部分被告人不认罪。

2. 因2005年度笔者实地观察的不认罪案件仅2件,故将阅卷中发现的2004年度不认罪案件提取8件,以便扩大样本范围,增强数据可信度。

---

① 根据笔者对三个法院书记员的访谈,庭审笔录对讯问过程一般是逐句记录。虽说难以做到与原始对话完全一致,可能稍有归纳和加工,但普遍不会遗漏问题和答案的核心内容。对于法庭辩论,大多难以作到逐句记录,因而只是归纳要点。不过就实践看来,如果存在多轮辩论,一般意味着案件争议较大。访谈笔录:B-2-1,B-2-2,C-2-1等。正如基于这些原因,笔者将讯问次数和辩论轮数作为统计指标,以求反映庭审的对抗程序。

由此可见,至少在B院,被告人是否认罪成为庭审的关键。简易程序案件中,认罪等于对法官庭前阅卷结论的确认,兼之法官已经完整阅读所有证据,确认指控证据能够形成锁链,因而可以直接宣判。普通程序案件中,法官在庭前只是大概了解案情,如果被告人认罪,等于确认侦查案卷基本正确;虽说法官对诸多细节还不清楚,但完全可以通过庭后查阅全卷来弥补,所以庭审调查似乎并无必要。如果被告人不认罪,一方面意味着被告人可能另有辩护证据,另一方面意味着侦查案卷可能存在瑕疵,因此需要仔细进行当庭调查,以免造成庭后阅卷时"偏听偏信"。正是因此,被告人是否认罪就成为庭审是否形式化的"分水岭"。

3.2.1.3 庭后阅卷:从参考式阅卷到审理式阅卷

同庭前阅卷类似,笔者将庭后阅卷也区分为两种类型:一是审理式阅卷,即以形成定案心证为目的,首先要补充案件事实的有关细节,其次要组织完整的证据锁链,进而据此制作判决文书,因而本质上属于"以阅代审"。二是参考式阅卷,即事实及证据都已查清,关于定罪量刑的决定也已作出,但因为制作判决文书的需要,不得不临时参考侦查案卷,以便核实有关信息,从而保证判决书文字表述的精确性。

具体而言,在简易程序案件中,庭后阅卷多以参考式为主。正如前文3.2.1.1所述,其实早在开庭之前,法官就已经完整阅读侦查案卷,并且作出关于定罪量刑的决定。此后再经过庭审中被告人的当庭确认,余下工作无非是"完善手续"而已。但是判决书毕竟不能马虎[①],有关被告人的身份信息、基本犯罪事实以及主要证据还需要一一列明。因此法官必须随时参考侦查案卷,逐一核实相关信息,以免表述出错。不过由于判决书本身极其简单,首部及事实部分基本可以照搬起诉书内容,因此实际的阅卷时间很短,一般不会超过20分钟。还需要说明的是,大约一半的简易程序案件中,法官在庭前阅卷时就已制作完毕判决书,因此并不存在庭后阅卷。

再看普通程序案件。如前所述,由于庭前只能接触到主要证据复印件,

① 根据相关规定,如果判决书内容出现技术性错误(如笔误),需要另行制作裁定进行更正。不过多数法院同时规定,类似情况视为审判瑕疵,不仅可能导致目标考核扣分,还可能体现为经济惩罚。比如B院《2005年度目标管理考核办法》规定,裁判文书中技术性差错每处扣减0.1分,累计可扣4分。

法官虽能大概了解案情,也能初步形成判决倾向,但一般还是不敢就此定案。等到开庭之后,如果被告人当庭认罪,法官基本上就可以确定判决结论;不过仅有结论尚不足以成为一份判决,法官还需要补充相关细节、认真组织证据链条。此时法官面临两种选择:要么认真组织庭审,通过听取控辩对抗来发掘案件细节,休庭后再参考侦查案卷并制作判决书;要么匆匆结束庭审,直接通过庭后阅卷发掘细节并撰写判决书。前述“对抗/判定”模式下,由于开庭时间充裕,加之庭审经验丰富,A 院法官普遍选择前一种方式,因而能够实现当庭宣判。不过在 B 院,一则由于开庭时间紧张①,二则由于部分法官经验尚浅,使得多数法官选择庭后阅卷。作为结果,庭审程序被高度压缩,庭后阅卷则表现出强烈的审理特征。就如简易程序案件的庭前阅卷那样,“以阅代审”现象再次出现,只不过这次是在庭审之后。

从表 3-4 可以看出,参考式阅卷耗时较少,一般只有 20 分钟,大概等于制作一份简易程序判决书的时间。审理式阅卷则不同,法官往往是第一次接触完整的侦查案卷,诸多细节还需仔细查明,而且还得同时制作判决书,因而耗时较长。就 B 院刑庭 7 名法官而言,平均耗时约 4 个小时,也即半个工作日。相比区区一个小时的庭前阅卷,以及平均 48 分钟的庭审,这无疑才是真正的审判重心。

表 3-4 B 院刑庭法官庭后阅卷统计表

适用程序	阅卷类型	阅卷时间(分钟)	与宣判关系
简易	参考式阅卷	≈20	先宣判后阅卷
普通	审理式阅卷	≈240	先阅卷后宣判

注:1. 阅卷时间根据访谈笔录进行统计,缺乏精确数据。

2. 本表中简易程序庭后阅卷时间与表 3-1 不一致,是因为本表已经排除开庭前制作判决的情况,表 3-1 则是针对所有简易程序案件平均计算。

3.2.1.4 庭审笔录:形式“合法律化”的关键

毋庸置疑,作为一种“合法使用暴力”的社会治理手段,刑事诉讼本身需要解决合法化问题,以求获得社会公众的普遍认同乃至服从。纵观人类历史,神圣化、理性化和社会化都一度成为刑事程序合法化的重要手段。不过

---

① 前文已述,B 院一是因为案件负担较重,二是因为看守所距离太远,导致刑庭开庭时间极为有限,基本只限于 10:30—15:30 这个时间段。

在现代社会,鉴于神灵正义的日渐枯竭和公众参与的技术难题,理性化已经成为"刑事判决合法化主要凭赖的基础性手段,任何国家都不会否认其刑事司法亦或刑事判决的理性化基础"[①]。

陈瑞华认为,评价诉讼程序是否符合理性原则,至少应当包括以下四项标准:第一,案件事实必须经过严格的质证、辩论以确保其可靠性;第二,须有冷静、详细和适当的评议;第三,判决须以各方所有证据为依据;第四,裁判根据和理由应予明确陈述。[②] 显而易见,"阅卷/核实"模式离此标准尚有不小距离。合议制度有名无实首先是传统痼疾,法庭调查因高度压缩而流于形式的现象也很普遍,导致多数证据并未经过真实质证。不仅如此,由于阅卷代替庭审成为诉讼重心,被告人及辩护人的发言机会被大幅压缩,辩护效果也大打折扣。正是因此,刑事判决公信力普遍不高,相当部分社会公众抱有"暗箱操作"的疑虑。

需要承认,限于政治、司法和社会等多方面因素,刑事诉讼合法性问题不可能单纯依靠诉讼程序本身获得解决。也许正是因此,基层法官多半"退而求其次",放弃不切实际追求合法性的目标,转而集中关注诉讼程序"合法律性"问题,即不求判决获得公众之普遍信服,但求程序本身符合法律之底线,不至于因为违反明文规定而成为错案。法律正当性的追求因而从实质合法性转向形式"合法律性"。

鉴于"法律明文规定"的底线较低,即便"阅卷/核实"模式存在诸多非理性因素,只要技巧性地稍加修饰,便可完全实现形式"合法律性"。庭审笔录的制作便是其中关键。笔者访谈法官时留意到,法官庭后"以阅代审"除了关注侦查案卷之外,普遍非常重视庭审笔录。表面看来,这似乎不太合理。毕竟,如果庭审被高度压缩,庭审笔录必然没有多少实质内容,法官根本不可能根据庭审笔录发掘案件细节。事实确实如此。正如表 3-3 所示,一旦被告人认罪,庭审笔录平均只有 4.2 页;除去核实身份、交代权利等内

---

① 冯军:《刑事判决合法化的手段解读——在政治社会学视野中的分析》,载《河北大学学报(哲学社会科学版)》2007 年第 1 期。

② 陈瑞华:《刑事审判原理论》,北京大学出版社 1997 年版,第 68—69 页。

容[①],真正涉及案件事实和证据的笔录可能不到两页,所含信息极为有限,不可能也不应当成为法官心证的依据。实际上,法官庭后阅卷之所以重点关注庭审笔录,其目的并非在于发掘案件信息,而在于确认定案证据曾在庭审中接受双方质证。根据1996年《刑事诉讼法》第47条和第157条[②]的规定,证据必须经过当庭质证才能作为定案依据。而判断一项证据是否经过质证,庭审笔录无疑是最佳渠道。也正是因此,一旦被告人上诉,二审法院首先便会审查庭审笔录与判决书是否一致,如果不一致便可认定一审程序违法。[③] 如此一来,一审法官虽然无需依赖庭审笔录发掘案情,但却必须严格根据庭审笔录记载的证据目录制作判决。刑事判决的“合法律性”诉求,很大程度上居然取决于判决书与庭审笔录的一致性。

书记员制作庭审笔录的技巧因而显得异常关键。具体说来,证据内容可以不予记录,证据名称却必须记录,以表明该证据确实经过当庭质证。[④] 特殊情况下,如果公诉人遗漏必要证据,书记员还需要炮制一份证据目录。[⑤] 实践中称其为“互相配合,相互搭台”。[⑥] 由此可见,很大程度上,庭审笔录的实际目的并不在于忠实反映庭审活动,而是为判决书组织合法性依据。其关键不在于真实性,而在于形式“合法律性”。更进一步说,一旦被告人当庭认罪,接下来的法庭调查便无需关注具体的证据内容,只需留意双方列举的证据目录即可。因此不妨这样认为:被告人当庭认罪之后,真正需要的庭审,无非就是让双方来到法庭,面对法官,走完诉讼法规定的程序,在庭审笔

---

① B院庭审笔录使用固定模板,事先将诸如核实身份、交代诉讼权利等部分打印出来,书记员只需简单填空即可;不过法庭调查和辩论部分需要据实记录。由于打印部分采用标准公文格式,字体和行距均较大,一般需要占用2页纸甚至更多。

② 分别对应2012年《刑事诉讼法》第59条和第190条。

③ B院某法官告诉笔者,她本人就曾因为庭后阅卷时不太注意,错将公诉人于庭审中未曾提及的证据列入判决书中,结果导致二审法院以程序违法为由发回重审,记为错案一件。访谈笔录:B-1-5。

④ 正是因此,笔者在B院多数庭审笔录中都可看到诸如“P10—P30,被告人供述”这样简单的目录式记载,但却看不到证据的具体内容。而且,不管实际庭审中公诉人是以全文宣读、摘要宣读还是概括介绍的方式举证,书记员都只需记载举证目录。

⑤ 比如某案,公诉人不慎漏举被告人户口信息登记表,尽管这对实体案情没有任何价值,被告人及辩护人也没有提出异议,但根据法院内部质量评价标准,却属于“必要证据缺失”,足以认定为审判差错。承办人庭后阅卷时发现该疏漏,严格说来应该再次组织开庭质证,但为方便考虑,便直接让书记员在庭审笔录上补记。访谈笔录:B-1-2。

⑥ 李慧玲:《书记员如何作好庭审记录工作》,http://www.chinacourt.org/html/article/200707/03/254866.shtml,2008年7月4日访问。

录上留下完善的记录,仅此而已。此举虽说有“画蛇添足”之嫌,但正因为有此一庭审,法官判决才当然获得形式上的“合法律性”。

不仅如此,笔者还发现一种比较极端的做法:大概从 2003 年开始,B 院书记员开始使用电脑记录庭审;但有意思的是,承办人座席上也同时布置一台显示器,与书记员的电脑同步显示。这样一来,承办人便可随时审查庭审笔录,及时要求书记员或公诉人进行补充,避免出现事后补记或再次开庭等麻烦。不过问题在于,承办人不得不花费相当精力查看庭审笔录,导致难以集中关注法庭调查和辩论意见。作为结果,法官对形式“合法律性”的追求得到极大满足,但庭审的空洞化程度却进一步加剧。[①]

3.2.2 判决机制

法律心理学认为,司法裁判过程由两条主要脉络构成:一是“发现”脉络,包括案件事实的发现和法律规范的发现;二是“证成”脉络,即以事实证据和法律理由证明事实和法律之间的匹配性。[②] 换句话说,司法裁判就是认知活动与评价活动的统一。[③] 大概说来,事实发现先于规范发现,最后才是判决的证成。不过诸多论者也认为,三者之间并非绝对地前后相继,而是相对模糊地循环互动。比如事实发现就普遍伴随规范发现,法官总会在下意识间借助长期经验形成的“法感”[④]对生活事实进行加工,因此最终获致的必然不是纯粹的生活事实,而是符合特定规范要件的“法律事实”。法官似乎总是在事实和规范之间不断往返,而非沿着“大前提(规范)→小前提(事实)→法律判断”这样一个逻辑简单的直线进行三段论推理。[⑤]

具体到司法实践中对个案的处理,笔者考察发现,就多数案件而言,事

---

① 类似做法并非特例,甚至有法院还同时给公诉人和辩护人座席配备同步显示器,形成“一人记录、三人核对”的局面。参见祁云奎、刘玉刚:《庭审笔录是否准确,方寸屏显尽收眼底——天桥法院实现微机记录同步显示》,载《人民法院报》2002 年 5 月 17 日。

② 参见〔荷〕菲特丽丝:《法律论证原理》,张其山等译,商务印书馆 2005 年版,第 6 页。另可参见李安:《刑事裁判思维模式研究》,中国法制出版社 2007 年版,第 137 页。

③ 参见孙万胜:《司法权的法理之维》,法律出版社 2002 年版,第一章第二节。

④ 法感与理性推理相对应,概指法律人接触案件事实时,藉由潜意识、直觉和经验而得出初步法律结论的判断能力。法感是法律知识和实践经验的产物,难以通过理性推演的方式进行再现或交流。参见陈林林:《裁判的进路与方法——司法论证理论导论》,中国政法大学出版社 2007 年版,第 26—27 页。

⑤ 参见郑永流:《法律判断的形成模式》,载《法学研究》2004 年第 1 期。

实发现和规范发现都在法官第一次接触案情(不论是阅卷还是听审)之后完成。不过根据适用程序的不同,判决论证过程则稍有差异:在简易程序案件中,由于法官需要提前仔细阅读全卷,判决论证基本是紧随发现过程进行,只不过之后还需要开庭审理以便最终核实;在普通程序案件中,庭前阅卷和开庭审理均相对简单,只能初步完成事实发现和规范发现,严密的判决论证还需要庭后二次阅卷来完成。以下试作分析。

3.2.2.1 简易程序:庭前仔细判决、开庭简单核实

前文3.2.1.1已述,B院简易程序案件中,法官庭前阅卷实际是“以阅代审”,直接以形成定罪量刑的内心确信为目的,而非仅为开庭审判做准备。阅卷时间平均长达两个小时,远远超过庭审时间(9.5分钟);阅卷同时还直接制作判决书,甚至提前履行报批手续,因而实质上是“无声的审判”。

认真考察B院法官的诉讼活动,笔者发现,支持法官心证的案件信息绝大部分来自于庭前阅卷,只有很少部分产生于开庭审判。由此可见,简易程序诉讼明显呈现“先判决后核实”的现象,无声的庭前程序成为诉讼重心,公开的正式庭审则沦为无足轻重的补充。

正如表3-5所示,B院刑庭7名法官之中,无一例外在庭前会仔细阅卷,而且均能形成关于定罪量刑的内心确信。不仅如此,还有4名法官坦言,他们一般是在开庭前就已完成判决书;其中3人因为没有最终裁判权,还会于开庭前履行审批手续(主要是报审判长批准),否则便不能当庭宣判。至于其他3名法官(均为庭领导或审判长),并不是因为内心确信不够而不能提前制作判决书,其实是长期习惯使然。因此总体看来,庭前程序——包括阅卷、判决书制作和报送审批——不仅足以完成事实发现和法律发现,还能一并“证成”判决结论,从而使法官心证基本定型。正如某法官大概估算的那样,通过庭前阅卷,法官对被告人的罪名和刑罚基本能够达到95%的确信;至于余下的5%,无非是担心被告人当庭翻供,因此需要开庭审理予以补足。[①]

① 访谈笔录:B-1-5。

表 3-5　B 院刑庭法官简易程序案件庭前审判习惯统计表

审判习惯	庭前会阅卷	阅卷会形成定案结论	阅卷后开始制作判决书	开庭前履行审批手续	庭审不会改变阅卷结论
法官人数	7	7	4	3	7
比例	100%	100%	57.1%	42.9%	100%

注:根据访谈和问卷调查进行统计。

再看庭审对法官心证的塑造功能。表 3-5 显示,B 院 7 名法官均坦言,至少在简易程序案件中,在经过阅卷形成定案结论之后,多年来还没有出现因为庭审而改变阅卷结论的情况。也就是说,通过阅卷形成的结论,100%最终成为判决书的内容。而且正是因此,笔者对 10 个案件的实地观察也发现,法官没有在庭审中进行任何的追加调查,既不讯问被告人,也不另行调取证据,完完全全将侦查案卷"照单全收"。由此可见,简易程序案件的庭审结果总能"证实"庭前阅卷的结论,几乎不可能出现"证伪"侦查案卷的现象。① 庭审中被告人"招供的过程实际上并不是事实认定的过程,只是通过结论必须由被告自己承认这一制度设定来防止专断"。② 因此有法官坦言:虽说不经开庭不能 100%确认被告有罪,但实际上开庭只是再增加一颗"定心丸"而已;不开庭难免担心,真开庭又作用不大,不免有"鸡肋"之嫌。③

比较遗憾的是,对于简易程序转化为普通程序的案件(俗称"简转普"),B 院不仅缺乏可靠的统计,连必要的记录都没有,因此笔者没能发现有效的数据。不过根据对法官的访谈得知,一般不可能出现因为被告人当庭翻供而不得不"简转普"的情况。毕竟,法院决定适用简易程序的条件还是比较严格,一是侦查案卷显示被告人认罪,二是送达起诉书副本时被告人当面认罪,三是辩护人明示不作无罪辩护(非必要条件)。如此三重保险,基本都能排除被告人当庭翻供的可能性。实际上,即便存在少数"简转普"的

---

① 实验心理学发现,即便法官被要求依赖庭审作出判断,但是如果他在庭前对案情有些了解,必然不可避免地会对需要重构的事实形成一定的预断。而且这还会带来一个"高发"危险,即法官可能更容易接受那些符合他预断的信息,排斥那些相互冲突的信息。See Damaska, Presentation of Evidence and Factfinding Precision, 123 U. Pa. L. Rev. 1083 (1974—1975).

② 季卫东:《程序比较论》,载《比较法研究》1993 年第 1 期。

③ 访谈笔录:B-1-1。

案件，几乎都是因为一个目的：延长审限，避免出现超期结案或超期羁押。[①]

3.2.2.2　普通程序：开庭初步判断、庭后细致论证

与多数简易程序案件不同，普通程序案件普遍多出一个环节——庭后阅卷。根据前文3.2.1.3的考察，该环节与简易程序庭前阅卷程序高度近似：都可视为“无声的审判”，都属于“以阅代审”。主要区别在于：简易程序是先通过阅卷确定判决意见，再借助开庭进行补充核实；而在普通程序中，不论是庭前阅卷还是庭审阶段，都只能对事实和法律作出大概判断，完整的判决论证还需要依赖开庭后的第二轮阅卷。

表3-6显示，由于庭前不能接触全部案卷，B院刑庭7名法官中有1人基本不阅卷，另有1人只阅复杂案件。其余5名虽然选择庭前阅卷，但平均耗时只有大概1个小时，约为简易程序的一半。不过即便如此，阅卷后也无一例外会形成初步判断，能够基本确定是否定罪、如何量刑，但不会开始制作判决书，当然也不会履行审批手续。笔者访谈发现，法官庭前阅卷的主要目的是做到“心中有数”，大概了解案件事实和证据情况，以便顺利驾驭庭审；虽然预断难以避免，但还算不上非常确信，因而不愿意草率制作判决。[②]

表3-6　B院刑庭法官普通程序案件庭前审判习惯统计表

审判习惯	庭前会阅卷	庭前不阅卷	庭前只阅复杂案件	阅卷会形成定案结论	阅卷后开始制作判决书
法官人数	5	1	1	7	0
比例	71.4%	14.3%	14.3%	100%	0%

注：1. 根据访谈和问卷调查进行统计。

2. 虽说有一名法官基本不阅卷，但这只是针对普通情况而言。如果承办特殊案件（如公审大会、观摩庭等），还是必须阅卷。因此“阅卷会形成定案结论”仍然统计为7人。

再看庭审程序对法官心证的塑造作用。从理论上说，法官此时第一次获得全面了解案情的机会，完全有条件当庭查清事实并辨明法理，进而直接作出最终判决。比如A院法官就是如此。不过在B院，法官似乎更愿意把

① 访谈笔录：B-1-3，C-1-2等。亦可参见马静华：《刑事审限问题：历史与现状——一个实证角度的研究》，载左卫民等：《中国刑事诉讼运行机制实证研究》，法律出版社2007年版，第253—279页；万毅、刘沛谓：《刑事审限制度之检讨》，载《法商研究》2005年第1期。

② 访谈笔录：B-1-2。

这些工作放在庭后,除非被告人拒绝认罪或当庭翻供。结果就如表3-3所示那样,B院庭审显得十分仓促;一旦被告人认罪,平均庭审时间不过区区26分钟,法庭讯问还不到3次,部分案件甚至没有法庭辩论。正是因此,B院多数法官都谈到,庭审其实不能提供多少有价值的信息,难以促使法官形成最终的内心确信;不过因为被告人当庭认罪,可以打消法官心中尚存的一丝担心,从而使法官敢于通过庭后阅卷直接下判。①

于是大量的调查和论证工作被放在开庭之后。根据表3-1的统计,普通程序案件平均庭后阅卷时间达到4个小时,也就是半个工作日,其中当然不仅仅是阅卷,还包括制作判决甚至报请审批等事项。由于此前的阅卷和开庭比较粗略,仅仅能够形成一个大体判断,因此需要通过庭后的仔细阅卷来补充更多细节,同时认真核实有关证据,严密组织证据链条,从而实现对判决结论的合理"证成"。

3.2.2.3 合而不议:书面审理排斥集体决策

一定程度上,合议制度与书面审理存在天然冲突。一旦书面阅卷代替开庭审理,必然导致承办法官独占案件信息——除非其他法官愿意自行阅卷,但实践看来似乎并不现实。② 虽说承办法官可以转述案情,但有意无意之间总会存在加工或裁剪行为。③ 这样一来,其他合议庭成员可能基本不了解案情,或者只能片面了解案情,因此即便参与共同决策,多半也是凑数而已,难以真正起到集思广益、抑制滥权的作用。也许正是因此,德国的处罚令程序、意大利的简易程序等书面审理模式都基本采用独任制,而在开庭审理的案件中则一般采用合议制。④

"阅卷/核实"模式虽然不是纯粹的书面审理,不过因为庭审被高度压缩,除了确认被告人是否认罪之外,法官很难通过庭审充分发掘案件信息。

---

① 访谈笔录:B-1-2,B-1-4等。

② 在笔者访谈的数十位法官当中,没有任何一人作为非承办人合议庭成员时会仔细阅卷。

③ 参见刘杨萍:《论司法公正与刑事庭审方式改革》,http://www.chinacourt.org/public/detail.php?id=129059,2008年7月8日访问。

④ 德国《刑事诉讼法》第407条规定,对于判处1年以下监禁刑或更低刑罚的轻罪案件,经过检察官申请,可由法官直接根据侦查卷宗作出判决。意大利也有类似规定。参见〔德〕罗科信:《刑事诉讼法》,吴丽琪译,法律出版社2003年版,第66章;陈卫东等:《变革中创新的意大利刑事司法制度》,载《人民检察》2004年第12期;左卫民等:《简易刑事程序研究》,法律出版社2005年版,第一章和第三章。

其实正如前文所述,事实发现和法律发现过程均集中在阅卷阶段完成,庭审不过是一个可有可无的补充。作为非承办人的合议庭成员,如果不亲自阅卷,基本不太可能完整地了解案情。因此即便有真实的评议过程,其实际效果也值得怀疑。

其实笔者访谈发现,虽说B院审判委员会已经大幅放权,但合议庭真正组织评议的比例并不高(表3-7)。如果承办人具备审判长资格,可以直接签发判决文书,一般都不会组织合议庭评议,或者顶多只是简单征求其他两位成员的意见。如果承办人不是审判长,没有权力直接下判,则只需报请审判长核准并签发判决书,一般不会征求合议庭第三位成员的意见,因为该成员或者是“陪而不审”的人民陪审员,或者是临时拉来凑数的法官,多半不会真正参与案件决策——除非案件争议较大,必须要忠实反映各合议庭成员的意见,以便必要时确认各自责任。[①] 这样一来,虽说承办人和审判长之间有意思交流,但严格说来并不是合议庭评议,而是上下级之间的审批,或者顶多算是“局部评议”或“审批型评议”。[②]

表3-7 B院合议庭评议类型统计表

评议类型	合而不议	论证型评议	审批型评议
比例	≈62%	≈16%	≈22%
笔录平均页数	<1	2.5	<1
笔录特征	干净、流畅、行文与判决书雷同	潦草、现场速记痕迹明显	干净、流畅、行文与判决书雷同

注:1. 评议比例根据司法统计和访谈内容统计,没有实地观察,缺乏精确数据。
2. 笔录页数以2004年40个案卷为样本,其中论证型评议仅3份。

笔者调查中的一个难题是,其实不管合议庭有无真实评议,归档卷宗之中都必然存在合议庭评议笔录。绝大多数笔录只有区区半页纸,而且笔迹相当流畅,明显不符合现场速记的规律;笔录内容与判决书行文高度一致,基本可以确定属于照抄判决书。对于这种猜测,B院书记员也予以确认,坦言多数笔录属于事后凭空杜撰。[③] 只有确实存在较大争议的案件,承办人才

---

① 这种因为“固定合议庭”引发的问题,也可参见张晋红:《审判长制度与合议制度之冲突及协调——兼论合议制度的立法完善》,载《法学评论》2003年第6期。

② 笔者将合议庭评议区分为三种类型,分别是论证型、表态型和审批型。参见前文2.2.2.2。

③ 访谈笔录:B-2-1,B-2-2。

会专门通知书记员现场记录,因而笔迹比较潦草,篇幅也相对更长(表3-7)。

学界对于“合而不议”现象的挞伐由来已久,也不乏对其成因的深入考察,不过主要集中于探讨承办人制度、案件审批制度和陪审员制度对合议制度的侵蚀作用①,基于审判方式本身反思合议制度的研究尚不多见。就本书对“阅卷/核实”模式的分析来看,书面化审理一定程度上与合议制度存在天然冲突。“合而不议”之所以成为我国司法之一大痼疾,不能说与“重阅卷、轻庭审”的传统没有多少关系。

第三节 效果评价:“阅卷/核实”模式的功能与缺陷

3.3.1 方便成就效率:法官本位的高效模式

根据前文2.3.3的分析,相比“对抗/判定”模式来说,“阅卷/核实”模式似乎并不拥有效率优势。如表2-18和2-19所示,B院普通程序案件平均审理期间为34.2天,耗时约408分钟;相比之下,A院分别为21.1天和233.2分钟。两者无疑有相当差距。不过进一步考察发现,A院呈现明显的“窝工”现象,即使是一人办案,其他两人却不得不“陪坐”在法庭上长达3个小时,之后还要参加相对真实的合议庭评议。他们在B院的同行似乎要轻松许多:庭前无需阅卷,庭后无需评议,加之庭审极其迅速,法官为他人案件“友情客串”的时间只有区区40来分钟,实在可以算是无足轻重。与此类似的还有书记员和法警,尽管他们的意见往往并不能影响法官行为。

不仅如此,B院审判程序明显更加灵活:除了开庭阶段存在严格程序限制外,不管是庭前准备还是庭后阅卷,承办人都可以自由安排。如果他愿意,完全可以白天开庭,晚上阅卷,或者平时休息,周末写判决,甚至不妨泡一壶清茶,一个人在书房悠闲判案。如果案件比较复杂,他也无须紧张,因为他有充分时间认真阅卷,或是直接向公诉人甚至侦查人员核实案情,或是

① 相关批评和分析,可参见左卫民、吴卫军:《“形合实独”——中国合议制度的困境与出路》,载《法制与社会发展》2002年第3期;宫澎:《从现行审判运行机制存在的缺陷谈对完善合议制度的认识》,载《河北法学》2002年第3期;周永恒:《基层法院法官合议制度的调查与思考》,载《山东审判》2007年第1期等。

咨询本院同事甚至上级法官。相比之下,A院法官就远没那么自在,因为受制于“一步到庭、当庭宣判”机制,他们一旦开庭便需尽量一气呵成,哪怕多数庭审都会超过两个小时,他们还是得始终保持高度关注,不仅要认真倾听控辩双方的当庭对抗,还要及时补充调查以完善内心确信。何况在众目睽睽之下,法官必须十分注意仪表和言行,既不能随意离开,更不能接听电话(这可是审判事故!)。[①] 到了最后,面临被告人和旁听家属(有时还包括被害人)热切的目光,法官还必须当庭作出判决,接受各方的推敲或是质疑。这显然不是一个自在而惬意的过程。

就整体而言,“对抗/判定”模式似乎更为高效,一则可以大幅节约承办人开庭前后的精力投入,二则可以及早对被告人定罪量刑,减轻在押候审的焦虑和不安。不过高度实质化的庭审不仅是对法官能力的挑战,也是对法官脾性的磨炼,尤其是对本属“友情客串”的其他合议庭成员来说,如果无意介入案件决策,长达3小时的庭审可能既是浪费也是煎熬。相比之下,“阅卷/核实”模式虽说整体跨度较长,但基本只需承办人一人应付,即便开庭时需要三人“坐庭”,也不外乎区区数十分钟。最重要的是,承办人可以在一种完全私密、自由的环境中阅卷审判,既不必担心能力不及,也不用考虑他人的监督,只要最终能够作出形式合法的判决,就可顺利结案。

于是我们可以得出这样一个结论:“对抗/判定”模式对承办人和被告人更为高效,“阅卷/核实”模式则给予合议庭所有法官足够的方便。其实不仅如此,方便本身也能产生效率。承办人可以同时经办多个案件,其他合议庭成员则可以处理自己的案件[②];如果案件负担过重,还可以借助晚上或周末加班判案——这些都是“对抗/判定”模式无法具备的优势。不过这种优势却是被告人的噩梦:一则导致审理期间相对延长,二则造成庭审程序高度虚置,被告人难免成为一个任由摆布的客体,甚至仅仅是案卷上的一个名字而已。但问题在于:法官可能并不在乎!只要法律没有明文要求,法官自身工作的方便性可能远比被告人的利益更加重要。

---

① 比如四川西充县法院某庭长开庭时接听手机,经媒体报导后引起激烈讨论,最终该庭长被停职检查。参见王斗斗:《“审判长边接电话边听案”续:当事人已被停职检查》,载《法制日报》2008年1月25日。

② 笔者观察到一个比较极端的现象:某法官作为合议庭成员参与庭审,因为既不是审判长也不是承办人,对于庭审过程漠不关心,整个开庭过程一直在阅读另外一个案件的卷宗。

正如表3-8所示,借助“阅卷/核实”模式的极大方便性,B院刑庭表现出相当明显的高效特征。2005年全庭人均结案90余件,达到A院和C院的两倍多。尽管如此,B院仍然实现98.9%的结案率,高居三个法院之首,而且无一案件超过法定审限。虽说人均结案数并不必然代表效率高低(人均结案数=案件总数/法官人数,分子和分母都并非诉讼程序所能改变)①,但B院法官能够在相对较重的案件负担下游刃有余,无疑足以证明“阅卷/核实”模式的效率性——尽管这只是法官的效率而非被告人的效率,或者只是权力的经济而非权利的经济。②

表3-8 三个样本法院2005年度刑事审判效率统计表

法院	结案数	人均结案数	结案率	超审限率
B院	639	91.3	98.9%	0%
A院	132	44	98.5%	0%
C院	341	48.7	97.9%	0%

注:1. 数据源于各院司法统计和刑庭年终总结。

2. B院因有2名法官分别借调区政法委和中院,按照7名法官计算人均结案数。A院分管院长其实也承办少量案件,此处未纳入统计。

3.3.2 形式合法成就案件质量:双重书面审理的必然

客观地说,“阅卷/核实”模式存在相对更大的错案风险:一是因为过度依赖侦查案卷,容易被侦查人员“牵着鼻子走”;二是被告人和辩护人发言空间受限,可能导致“偏听偏信”;三是“合而不议”成为常态,集思广益功能难以发挥;四是个案分段审理,周期较长,容易受到外界因素的不恰当影响。正常情况下,这些弊端可能导致事实认定错误,定罪量刑失准等问题,从而拔高上/抗诉率和改发率。不过根据表2-15的统计,相比A院和C院,B院上/抗诉率和改发率都不算高,相反改发率还居三个样本法院最末。

---

① 有意思的是,最高人民法院2008年发布《关于开展案件质量评估工作的指导意见(试行)》,确定公正、效率、效果三大指标,其中效率指标就包括人均结案数。从经济角度出发,以最少的人力处理最多的案件,当然是最理想不过。不过考虑到人事编制远非法院本身所能控制,案件数量更是无从约束,这个指标是否科学,确实需要进一步探讨。

② 参见左卫民关于权力经济和权利经济的分析。左卫民:《刑事诉讼的经济分析》,载《法学研究》2005年第4期。

进一步考察B院2005年度所有的61件上诉案件(当年没有抗诉案件),如表3-9所示,其中二审法院改判8件,发回重审1件,维持原判41件,另有11件的被告人于二审宣判前撤诉。按照B院的考核标准,只有1.41%的案件属于质量差错,可能影响到承办人个人考核。[①] 二审维持或撤诉案件虽说关系全庭考核,不过既不算错案,也不涉及个人利益。

表3-9 B院2005年度刑事上诉案件二审结果统计表

结果	结案数	上诉	改判	发回重审	维持	被告人撤诉
数量	639	61	8	1	41	11
占上诉案件比例	—	100%	13.1%	1.6%	67.2%	18.0%
占全部案件比例	100%	9.6%	1.3%	0.2%	6.4%	1.7%

注:数据源于B院刑庭年终申报材料。

具体分析B院二审改发案件可以发现:适用“阅卷/核实”模式进行书面化审理的一般案件,其上诉率和改发率均相对较低;与此相反的是,那些既要认真阅卷、又要仔细开庭、还要逐级报批的特殊案件,比如职务犯罪案件,不仅上诉率颇高,而且改发率也极高。如表3-10所示,B院2005年审理的盗窃、抢劫案件多达430件,最终被中院改判或发回重审的只有2件,刚好和贪污、受贿案件持平,但是后者的基数只有区区5件。如果以一审收案数为基础计算改发率,前者只有后者的1.2%。

表3-10 B院2005年度一般案件和特殊案件审判质量统计表

案件类型	案件总数	上诉案件数	上诉率	上诉改发数	改发率
抢劫、盗窃	430	36	8.4%	2	5.6%
贪污、受贿	5	4	80%	2	50%

注:数据源于B院刑庭2005年度申报材料。

因此可以得出这样一个结论:“阅卷/核实”模式虽然过于书面化,存在诸如“以阅代审”、“合而不议”等种种弊端,但从上诉率、改发率等质量指标来看,基本足以正确处理一般案件,能够获得被告人和上诉法院的普遍认同。笔者认为主要有以下原因:

---

① 鉴于二审改判可能属于认识差异问题,也可能是因为二审出现新证据,因此B院并不将改发案件一律视为错案,而是需要进一步核实改发原因;如果属于事实认定或法律适用错误,或是程序违法,则计为错案。访谈笔录B-3-1。

第一,印证模式保证判决"合法律性"。正如前文3.1.2.4和3.2.1.4所述,"阅卷/核实"模式严格采用印证证明方法,一则强调案卷证据之间相互印证,二则强调讯问笔录和当庭供述相互一致,禁止根据孤证直接定案。除此之外还有一条不成文的规则:证据本身须有实物载体予以印证,比如被告人供述须有笔录,主张刑讯逼供须有物证或人证(至少在最高人民法院、最高人民检察院、公安部、国家安全部和司法部联合发布的《关于办理刑事案件排除非法证据若干问题的决定》出台之前是如此)。没有载入案卷(不包括庭审笔录)的信息一般而言不能称其为证据。如此一来,最终被判决书引用的证据基本都满足两个条件:一是明确记载于案卷之中,二是有其他卷内证据相互呼应。判决结果因而可以进行重复和检验,这就是龙宗智所言印证模式的"外部性"特征。[①]

具体到审判质量方面,印证模式至少有两项功能:首先,判决结果具备可重复性,只要不会出现新证据[②],基本都能轻松应付上诉法院的审查,避免导致改判或发回重审。其次,证明过程的"外部性"足以证成其"合法律性",被告人即便对书面化的审判程序有所不满,可能也不得不接受形式合法的判决结论,从而自觉放弃上诉。更何况多数被告人只重结果不重程序,不大可能仅因审理书面化而提起上诉。

第二,侦查案卷经过多重审查,总体较为规范。笔者考察发现,其实早在移送至法院之前,多数侦查案卷就已经过四重审查,分别是刑警队(或派出所)、公安局法制科、检察院批捕科(侦查监督科)和公诉科。不管是基于真正的质量问题,抑或仅仅是为了证明自身的存在,各级审查部门都会或多或少找出漏洞,要求侦查人员补充证据,甚至必要时拒绝接受案件。经历过这些折腾之后,最终到达法院的案卷总体还算规范。

还有一点也很关键:由于错案追究制度的压力,检察院普遍将逮捕和起诉的证据标准拔高,甚至基本趋近于法院定罪标准。[③] 虽说检察官批捕或起

---

① 参见龙宗智:《印证与自由心证——我国刑事诉讼证明模式》,载《法学研究》2004年第2期。

② 根据B院案件质量评查办公室的统计,2005年刑庭被改判的8个案件中,有2件是因为上诉期间出现新证据,因此不计为承办人过错。

③ 关于司法实践中逮捕标准、起诉标准被不适当拔高的调查和分析,参见陈刚、卢新华:《审查逮捕适用标准刍议》,载《人民检察》2006年第10期;龙宗智:《确定无疑——我国刑事诉讼的证明标准》,载《法学》2001年第11期;赵家铸、刘龙康:《起诉案件的证据标准及要求》,载《检察实践》2003年第5期。

诉前也会提讯被告人,但总体上仍是依赖侦查案卷作出判断。如此一来,经过前后两名检察官以定罪标准审查案卷,法官最后据此定罪也不大可能出现错误。

第三,二审诉讼广泛采取书面模式,成为对一审判决的简单重复和确认。[①] 虽说1996年《刑事诉讼法》规定二审应以开庭审理为原则,书面审理为例外,但实际上除死刑案件[②]和争议较大的案件外,很少刑事案件二审能够开庭。[③] 多数情况下,上诉法官与一审法官面临几乎完全相同的证据案卷,遵循同样的印证技术和法律解释,进而得出同样的定罪量刑结论。因此即便被告人提起上诉,能够获得二审改判的可能性也微乎其微。

其实还有一个更加现实的因素:鉴于二审改判将直接影响一审承办人的业绩考核,上下级刑庭之间普遍存在良好的沟通和照顾关系。只要一审判决尚在合法范围内,适当的偏差几乎都会被二审法官容忍。[④] 正是因此,那些仅以量刑过重为由提起的上诉,往往都不会得到二审法院的支持。毕竟,现行法律赋予一审法官足够的量刑裁量权,二审法官很难认定一审量刑"不合法"。

第四,争议案件可由庭审程序甄别,进而适当强化庭审调查,提升被告人对判决结论的信服程度。"阅卷/核实"模式的关键一环,便是在开庭之初核实被告人是否认罪。如果被告人当庭认罪,法官再采取相对简便的书面审理方式,似乎也不会引起被告人的抵触情绪。反之,如果被告人拒绝认罪或当庭翻供,法官一般会临时调整庭审方案,一方面要求公诉人逐一仔细举证,另一方面要求被告人提供辩护证据,庭审因而变得相对充实和细致,被告人的辩护权利也因此得到相当保障。在此基础上,法官再结合阅卷信息

---

① 陈瑞华因此将二审称之为"侦查案卷裁判主义"。参见陈瑞华:《侦查案卷裁判主义——对中国刑事第二审程序的重新考察》,载《政法论坛》2007年第5期。

② 2005年12月,最高人民法院发出《关于进一步做好死刑案件第二审开庭审理工作的通知》,要求高级法院审理二审死刑案件一律开庭审理。不过对于中级法院审理普通二审案件却并无类似要求。2012年《刑事诉讼法》再修改将二审开庭条件限定为:(1)被告人、自诉人及其法定代理人对一审认定的事实、证据提出异议,可能影响定罪量刑的上诉案件;(2)被告人判处死刑的上诉案件;(3)人民检察院抗诉的案件。其中第一类的数量应该最多,但是如何落实尚有待该修正案实施后的观察。

③ 比较详尽的调查和分析,可参见陈卫东:《刑事二审开庭程序研究》,中国政法大学出版社2008年版。

④ 三个样本法院多名法官都毫不掩饰这等"潜规则"。访谈笔录:C-1-1,B-1-3,A-1-2等。

最终定罪量刑，也可适当打消被告人对幕后操作的疑虑，增强对判决结果的信任，从而减少不必要的上诉。

3.3.3 被告人客体化：辩护机会和辩护能力双双受限

现代审判机制的一大要素是参与性[①]和交涉性。[②] 作为受到刑事判决直接影响的主体，被告人并非只是被动接受指控和判决，而应当拥有主动塑造最终判决的机会和能力。换句话说，刑事诉讼结果并未预先确定，而是取决于控辩双方说服力的此消彼长，任意一方都存在取胜的可能。诉讼程序表现为一种动态的拉锯过程，双方通过共同参与来促进裁判制作。然而“阅卷/核实”模式的一大弊端，就是进一步恶化控辩失衡局面，一方面压缩被告人和辩护人的发言机会，另一方面限制被告人获悉指控证据，削弱其自我辩护能力，从而一步一步将被告人推向诉讼客体的地位，弱化甚至剥夺被告人对判决结论的塑造作用。

纵观刑事审判程序，排除非正当的幕后沟通甚至交易，被告人及其辩护人与法官沟通的传统渠道无非有三种：一是庭审，二是庭前庭后交换意见[③]，三是提交书面辩护意见。[④] 庭审是必经程序，而且被告人本人必须在场；后两者却不同，一般需要借助律师角色才能完成。不过由于基层法院律师辩护率偏低，加之审判阶段被告人羁押率较高[⑤]，导致在多数案件中，庭审都是被告人唯一能够面对法官的机会。这样一来，辩护效果就必然取决于庭审

---

① 具体可以参见 L. Fuller, *The Forms and Limits of Adjudication*, 92. Harv. L. Rev. 353 (1978). M. Bayles, Principles of Law: A Normative Analysis, D. Reidel Publishing Company, (1987), pp. 31, 32. 陈瑞华：《刑事审判原理论》，北京大学出版社 1997 年版，第 63 页；宋英辉主编：《刑事诉讼原理（第 2 版）》，法律出版社 2007 年版，第 102—103 页。

② 季卫东：《程序比较论》，载《比较法研究》1993 年第 1 期。

③ 交换意见的做法虽无明确法律依据，但在实践中比较普遍。律师习惯在庭前提交证据或庭后提交书面代理/辩护意见的时候，与承办法官非正式地讨论案件，力求陈述己方理由，探听法官的倾向。王亚新、徐昕、徐昀将类似现象定义为“非正式开庭”。参见王亚新：《实践中的民事审判——四个中级法院民事一审程序的运作》，载《现代法学》2003 年第 5、6 期；徐昕、徐昀：《非正式开庭研究》，载《比较法研究》2005 年第 1 期。

④ 笔者分别在 B 区、A 区、C 县访谈了 15 位律师，其中 12 位表示：除法律援助案件外，一般都会在庭审后结合庭审情况撰写一份比较详尽的辩护意见，提交合议庭。与此同时，律师会尽量抓住机会与法官交换意见，以期能对法官判断有所影响。

⑤ 参见前文表 2-3，对 A 院 2000—2004 年案件的抽样调查显示，被告人在押率为 66%，辩护人（含不具备律师资格的其他辩护人）介入率为 38%。

活动对法官心证的塑造作用。如果法官并不依赖,或是不主要依赖庭审形成心证,所谓自行辩护无疑是一张空头支票。

不过正如前文所述,庭审能否实质化很大程度上取决于被告人是否认罪,以及在认罪之后能否提出有说服力的理由以支持罪轻辩护。或者简单地说,法官是否关注庭审取决于双方是否有争议。但是问题在于,被告人提出争议的能力依赖于对指控证据的充分把握(姑且不论缺乏律师协助的被告人的法律知识和庭审能力);但从“阅卷/核实”模式的实践操作来看,除非被告人一开庭就拒绝认罪,否则庭审将迅速结束,被告人可能自始至终都难以获悉指控证据的具体内容。这就造成一个怪圈:如果被告人不能提出争议,就难以了解指控证据;但是缺乏对指控证据的了解,又很难提出争议。正是因为这种互为前提、互相矛盾的诉讼机制,导致被告人自我辩护的空间和能力受到严格限制,从而实际上丧失参与审判、塑造判决的功能和地位,沦为被评价、被惩罚的对象或曰客体。

为了进一步说明以上问题,我们首先考察庭前阶段。一个现实是:如果没有律师协助,处于羁押状态的被告人完全缺乏准备辩护的可能。他既不可能阅卷①,也不可能与法官交换意见;除了知悉指控罪名和鉴定意见之外②,对于其他指控证据可能一无所知。唯一的例外可能是,对于其本人在侦查阶段所作的供述,被告人如果还有记忆,可以适当进行准备。不过鉴于绝大多数被告人庭前庭中都会认罪,供述笔录似乎并无多少空间可供质证。

再看庭审阶段。对于没有辩护律师的被告人而言,此时得以第一次面对法官,同时也获得了解指控证据具体内容的机会。不过被告人能否真正

---

① 我国《刑事诉讼法》没有明确否定被告人本人的阅卷权,但是实践中几乎不可能实现。其实在欧陆各国,即便是对被告人权利限制最为严厉的国家,也都授予被告人不受限制地获悉侦查案卷的权利。See M. Damaska, Evidentiary Barriers to Conviction and Two Models of Criminal Procedure: A Comparative Study, 121 U. Pa. L. Rev. 506 (1973).

② 根据1996年《刑事诉讼法》第121条(2012年《刑事诉讼法》第146条,“鉴定结论”改为“鉴定意见”)的规定,侦查机关应当将用作证据的鉴定结论告知犯罪嫌疑人、被害人。《公安机关办理刑事案件程序规定》及《人民检察院刑事诉讼规则》进一步规定,侦查机关只告知鉴定结果,而不必告知其他内容。不过面对专业性、技术性的鉴定结论,犯罪嫌疑人/被告人普遍难以提出有效质疑。比如笔者与某侦查人员私下聊天时获悉一个极端案例:C县公安局刑警大队抓获某盗窃嫌疑人,赃物包括一部手机、一台DVD播放器和数张DVD碟片,初步鉴定结论为价值900多元,够不上盗窃罪的追诉标准。侦查人员“顺手”塞进几张DVD碟片,于是最终结论就超过1000元,刚好可以报请批捕、起诉。最终被告人也确实因此定罪。

知悉指控证据,还取决于公诉人是否详细陈述证据内容。但是正如前文表3-3所示,B院普通程序案件中,一旦被告人当庭认罪,公诉人普遍采用总结概括方式举证,仅仅列举证据目录,一般不会具体宣读证据内容。法官讯问平均只有2.8次,法庭辩论甚至不到1次。整个庭审持续时间只有区区26分钟,除了勉强“走”完法定程序外,既不能保证公诉人详细展示指控证据,也不能保证控辩双方充分进行辩论。被告人基本是在一种“云里雾里”的感觉中迅速度过庭审程序。

其实即便被告人拒绝认罪,公诉人也很少全文宣读指控证据,而往往是选取关键部分摘要宣读;不过所谓关键部分,基本就是对指控有利的部分而已。个别争议较大的案件中,法官会要求公诉人将侦查笔录的问答部分逐字宣读,但是对于笔录首部记载的程序信息,比如讯问起止时间、讯问人员、见证人等,却一般不需要宣读。因此被告人顶多只能就证据内容提出质疑,很难就侦查机关的取证程序进行质证。

最后来看庭后程序。B院简易程序案件中,法官一般选择当庭宣判,因为庭前就已经作出判断甚至完成审批,故而讨论庭后程序已经没有意义。普通程序案件中,法官庭前不能接触全部案卷,往往需要在开庭后延期宣判,以便通过仔细阅卷强化心证并制作判决。实践中经验丰富的辩护律师往往在此一阶段及时阅卷[①],并尽量同法官交换意见,以期有效影响法官心证。但是对自行辩护的在押被告人而言,除了被动等待最终判决外,似乎并不能够采取任何措施。

综上所述,尽管刑事诉讼制度和理论上均认可被告人的主体地位,而且立法上也明确赋予被告人获悉指控证据并自行辩护的权利,但在“阅卷/核实”模式实践中,如果缺乏职业律师的协助,被告人一则不能充分了解指控证据,二则缺乏足够空间和能力自行辩护,从而难以有效参与诉讼并塑造法官心证。多数案件中,控辩双方并不能真正实现“平等武装”,被告人并不能

---

① 根据1996年《刑事诉讼法》,辩护律师同法官一样,庭前阶段也只能接触到主要证据复印件。不过修改后的《律师法》第34条规定:“受委托的律师自案件审查起诉之日起,有权查阅、摘抄和复制与案件有关的诉讼文书及案卷材料。受委托的律师自案件被人民法院受理之日起,有权查阅、摘抄和复制与案件有关的所有材料。”2012年《刑事诉讼法》一是顺应《律师法》的修改,赋予辩护律师在审查起诉阶段的阅卷权(第38条),二是要求检察机关起诉时全卷移送,辩护律师自然可以阅全卷。

成其为诉讼主体,更大程度上只是诉讼案卷中的一个毫无生气的名字,一个国家惩罚流水线上的客体或对象而已。

第四节 背景分析:“阅卷/核实”模式的生成机制

1996年《刑事诉讼法》修改之时,全国人大显然已经认识到,1979年旧法规定的庭前审查过于实质化,虽然确能起到公诉审查功能,但也不可避免导致法官预断,进而使得庭审功能虚置。[①] 因此立法修改任务之一,就是取消全卷移送制度,规定公诉机关在庭前只移送主要证据复印件、证据目录和证人名单。其目的在于确立“侦查阻断”制度,希望限制法官庭前阅卷,避免法官因先入为主而影响庭审效果。[②] 不过就上文考察看来,至少在B院,这一目标似乎并未实现。高度书面化的“阅卷/核实”审判方式仍然比较普遍,庭审过程仍有“过场化”之危险。司法实践似乎远远背离立法者之预期。甚至正是因此,2012年《刑事诉讼法》修改又回到全卷移送的老路。其中原因何在?以下试作分析。

3.4.1 简化庭审:审判方式改革的结果

根据前文的实证考察,“阅卷/核实”模式的典型例证表现为刑事简易程序和普通程序简化审。因为控辩双方对主要事实和指控罪名没有争议,检察机关又实施全卷移送,故而法官可在庭前全面阅卷,形成判决结论后再开庭核实。相比之下,其他案件虽说同样高度依赖阅卷,但往往是先通过开庭形成初步判断,再进行阅卷仔细论证,勉强算是“阅卷/核实”模式的变种。

不过仔细核对1996年《刑事诉讼法》相关条文,不论是公诉机关全卷移送,还是法官庭前阅卷,都缺乏明确的法律支持。甚至根据第150条的规定,不论是否适用简易程序,提起公诉时似乎只能移送主要证据复印件;但是一旦公诉人不出庭,如何举证、如何判断就成为一个问题。于是在两年之

---

① 龙宗智:《刑事诉讼庭前审查程序研究》,载《法学研究》1999年第3期。

② 参见毛立新:《侦查阻断机制初探》,载《政法学刊》2006年第1期;郭松:《庭前公诉案卷移送制度改革新论》,载《福建公安高等专科学校学报》2007年第4期。

后，中央“政法部门”[①]六机关共同发布《关于刑事诉讼实施中若干问题的规定》，明确在简易程序案件中实行全卷移送。2003 年，最高人民法院、最高人民检察院和司法部再次推出两个司法解释，分别规范简易程序和普通程序简化审，重点之一便是认可庭前全卷移送制度，即除开少数重大案件外[②]，只要被告人认罪案件均可实行全卷移送，无论实际适用简易程序还是普通程序。严格说来，由于被告人认罪率普遍较高，重大案件所占比例一般又较低，导致多数案件都符合全卷移送的条件。与此同时，司法解释还似乎“意犹未尽”地规定：“对于决定适用本意见（指普通程序简化审）审理的案件，人民法院在开庭前可以阅卷。”由此看来，司法实务机关似乎在一步一步背离 1996 年《刑事诉讼法》修改的初衷，逐步回归 1979 年旧法体制下的阅卷式审判。到了 2012 年《刑事诉讼法》再修改时，干脆全盘否定移送主要证据复印件的做法，彻底回归全卷移送的老路。

个中原因不难理解。正如前文 3.3.1 所述，“阅卷/核实”模式首先能给承办人带来极大方便，并能最大限度减少占用非承办法官的精力，从而保证法院作为一个整体实现最高审判效率。其实自从上世纪 90 年代初以来，各基层法院尤其是城区法院的案件负担逐年增大，法官办案数量过多，案件积压严重，提高效率因而成为审判方式改革的首要目标之一。比如在三个样本法院之中，B 院地处发达城市中心城区，辖区内流动人口犯罪率较高，导致该院刑庭人均办案数量多年接近 100 件，2005 年某法官承办 128 件。[③]相比之下，A 院和 C 院人均办案数就少很多，基本只有 B 院的二分之一（表

---

① 使用“政法部门”一词概指包括法院在内的涉法机关，曾经遭受诸多学者的反思甚至揶揄。不过也正是根据该名称，我们才更有可能望文生义地感触我国司法与政治的特殊关联。相关著述可参见左卫民、何永军：《政法理性与司法传统——以最高法院信访制度为中心的研究》，载《四川大学学报（哲学社会科学版）》2005 年第 1 期；苏力：《从政法的角度切入——读冯象的〈政法笔记〉》，载《文汇读书周报》，2004 年 3 月 5 日；谌洪果：《槛内槛外的叙说——冯象〈政法笔记〉读后》，载《法律书评》第 3 辑，法律出版社 2005 年 5 月。

② “重大案件”其实一定程度上也是一种误读。根据关于普通程序简化审的司法解释，死刑、无罪、影响重大案件等当属其列，不过外国人犯罪（诸多地方也将港澳台公民犯罪纳入）不论大小，一概不得适用简易程序或简化审。其实类似“非国民待遇”在管辖、执行等各方面也广泛存在。立法者莫非是在暗指简易程序或简化审不够公正、不够谨慎？有关论述亦可参见张贵峰：《惩治商业贿赂不能搞外企（宾）优待》，载《广州日报》2007 年 5 月 29 日。一个有意思的变化是，2012 年《刑事诉讼法》修改将“外国人犯罪案件”从中级人民法院管辖的一审刑事案件中去除。

③ 参见 B 院刑庭：《2005 年度刑庭审判人员结案表》。

3-11)。这就不难理解为什么 A 院可以采用庭审耗时较长的“对抗/判定”模式,而 B 院只能采用更加灵活且高效的“阅卷/核实”模式。

表 3-11　三个样本法院 2002—2005 年度刑庭人均办案统计表

年度	A 院	B 院	C 院
2005	91.3	44.0	48.7
2004	81.7	50.0	51.3
2003	92.0	51.0	66.3
2002	113.7	40.7	57.4

注:1. 根据各院司法统计数据计算。B 院和 C 院均计算 7 名法官,A 院计算 3 名法官。

2. 人均办案数只计算法官作为承办人的数量,不计算参加合议庭的情形。

不过问题在于,不论是简易程序还是普通程序简化审改革,基本都只能在庭审阶段做文章。法庭调查被一再压缩,不仅证人无需出庭作证,就连书面证言都无需当庭宣读;公诉人只是象征性地列举证据目录,举证程序即告结束。被告人无需进行事实陈述,公诉人和法官也尽量减少讯问。法庭辩论仅限量刑意见,若无实质意见则草草结束。如此所谓庭审,除了核实被告人是否认罪之外,再无任何事实调查功能;不过仅就效率观之,似乎确实值得肯定。其实正如诸多论者所言,我国的刑事庭审已经到了“简无可减”的程度。① 但是问题在于,庭审的压缩必然导致控辩对抗无处立足,直接审理和言词审理原则也因此阙如。法官难以依赖庭审形成心证,必然回归“以阅代审”的传统做法。

进一步考察发现,检察官其实也是“阅卷/核实”模式的支持力量。就笔者调查的三个样本来看,检察院公诉科与法院刑庭的人员配置基本相等,因而案件负担也差不多。② 一旦面临案件积压,检察官也希望速战速决,不愿意为被告人认罪案件花费太多时间。何况还存在一种更为现实的考量:庭审越是仓促,指控证据越少暴露,被告人发言机会必然越少,法官也就越发

---

① 参见左卫民等:《简易刑事程序研究》,法律出版社 2005 年版,第 261 页;王俊民、仲正康:《刑事诉讼普通程序简化审定位》,载《法学》2003 年第 3 期。

② 从办案范围来看,检察院公诉科比法院刑庭要多一些不起诉案件,而后者比前者多一项自诉案件。由于各地不起诉案件一般很少甚至几乎没有,自诉案件也不算多,故两个部门的人均办案数基本持平。

依赖侦查卷宗,检察官的指控成功率无疑也就越高。因此无论就效率还是质量而言,检察官总是希望甚至推动法官“以阅代审”。

3.4.2 书面审理:官僚体制的内在要求

前文提及,书面审理的一大优势,就是可以获致刑事判决的形式“合法律性”,从而减少上诉法院改判的可能性,提高一审法官绩效考核评分。这也提示我们另外一个思考方向:“阅卷/核实”模式在我国基层法院的发展,可能不仅出于诉讼效率和裁判质量的考量,更有其深厚的组织背景和政治因素。其中最为关键的一点,当在于法院组织的科层化以及法官职位的官僚化。我国基层刑事审判中的书面化现象,尤其是印证证明模式,其实既是一种“技术化官僚”赖以生存的手段,也是科层结构中控制与反控制相互交锋的表现。

韦伯将官僚组织的特征归纳为四点:权力和工作按照固定规则进行分工;存在职务等级或审级分化;以文书(案卷)及常设官员和文书班子为基础;官员根据一般性、可详细说明且可学习的规则来行使职务。① 以此为标准,我国法院组织可谓基本满足。比如上下级法院之间虽然在法律上并无隶属关系,但实际上却存在强烈的行政化色彩。② 案件请示制度、重大案件上报制度、目标考核制度、人事选拔制度等上下联接机制广泛存在,现实地将上级法院塑造为基层法院的“领导”。

组织社会学理论认为,现代官僚制的重要特征是运用文字记录工作事务,通过存档的信息来控制专业化的官员。③ 因为官僚组织的产出不是靠市场来权衡④,对下级官僚的监控和评价就需要依赖相对客观的绩效考核标准。具体到法院组织中,评价一审法官审判质量的最理想方式无疑是检验其判决结论的可重复性。即由上诉法官审查相同的证据,比较一审结论与二审结论的差异。正是因此改发率成为我国基层法官最为关注的指标。

一个问题在于:刑事庭审从根本上不可能准确再现。被告人或证人的

---

① 〔德〕韦伯:《经济与社会》(下),林荣远译,商务印书馆 1997 年版,第 278—281 页。

② 参见贺卫方:《中国司法管理制度的两个问题》,载《中国社会科学》1997 年第 6 期。

③ 参见〔英〕毕瑟姆:《官僚制》(第 2 版),韩志明、张毅译,吉林人民出版社 2005 年版,第 4 页。

④ 〔美〕唐斯:《官僚制内幕》,郭小聪等译,中国人民大学出版社 2006 年版,第 28 页。

言行、表情、神色等对于法官判断较为重要的因素,都很难借助现有技术进行完整复制。如此一来,如果一审法官主要根据庭审信息形成心证,一旦被告人上诉,由于庭审不可再现,二审法官很可能得出不同结论。反之,如果一审法官严格依据侦查卷宗进行裁判,即便被告人上诉,因为基础证据没有变动,二审法官也不大可能作出不同判决。由此可见,“依卷定案”不仅是上级法院评价下级法官的标准,同时也是后者应付前者的手段。只要这种依赖一审判决的可重复性和可检验性特征进行绩效考核的机制继续存在,一审法官就不大可能放弃书面审理。

其实不仅如此,书面审理的形式合法性还能提升法院及法官的公信力,尽管书面审理本身的秘密性又反过来侵蚀其公信力。因为判决结论的可重复性和可检验性,以及相对严格的证据规则,使得司法判决呈现一种“对事不对人”、“公事公办”的色彩,至少在形式上体现出“法律面前人人平等”,以及“原则上拒绝按具体个案一个一个解决问题”的程序合法性。① 如果当事人或社会公众对法院判决产生质疑,法官至少可以依赖“板上钉钉”的书面材料,一定程度上为其判决作出“合法律性”的辩护。

3.4.3 历史遗产:传统制度的长远影响

制度经济学认为,所谓制度无非是“以往世代所获得的‘知识仓库’”②,因而必然存在强烈的历史延续性。制度演化的一般轨迹是:卓有成效的个体经验通过相互交往不断“殖民”,从而被更多人所认可,并逐渐内化为普遍的行为规则,直至最终被明确为正式制度。需要说明的是,即便一项规则从未被人为地明确化或规范化,但同样可能成其为协调人类活动的制度。司法诉讼中广泛存在的习惯、惯例即是如此。因此孟德斯鸠在《论法的精神》里指出:“虽然贤明者可以自己制定法律,但是他们却拥有一些他们从未制定过的法律。”③

自清末以降,我国刑事诉讼制度就走上将近一个世纪的“西学”道路。

① 〔德〕韦伯:《经济与社会》(下),林荣远译,商务印书馆 1997 年版,第 305 页。

② 〔德〕柯武刚、史漫飞:《制度经济学:社会秩序与公共政策》,韩朝华译,商务印书馆 2003 年版,第 113 页。

③ 〔法〕孟德斯鸠:《论法的精神》,张雁深译,商务印书馆 1987 年版。

最初学习德日，进而学习苏联，1996 年以来则偏向英美对抗制。与此同时，上千年的本土传统和共产党苏区、边区政权的特殊司法历史，也或多或少在当前我国刑事诉讼制度中留下印记。其中最为明显的标志之一，就是依赖侦查案卷的书面审理方式。

依赖案卷进行审判其实是大陆法系的传统。首先来看作为近代诉讼制度蓝本的民事诉讼。根据梅利曼的考察，在中世纪的欧洲大陆，民事司法程序刻意阻断法官和当事人及证人的直接接触，以免法官受到利害关系人的不当影响。证据一概由书记官收取，审判法官仅仅依赖书记官制作的笔录作出判断。法律史上称之为“公文之幕”（Documentary Curtain）。一直到二十世纪中后期之前，欧陆各国都不存在真正意义上的“审判”，没有各方到庭、一次判案的审判活动。典型的民事诉讼程序完全是由当事人和法官之间的一系列单独会晤和书面交往构成的，在这种程序中出示证据、出具证词、提出程序上的请求和作出判决等等。以司法改革前的意大利民事诉讼为例，整体分为三个阶段：一是预备阶段，即提交诉状并指定审理法官；二是取证阶段，即由法官取证并准备一份简易笔录；三是判决阶段，即由判案法官查看调查笔录，阅读当事人的“诉讼摘要”并听取当庭辩论，最后作出判决。纵观该三个阶段，其实看不到“审判”这个词。①

再来考察欧陆刑事诉讼。经历中世纪宗教法庭的黑暗之后，欧陆在十三、十四世纪逐渐形成纠问式刑事诉讼，不过仍然保留少许教会法色彩，比如调查证人一般由验尸官或调查官秘密进行，所获证据载入笔录，进而成为法官判决的主要依据。② 法国 1539 年敕令规定，刑事程序分为调查和判决两大部分。调查程序由检察官和“刑事法官”联合进行，目的在于收集证据并载入笔录。证据准备就绪之后，即移送合议庭进行书面审理，不过合议庭需要讯问被告人以便加以核实。③ 类似做法一直沿用至当前法国轻罪案件中，只不过庭前调查程序更加具有对抗性、公开性而已。但正如诸多观察者所言，法国轻罪案件的开庭审理无非是对阅卷结论进行公开核实；法官并非

---

① 参见〔美〕梅利曼：《大陆法系》（第 2 版），顾培东、禄正平译，法律出版社 2004 年版，第 118—121 页。

② 参见汪海燕：《刑事诉讼模式的演进》，中国人民公安大学出版社 2004 年版，第 80 页。

③ 同上书，第 91—92 页。

根据庭审过程形成心证,而是依赖卷中记载的有罪证据定罪量刑。[①] 德国甚至实行更为彻底的书面审理,其中以完全省略开庭阶段的处罚令程序最为突出。比如仅在 1998 年度,德国法院共计通过处罚令程序处理案件 659368 件,超过开庭审理的 538827 件,占到全部刑事案件的 55%。[②] 日本深受德国制度的影响,早在 1913 年便模仿德国处罚令程序颁布《刑事略式程序法》,规定区法院可以直接以略式命令对被告人科以罚金或罚款,不必进行正式审判。[③]

再来考察我国司法的传统。基于“两造具备,师听五辞”的原则,古代中国刑事审判普遍注重庭审程序。兼之“无供不录案”的证据要求,对被告人的讯问乃至刑讯成为庭审的重心。不过即便如此,鉴于证人主要通过书面方式提供证言,而且被告人之自白也必须成文画押[④],使得审判官员依然花费相当精力阅读文书材料。滋贺秀三经考据发现,我国古代州县官员审理案件时,“一个案件所必需的劳力,阅读文书占七分,而听讼只占三分而已”。[⑤] 直到北洋政府时期,经过清末修律和民初政权建设,现代警察体制颇具雏形,侦审分离的诉讼制度逐渐成型。虽说法官仍然保有强大的调查权限甚至调查义务,但实践中少有法官自行调查。特别是在简易案件中[⑥],审判往往流于形式,实际掌握案件决定权者其实是检察机关。[⑦] 北洋政府干脆于 1920 年颁布《处刑命令暂行条例》,模仿德国处罚令程序和日本略式程序,设立完全书面化的处罚命令程序。此后的国民政府也有类似规定,并一直沿用至今天的台湾地区。不过有意思的是,可能因为法官在重罪案件中

① See B. Mckillop, Readings and Headings in French Criminal Justice: Five Cases in the Tribunal Correctionnel, 46 Am. J. Comp. L. 757(1998)

② 〔德〕魏根特:《德国刑事诉讼程序》,岳礼玲、温晓洁译,中国政法大学出版社 2004 年版,第 209 页。

③ 〔日〕田宫裕:《刑事程序的简易化》,载西原春夫主编:《日本刑事法的形成与特点——日本法学家论日本刑事法》,李海东译,法律出版社/日本成文堂 1997 年版,第 413 页。

④ 比如清朝要求证人证言形成书面“供状”,而犯人的招供则须形成“招草”。参见那思陆:《清代州县衙门审判制度》,中国政法大学出版社 2006 年版,第 58—60 页。

⑤ 〔日〕滋贺秀三等:《明清时期的民事审判与民间契约》,王亚新、梁治平编,法律出版社 1998 年版,第 400 页。

⑥ 根据梁启超的建议,袁世凯政府于 1914 年颁布《地方审判厅刑事简易庭暂行规则》和《审检厅处理简易案件暂行规则》,规定可对事实清楚、证据明确,应判四等以下有期徒刑、拘役或罚金的案件适用简易程序,由一名推事审理,自收案至判决不得超过二日。

⑦ 李启成:《民初覆判问题考察》,载《清华法学》第 5 辑,清华大学出版社 2004 年版。

也倾向于依赖警察的书面调查结论进行审判,怠于直接调查,北洋政府大理院曾多次通过判例强调直接言词审理。比如民初某杀人案件判决载明:“审判衙门审理案件,应直接调查证据,不得辄以侦查笔录以定案”;同年另一案件也载明:“司法警察官之报告,既非审判衙门直接调查,不能为审判基础”。[①]

中国共产党建立工农民主政权后,于1932年颁布《中华苏维埃共和国裁判部暂行组织及裁判条例》,确立审检合署办公的临时体制。检察员承担预审职责,“无论问被告人和见证人,必须写成预审记录,由被审问者(被告人和见证人)及检察员签字盖章,作为该案的证据”[②];如果检察员认为确有犯罪事实和证据,则将记录转交法庭审判。鉴于苏区的战时体制和“肃反”等特殊背景,刑事审判很大程度上沦为核实预审案卷的书面审理。直到陕北边区政府时期,因为马锡五审判方式的兴起,“坐堂问案”被视为脱离实际的“本本主义”,成为“不利于人民”或“与人民隔离”的“主观臆断、故弄玄虚、繁琐不堪”[③],从而遭到广泛批判和抛弃。但是对“群众路线”的主张又不免有矫枉过正之嫌,因为即便是刑事案件甚至杀人案件,田间地头的实地调查和深入调解都成为首选。[④]

新中国成立后于1979年颁布第一部《刑事诉讼法》,其中第108、109条规定法院应当对公诉案件进行庭前审查,只有“审查后认定犯罪事实清楚、证据确实充分的”,才应当决定开庭审判;否则可以退回人民检察院补充侦查或者自行实施调查。由于庭前审查机制实体化,使得法官容易先入为主,“庭前审查代替庭审,使庭审走过场,并使法官中立客观性受到损害”。[⑤]

1996年《刑事诉讼法》修改的一大要点就是取消庭前实质审查,取而代

---

① 前者为【杀人】三年十月上三五六号,后者为【杀人】三年十二月上五二四号。转引自李春雷:《中国近代刑事诉讼制度变革研究(1895—1928)》,北京大学出版社2004年版,第181页。

② 张培田、张华:《近现代中国审判监察制度的演变》,中国政法大学出版社2004年版,第286—287页。

③ 谢觉哉:《在司法训练班的讲话(摘要)》,载王定国等编:《谢觉哉论民主与法制》,法律出版社1996年版,第157页。

④ 比如陕北庆阳县1945年14间命案当中,只有3件最终经由法庭裁判,其余均通过调解处理。参见强世功:《权力的组织网络与法律的治理化——马锡五审判方式与中国法律的新传统》,载《北大法律评论》2000年第3卷第2辑。

⑤ 龙宗智:《刑事诉讼庭前审查程序研究》,载《法学研究》1999年第3期。

之的是基于主要证据复印件的折中式程序审查,一方面避免法官形成确定的心证,另一方面又保证法官能够有所准备。但是立法修改远比实践转型要来得容易。因为长期以来的历史传统,司法官员普遍形成对案卷的习惯性依赖,不可能轻易发生改变。尤其是对1979年旧法时期成长起来的法官而言,最为基础的司法经验可能就深深扎根于书面审判模式之中,加之年龄和心态等原因,要及时转向庭审中心主义显然更为困难。不仅如此,其实在相当程度上,整个司法体系和诉讼规则都高度依赖于书面审理模式,比如上下级之间的监控机制和院/庭长的批案机制等,都与庭审中心主义有所冲突。书面审理已经不仅是我国刑事司法的表象,而是早就渗透到整个系统的各个方面。1996年《刑事诉讼法》的修改无非都是在庭前审查和庭审程序方面稍有改动,但是并未从根本上动摇书面审理存在的基础。因此从这个意义出发,我们正在经历制度变迁中“路径依赖”的折磨,要么是庭审中心主义继续得到强化,并最终通过对配套规则和多数法官的“殖民”而将书面审理取而代之;要么继续受制于书面审理的深厚历史积淀,最终不得已回归书面审理的老路。从笔者的调查看来,这两种趋势似乎在同时发生,比如A院基本实现的“对抗/判定”模式就已明显超越历史习惯的束缚;反之B院广泛适用的“阅卷/核实”模式却显然在走书面审理的回头路。而2012年《刑事诉讼法》的再次修改,一方面废弃颇似“鸡肋”的主要证据复印件主义,彻底回归1979年确立的全卷移送制度,另一方面又通过证人出庭等制度强化庭审功能,一进一退之间,可能将在司法实践中导致更多的混乱和无所适从。

历史总是在规定当下选择的同时,又准备着被当下的行为所突破。制度变迁既是对传统的继承,又是对传统的反叛。囿于长期的书面审理传统,我国刑事司法难以全面践行1996年和2012年两次修法时确立的强化庭审功能的目标,其实也在情理之中。不过像B院这样绝大部分案件都依赖书面审理的现象,至少应该让我们更加反思一个更为基本的问题:庭审中心主义是否真是我国刑事审判改革的应然目标?书面审理是否属于我国刑事司法难以逾越的前提?阅卷式审判是否应当在未来改革中占有一席之地?对于这些问题,笔者在后文将试作回答。

第四章　“初断/审批”模式:司法行政化

第一节　“初断/审批”模式的理论模型

“初断/审批”模式是指案件先由承办人具体审理,作出初步判断后向案件决策者口头或书面汇报,由后者进行审批或集体讨论作出最终裁决。承办人的初步审理既可采用“对抗/判定”模式,直接根据庭审信息形成内心确信,也可采用“阅卷/核实”模式,主要依赖庭前或庭后阅卷作出判断。承办人的意见不具有终局意义,必须遵从案件决策者的审批结论。

最终案件决策者包括两类:一是领导个人如庭长①、分管院长;二是集体如庭务会、审判委员会。院/庭长的决策方式比较随意,先是听取承办人口头汇报案情,然后表态批准或直接改判,必要时也会阅读侦查卷宗,或是与承办人甚至合议庭协商。庭务会、审委会采用集体讨论、民主投票机制,程序相对比较规范,先是承办人介绍案情,然后轮流发表意见,最后投票表决确定案件。

“初断/审批”模式将司法诉讼与行政监察合二为

---

①　基层法院刑庭规模普遍不大,一般只有数名法官,上十人者极其罕见。因此只有庭长职务真正具有领导色彩,一方面其本人较少承办案件,另一方面又承担一些审批职能和行政管理职能。虽说多数法院都设置有副庭长职位,但目的更多在于解决资深法官或骨干法官的行政职级问题,案件审批职能和行政管理职能普遍不强。访谈笔录:A-1-2,B-1-3 等。

一。决策者对承办人初步意见的复核,既是作为裁判者参与判决制作的过程,也是作为监督者防止承办人个人专断的过程。承办人也因此兼具裁判者和“当事人”①两种身份:在开庭审理时,承办人作为裁判者负责初审;在审批程序中,承办人向决策者阐明自己的主张,争取获得决策者的认同。

由于司法诉讼和行政审批的错综结合,最终判决的形成过程亦凸显其复杂性:如果案件比较简单,事实及法律均没有争议,承办人意见一般能够得到决策者的尊重,庭审或阅卷因此也就具备直接塑造最终判决的功能。如果案件比较复杂,最终判决一则受制于承办人的汇报情况,二则取决于领导的个人意见或集体讨论时的多数意见,庭审或阅卷因此只能间接塑造判决结论。

根据《人民法院组织法》和《刑事诉讼法》,审判委员会属于审判组织之一,依法具有审判权。不过由于审委会成员既不参加开庭审理,也不直接阅读案卷,因而实际上只能算是判决机构而非审理机构。庭务会本身缺乏法律根据,在不少法院均只有行政管理功能,不能介入个案审判,不过也有诸多法院将其纳入案件讨论甚至案件决策体系,因而俨然成为一个“小审委会”。②

从决策方式上看,审委会、庭务会的集体讨论机制与院长、庭长的个人审批确有明显差异。不过从本质上说,两者都是对承办人意见的审查和回应,而非另行实施单独的审判。因为不管是个人审批还是集体票决,一般都是围绕承办人意见进行,要么完全同意并批准下判,要么提出异议并直接改判。即便偶有事实不清之处,决策者也很少径行调查,而是要求承办人或合议庭复庭后再次汇报。因此笔者认为,虽说审委会和庭务会表面看来既可

① 此处所谓当事人,并非指承办人如被告人或被害人那样,对诉讼结果具有法律上利害关系;而是借用当事人的程序意义,指承办人像当事人一样,须尽力向决策者提供意见,意图说服决策者认同自己主张。

② “小审委会”并非规范的法律概念,只是实务界约定俗成的通俗说法而已。根据笔者检索,目前大概在以下几种意义上使用“小审委会”一词:一是指业务庭内部案件讨论会议,参会人员可以是全庭法官,也可以是庭长、审判长再加合议庭成员。参见上海第二中级人民法院:《民事二审改革回顾》, http://www.shezfy.com/ljfy/gzdt_view.aspx? id=1588,2008 年 6 月 15 日访问。二是指审委会之外另由优秀法官组成的案件咨询小组,参见薛永松、黄芳:《巩义法院“小审委会”发生作用》,载《今日安报》2007 年 5 月 17 日第 9 版。三是将原审委会按照专业分为民事、刑事等分委会,并尽量做到旁听案件。参见赵蕾:《最高法院力推审委会改革 欲结束“垂帘断案”》,载《南方周末》2007 年 11 月 15 日。

审又可判,但实际上和多数院/庭长一样,只管判决不管审理,只管定罪量刑不管事实证据,因此准确地说,其职能主要在于审批而非审理案件。正是基于该判断,笔者使用"初断/审批"概念统称经过领导审批或集体票决的案件。

4.1.1 本质特征:行政审批决定判决

与"对抗/判定"和"阅卷/核实"模式不同的是,"初断/审批"模式并不直接通过庭审或阅卷形成判决。决策者一则不参与开庭审理,二则不亲自阅读卷宗,但却可以直接指令承办人作出判决。诚然,决策者需要依赖承办人的事实判断,但对定罪量刑问题却有完全决策权。因此从根本上说,"初断/审批"模式的判决源于案件决策者的行政审批。

但是这并不否认庭审或阅卷程序对法官心证的塑造作用。鉴于承办人的事实判断和汇报方式直接影响到决策者的最终判断,而承办人又必须通过庭审或阅卷形成心证,因此决策者仍然间接地受到庭审或案卷的影响。只不过因为需要借助承办人进行信息传递,且此中又难免加工或变形,故而这种影响多半是有过滤的、而且可能是扭曲的。但不管如何,决策者的行政审批不可能完全替代司法程序,也不足以直接"生产"判决,毋宁说只是"决定"判决而已。因为决策者不能借助审批程序直接审理案件,绝大多数情况下,案件的事实调查和法律论证还得由承办人完成,决策者无非是最后敲定判决结论而已。案件报批以前的整个阶段还是需要按照诉讼逻辑一一展开,承办人此时还算名副其实的法官,主要依据法定程序或司法习惯形成心证。但是在诉讼最后阶段,行政审批取代承办人的司法判断介入审判程序,并强制承办人根据审批结果作出判决。因此从这个意义出发,"初断/审批"式诉讼是司法程序和行政程序的混合体:前者承担案件审理,后者承担案件判决。这也是"初断/审批"模式和"对抗/判定"及"阅卷/核实"模式的关键区别之一,因为后两者所依赖的庭审或阅卷程序不仅能够决定最终结论,还可直接通过塑造法官心证而生产判决。

"初断/审批"式审判并不遵循经典意义上的诉讼三角结构,而是在控/辩/审三方主体之上再附加一级审批机构。承办人与决策者之间存在严格的等级关系,承办人虽说可以最大限度根据一己之见选择性地汇报案情,但却必须接受决策者的最终判断。判决过程由此呈现自上而下的命令/服从结构,缺乏“对抗/判定”模式的参与性、交涉性和被动性特征。因而从根本上说,“初断/审批”模式的最终裁判过程属于单向性的行政审批活动,而非三方参与的司法裁判活动。虽说决策者实施审批之前存在必要的调查活动,但总体表现出强烈的随意性、单方性、主动性和处理性等行政程序特征,与严格遵循程序法定、两造对抗、法官中立等原则的司法裁判程序截然不同。[①]

4.1.2 形式特征:会议式裁判[②]

首先需要承认,不管“初断/审批”模式如何行政化,庭审和阅卷都不可避免,因此至少从形式上看,听证式审判和默读式审判都会出现在“初断/审批”模式之中。但是“初断/审批”模式的最大特色,就是在开庭和阅卷之外新增一个会议式审批程序,具体又包括两类:一是两人之间的“小会”,即院/庭长和承办人之间的口头交流;二是多人参加的“大会”,指庭务会或审委会的集体讨论。最终判决正是经由此类会议而产生,之前的听证式庭审或默读式阅卷均只是铺垫或准备。

4.1.2.1 审/判分离

其要义有二:一是审者不决,即由承办人具体承担事实审理和法律论证,并作出定罪量刑的初步结论,但最终判决需要由承担审批职能的院/庭长或庭务会、审委会作出。二是判者不审,即决策者虽然拥有最终判决权,但一般不会参与案件事实审理,只是听取承办人的口头汇报,或是阅读书面审理报告,再通过必要的讨论及表决作出结论。

对于“对抗/判定”和“阅卷/核实”模式而言,尽管具体审理方式有所差异,但是审理职能和判决职能都是由同一主体承担,要么是承办人个人,要

---

① 关于司法权的性质和特征,以及与行政权的区别,可参见陈瑞华:《司法权的性质——以刑事司法为范例的分析》,载《法学研究》2000 年第 5 期;孙万胜:《司法权的法理之维》,法律出版社 2002 年版,第一章;徐显明:《司法权的性质——由〈法院工作规律研究〉谈起》,载《人民法院报》2003 年 6 月 23 日;莫于川:《行政职权的行政法解析与建构》,载《重庆社会科学》2004 年第 1 期。

② 此处借用最高人民法院《人民法院第二个五年改革纲要(2004—2008)》第 23 条的表述。该条是对审委会制度的改革计划,其中明确提出“改革审判委员会审理案件的程序和方式,将审判委员会的活动由会议制改为审理制”。

么是合议庭。审理者通过庭审或阅卷获取必要的信息之后，即可直接作出判决。[①] 但是在“初断/审批”模式之下，作为审理者的承办人只有初步判断权和建议权，虽说并非完全是“审而不判”，但却肯定属于“判而不决”。

再看承担案件审批职能的决策者，其实也不是完全拒绝调查，只不过其调查方式比较特别：既不听审也不阅卷，而是听取承办人口头汇报，或是阅读书面审理报告，顶多再向承办人追问一些细节问题。整个调查过程缺乏严格的程序限制，也不具备“兼听则明”的三方机制，而是由决策者和承办人单方接触。因此从本质上说，这属于行政调查而非司法审理，与承办人在报批之前的诉讼行为具有根本区别。正是基于该判断，笔者并不认为决策者完全是“判而不查”，但却毫无疑问属于“判而不审”。

综上，在笔者的上述定义里，所谓“审/判分离”并不意味着裁判行为与审理行为的绝对分离。承办人也要作出初步判断，只不过是“判而不决”；决策者也要进行粗略调查，只不过是“查而不审”。相比之下，多数论者对于“审/判分离”的观察和理解都有失绝对。[②]

4.1.2.2 双重调查

一是诉讼调查，即由承办人通过开庭或阅卷查明事实，进而组织证据链条，这属于比较典型的司法审理活动。二是会议调查，即由决策者在审批会议中向承办人询问案情，并将其作为最终判决的信息基础，其特征更加接近于行政调查。

在诉讼调查过程中，承办人既可采用“对抗/判定”方式，依赖控辩双方的口头举证和当庭论辩进行事实发现和法律评价，也可采取“阅卷/核实”方式，主要通过默读案卷形成心证，再借助开庭审理进行核实。基于此，尽管“初断/核实”模式最为关键的形式特征在于会议式裁判，我们仍能发现听证式审判和默读式审判的明显存在。

---

① 相对特殊的是B院承办简易程序案件的独任审判员，由于没有最终决策权，需要在通过阅卷作出结论后报请审判长审批。但是因为案件比较简单，审判长一般只是履行手续、签字发文而已，很少进行实质性审查，更不用说改变承办人意见。因此相比院/庭长批案制度和庭务会、审委会制度而言，B院审判长制度的行政色彩相对较弱。

② 一定程度上，“审者不判、判者不审”这一判断已经成为学界一个普遍的“陷阱”，诸多论者一旦谈及审委会制度、院/庭长批案制度等，便不假思索地认为审理与判决之间存在绝对分离。笔者认为这其实是对司法实践的误读，或者至少说是概念使用的不严谨。

再看决策者通过审批会议进行的调查,明显表现出以下特征:一是手段较为随意,并不像开庭程序那样受到严格约束。决策者既可以听取口头汇报,也可以阅读审理报告,还不妨直接询问承办人。[①] 二是缺乏对抗性和交涉性,作为信息来源的被调查者只有承办人一人[②],所获信息缺乏必要的参照和对比,因而可能被承办人有意无意之间加工或扭曲。三是整体比较粗略,难以全面把握案情和证据。决策者一般不会仔细核实案件事实的细节,也不会一一核对证据的可靠性和证明力,而往往是高度信赖承办人的事实结论,一旦粗略了解案情和证据之后,便根据经验评价承办人的处理意见是否恰当。

诉讼调查和会议调查通过承办人这一中介角色联系起来。承办人角色在此过程中经历急剧转变:在前是事实调查者和信息搜集者,在后是信息提供者和被调查者。在诉讼调查中,承办人心证由控辩双方的庭审对抗或阅卷活动塑造;而在会议调查中,承办人又基于个人心证塑造决策者对于案情的认知。经过这样一道中转程序,决策者的事实认知不得不受制于承办人的调查和汇报,承办人因此成为“初断/审批”模式下最为关键的角色,尽管他并不拥有最终决策权。

总体看来,“初断/审批”模式表现为“一明一暗”的双重调查过程。明者在前,即由承办人或合议庭通过开庭进行审理,控辩双方一定程度上可以参与塑造法官心证。暗者在后,即由决策者根据承办人的汇报粗略了解案情并确定最终判决。除此之外,如果承办人依赖阅卷进行调查,开庭审理必将高度萎缩,兼之审批程序的天然秘密性,那么整个诉讼程序的绝大部分都将处于“黑箱”状态,不仅导致对被告人参与性的抑制,也使得司法裁判脱离公众眼光的监督。

4.1.2.3 事实审与法律审分离

其要义有二:一是承办人对事实负责,二是决策者把关法律问题。前者要求承办人通过庭审或阅卷查明案情,并组织好足以支持其初步结论的证

---

① 参见王永臣:《二十年,我亲身见证司法改革》,张晓敏整理,载《人民法院报》2008 年 5 月 10 日。

② 据笔者观察,即便是合议庭审理的案件,汇报案情时也基本只有承办人在场,其他合议庭成员很少参与汇报。后文将有详细介绍。

据锁链。决策者原则上需要接受承办人的事实判断，即便发现不明之处，一般也不会自行调查，而是要求承办人重新开庭予以查实。后者意味着决策者确定罪名和刑罚，承办人意见仅供初步参考。

由于审批程序的行政化，特别是参与性和对抗性的阙如，导致所谓法律审其实并不具备司法程序的典型特征。严格说来，决策者只是审查承办人个人的法律判断，无须面对相互对立的控辩主张并作出非此即彼的选择。审批结果表现为对承办人意见的确认或改变，而非如司法程序那样就对立主张进行正负判断。因此从这个意义出发，所谓法律审其实是"审查"或"审核"，而非"审理"或"审判"。与此类似的是，承办人负责的事实审很可能也仅仅是对侦查结论的审核，而非对控辩双方的证据和法理的说服力进行判断。鉴于"审核"与"审判"的区分比较微妙，兼之实践中可能交错存在，出于概念使用的方便，笔者一概使用法律审和事实审两个概念，不再具体区分其司法性或行政性。

事实审和法律审不仅分属不同裁判主体，在时空上也相互隔离。前者经由庭审或阅卷完成，部分过程须公开于法庭之上；后者完成于审批程序当中，一般就在办公室或会议室进行，个别情况下还存在电话审批等特例。事实审的开庭部分容许被告人或辩护人的参与，因而给予被告人塑造法官心证的机会。法律审属于法院内部行政运作，不对被告人公开，因而缺乏必要的透明性和参与性。

不过需要说明的是，因为承办人也需作出法律判断，而且其判断往往对决策者有充分影响，相当部分案件中还能直接成为最终判决，所以被告人并未完全失去介入法律审的机会。他可以通过庭审辩论或书面意见争取承办人的认可，进而借助承办人的汇报影响决策者的意志。但是这种信息传递并不具备保真性，容易受到承办人个人的裁剪甚至扭曲。只有当被告人的主张引起承办人的共鸣时，其意见才能相对顺利地抵达决策者。

4.1.2.4 集体决策

其表现形式有二：一是双人磋商，指院/庭长听取承办人汇报后，半带命令半带探讨地同承办人进行磋商并确定判决。二是集体票决，指庭务会、审委会通过集体讨论之后，采取民主投票的方式决定判决结论。

双人磋商机制总体比较随意，一则容易受到院/庭长和承办人个人习惯的影响,二则因为案件复杂程度不同而呈现较大差异。如果案件比较简单,事实及法律均缺乏争议,院/庭长多半是象征性地进行审批,直接确认承办人意见了事。如果案件比较复杂,往往就需要院/庭长拿意见,而有的领导比较强势,习惯于个人独断并直接指令承办人;有的领导相对平易,习惯于和承办人进行磋商,引导承办人认同自己的意见。不过总体而言,因为承办人与院/庭长之间现实的上下级关系,多数情况下承办人都会附和领导意见。因此即便部分院/庭长习惯于和承办人相互磋商,实际上也只是半带探讨半带命令,很难实现真正平等的磋商。

相比之下,审委会的集体票决机制就规范许多。尽管最高人民法院从未颁布统一的地方法院审委会议事规则,但多数法院都参考最高人民法院审委会的做法①,对上会条件、会议准备、发言顺序、投票规则等加以规范,一是保证各与会人员能够相对充分地了解案情,二是避免出现院长“一言堂”现象。② 不过问题在于,因为相当一部分审委会成员并不具备刑事审判经验,从而容易受到刑事分管院长、刑庭庭长等具备专业优势的“内行”的影响。而且在实践中,承办人汇报完毕之后的第一个发言者,往往就是刑庭庭长或分管院长,这不免起到引领众议的“舵手”效果。③

庭务会是一个比较特别的机构。有的法院是刑庭全员参加(不含书记员),有的法院仅包括庭领导和审判长,有的法院还包括分管院长。在议事规则方面,多数庭务会参照审委会进行,即先由承办人汇报,然后其他与会者轮流发言,庭长(或分管院长)最后总结。不过因为彼此专业一致,不存在谁是“内行”的问题,故除承办人和庭长(或分管院长)的首尾发言顺序比较固定外,其他法官并无固定规则。

一个比较公认的判断是,我国法院的集体决策机制源于政治上的民主集中制原则。其目的在于“集思广益,从组织上保证达到判案正确、量刑适

---

① 参见最高人民法院[1993]第23号文:《审判委员会工作规则》。

② 关于地方法院审委会出现院长“一言堂”现象,可参见张泽涛:《法院不应推行首长负责制——有感于“法官枉法,院长辞职”》,载陈光中主编:《诉讼法理论与实践》,中国政法大学出版社2002年版;王利明:《司法改革研究》,法律出版社2000年版;王琳:《许霆案报请“权断”陷入司法悖论》,载《南方都市报》2008年3月3日。

③ 相关调查和分析可参见苏力:《送法下乡:中国基层司法制度研究》,中国政法大学出版社2000年版,第117—118页;陈瑞华:《正义的误区——评法院审判委员会制度》,载《北大法律评论》1998第2期。

当和贯彻党的政策的目的”[①]。苏力的实证调查还发现,审委会制度还兼具遏制法官腐败、统一执法标准、弥补法官素质不足以及保护法官免受人情干扰等现实功能。[②] 不过仅从程序正义的角度来看,集体决策也会带来诸如“审判分离”、“集体不负责”等种种问题。下文试以C院为样本进行实证考察。

第二节 实证考察:“初断/审批”模式的运行机制

一个客观现实是:尽管近年来有关审委会“放权”、提升合议庭独立性的法院改革如火如荼[③],但在全国各级及各地法院,仍然或多或少存在案件审批现象。法定的审判委员会制度固然是一个老而弥新的问题,但缺乏法律依据的院/庭长批案、审判长批案和庭务会判案等做法则更为普遍。以笔者考察的C院为例,全院所有刑事案件无一例外需要经过庭务会讨论,其中大约三分之一还需上报审委会决定。与此同时,刑庭庭长和分管院长还需承担判决书的审查任务。以下是两个具体案例的审判过程:

【案例一】 羊某被控盗窃案(C院:2005年9-124号)

被告人羊某因盗窃手机、现金等价值约4000余元财物,于2005年4月6日被提起公诉。C院立案庭收案后,即时将案件编号,并移送刑庭内勤处。内勤按照轮流原则,将案件分配给某普通法官。[④] 此前羊某已被羁押于C县看守所41天。

因为案情较为简单,承办人在粗略阅读案卷后,决定适用简易程序审理。书记员于4月8日向被告人送达起诉书副本。送达笔录显示,被告人认可指控事实及罪名,并同意适用简易程序。

---

① 习仲勋:《贯彻司法工作正确方向》,载《解放日报》1944年11月5日。

② 苏力:《送法下乡:中国基层司法制度研究》,中国政法大学出版社2000年版,第110—123页。

③ 最高法院的相关改革措施包括:2000年《人民法院审判长选任办法(试行)》,2002年《关于人民法院合议庭工作的若干规定》,以及“一五”、“二五”、“三五”改革纲要。

④ 因为庭务会和审委会制度的存在,C院并未进行审判长选任。因此刑庭除一正一副两名庭长外,笔者将其余法官均统计为普通法官。

检察院起诉时随案移送全部侦查卷宗,具体包括:1) 被告人供述4份,共15页,均表示认罪。2) 失主李某陈述,以及证人陈某(羊某之妻)、杨某(羊某之母)的证言,共3份12页。3) C县物价局价格认证中心《价格鉴定结论书》,认定所盗手机及小灵通价值金额2960元。4) 公安机关报警案件登记表、立案决定书、破案报告。5) 现场勘验笔录、现场图、赃物照片等。6) 案发地派出所对被告人退赔赃款的情况说明。7) 被告人户籍证明。

4月14日,法院发布公告并通知被告人,确定18日开庭。考虑到被告人案发后积极退赃,且认罪态度较好,承办人电话通知其家属前来法院,希望家属积极缴纳罚金,以便争取法院宽大处理。①

4月18日上午,承办人再次浏览案卷后,于10:25开庭审理。公诉人未出庭。被告人当庭表示认罪,承办人简单概括各份证据主要内容,并将赃物照片交被告人核实后,要求被告人发表质证意见。被告人无异议,并再次强调已经退赔赃款,希望从轻处罚。10:48,承办人宣布休庭后,准许被告人和家属简短会面,并再次动员其家属缴纳罚金。

4月19日,被告人家属到法院,同承办人见面了解情况后,预先缴纳罚金4000元。② 承办人随即制作判决书,大意即被告人盗窃罪成立,鉴于已全部退赔,且认罪态度较好,积极悔罪,酌定从轻判处有期徒刑一年六个月,缓刑二年,并处罚金8000元。考虑到案件很可能需要上报审委会讨论,承办人也将判决书草稿稍微改动,制作成审理报告③,然后一并交付打印室。④

4月20日,星期三,下午属于固定的庭务会时间,全庭法官参加,分管院长主持。各法官轮流介绍一周来各自承办的案件,再由全庭讨论

① 该程序缺乏任何书面记录,系笔者与承办人访谈时获知。

② 承办人并未明确告知如何动员被告人家属缴纳罚金。不过据笔者同当地律师的访谈发现,承办人往往需要承诺判处缓刑,甚至直接将草拟完毕的判决书草稿给律师看,以便让家属下定决心预交罚金。至于预交罚金的具体数额,一般为判决金额的一半;如果被告人家属确有困难,还可适当减少。访谈笔录:C-5-1。

③ 笔者观察发现,C院多数审理报告与判决书高度雷同,只是在格式上稍有差异。部分法官也坦言:制作审理报告基本都是采用“复制——粘贴”技巧。访谈笔录:C-1-6,C-1-7。

④ C院因为财政支持不够,办公条件较差,在2005年的时候,刑庭仅有一台电脑;多数法官还是习惯于手写判决,然后交由打印室完成。

决定。轮到羊某案承办人时，先将起诉书副本分发给各与会人员，再简单介绍证据情况和庭审情况，并特别说明被告人家属已经预缴罚金4000元，建议判处缓刑。与会人员均无异议。鉴于被告人系成年人，分管院长决定按规定提交审委会研究。整个讨论过程不到10分钟。

4月21日，星期四，审委会按照惯例于下午三点召开。院长主持会议。先讨论刑事案件，羊某案排在第二位。承办人已在开会前分发审理报告，此时只是简单介绍案情和罚金缴纳情况。鉴于各与会人员没有问题需要向承办人核实，院长直接要求各成员表决。刑事分管院长第一个表态同意，其余成员均无异议。院长最后发言，也是同意承办人意见。案件讨论结束，前后大概5分钟。

4月22日上午，被告人再次被提押至法院，承办人对其宣判，当庭释放并办理缓刑手续。宣判笔录显示，被告人服判，不准备上诉。

在此之前，承办人已将判决书交庭长审阅。庭长对个别字句稍作修改，便签署发文通知，由打印室最终付印并盖章。判决书共2页，约750字。事实及说理部分均高度简化。

【案例二】 谌某、龙某被控拐卖妇女案（C院2003年8-57号）

检察院于2003年3月13日提起公诉，法院立案庭于当日受理并移交刑庭。根据轮流原则，案件被分配给某普通法官。此时被告人被羁押于县看守所已经73天。承办人拿到案卷之后大概浏览，安排书记员于当日向被告人送达起诉书副本。送达笔录显示，两名被告人均认罪，且已经分别委托律师作为辩护人。

检察院随案移送全案证据①，具体包括：1）被告人供述各3份，共6份17页，均显示认罪。2）证人证言12份，共计49页。3）报案材料、被告人户籍资料等，共4页。辩护律师均来自当地，知道检察院一般是全卷移送，故于次日到法院复制全部案卷，并和承办人简单交换意见。

3月25日，法院公告确定4月8日开庭，并通知被告人及辩护人。

4月8日开庭之前，承办人比较仔细地阅读案卷，并简单记下需要

---

① 因为C县财政比较困难，检察院办案经费紧张，所以一直到2006年笔者调研时止，仍然没能落实主要证据复印件移送制度，而是一概全卷移送。除非案件争议较大，为了避免让辩护人庭前获悉全部指控证据，公诉人才可能选择移送主要证据复印件。访谈笔录：C-3-1。

核实的问题。[1] 大概10:40开庭，承办人不是审判长。因为两名被告人均当庭认罪，审判长并未要求两人完整地陈述案情。公诉人随后讯问两人共9次，辩护人没有发问，承办人讯问5次。由于证据尤其是证人相对较多，公诉人采取分组方式举证。先是摘要宣读被告人的庭前供述，然后分组宣读证人证言。由于辩护人已经于庭前阅读全卷，没有发现比较明显的证据瑕疵，因此基本没有提出异议。公诉人举证完毕后，被告人和辩护人均没有提供辩护证据。在法庭辩论阶段，公诉人按照事先准备的公诉词逐字宣读，两名辩护人也基本如此操作，因此辩论虽不激烈，耗费时间却比较长。一轮辩论结束后，审判长没有继续组织辩论，而是要求被告人进行最后陈述。两名被告人均表示认罪服法，希望法院从轻判处。审判长随后宣布休庭。此时大约12:15，庭审持续超过一个半小时。

4月8日下午，考虑到第二天是周三，也就是刑庭庭务会开会日，需要讨论一周来的所有案件，所以承办人再次阅卷，并结合庭审情况，拿出一个初步定罪量刑意见。与此同时，承办人开始制作判决书。

4月9日下午，案件提交庭务会讨论。在开会之前，承办人向其他两名合议庭成员简单告知自己的意见，后者没有提出异议。轮到承办人汇报时，先是分发起诉书副本，然后简单介绍案情及证据，建议分别判处两名被告人8年半和5年的有期徒刑，并处罚金8000元和5000元。某法官提出第二被告人量刑偏重，与其罪行不成比例，建议改成3年半。其他多名法官附和。分管院长最后组织表决，多数人同意改为3年半，于是确定为最终判决。由于案件不存在诸如缓刑、无罪等特殊情况，也没有其他争议，分管院长认为无需提交审委会讨论。

尽管案件审理已经实质上结束，但承办人并不急于宣判。在随后几天中，通过参考侦查案卷和庭审笔录，承办人制作完毕判决书，并提交庭长审阅，然后交付打印室付印盖章。判决书共有5页，对证据内容

---

① 大概在90年代中期以前，不少法院要求法官庭前阅卷时制作规范的阅卷笔录，并需同判决书草稿、审委会记录等一起保存于副卷之中。1996年《刑事诉讼法》修改之后，一则因为检察院只需移送主要证据复印件，二则出于避免法官庭前预断的考虑，多数法院已经不再要求法官制作阅卷笔录。2012年《刑事诉讼法》再修改之后会有何种变化，也是一个值得关注的问题。

有简单叙述,但是没有一一回应控辩双方的主张。判决书末尾显示的制作日期是4月8日,但显然属于倒签日期。

4月28日,此时离开庭以及庭务会定案已经超过半个月[①],而且再往后推就是"五一"大假,承办人通知法警队再次将被告人提押到庭,召集原合议庭成员宣判,并当庭向被告人送达判决书。因被告人未上诉,于5月23日被转送监狱执行。收到执行回执后,承办人将案卷整理归档,案件遂告结案。

在以上两个案件中,虽说承办人意见基本得以体现在最终判决中,但决策权仍然属于庭务会或是审委会。其实不论案件本身有无争议,也不论合议庭成员之间有无分歧,案件都需要经过集体讨论才能定案。尤其对于第一个案例而言,虽说适用简易程序审理,事实及法律也都非常清楚,但因为要判处缓刑,还是必须交由审委会定夺。第二个案例相对更加复杂,所处刑罚也较重,尽管合议庭没有分歧,但庭务会仍然直接改判。所以总体看来,虽说阅卷和庭审仍然是影响承办人心证的主要因素,但最终判决实际是通过集体会议的形式作出。行政审批取代司法审理,成为整个诉讼程序中最为关键的一环。因此从这个角度出发,上述两案都可归于"初断/审批"模式。

4.2.1 审理机制

4.2.1.1 承办人:通过阅卷或听审查明事实

相比"对抗/判定"和"阅卷/核实"模式而言,"初断/审批"模式下的承办人至少拥有三大优势:第一,由于存在审批程序,他不必也不可能追求当庭宣判,因此可以相对自由地安排庭审和阅卷时间。第二,由于法律问题最终是由决策者把关,承办人只需把案件事实调查清楚即可,因此工作负担相对轻松。第三,由于判决文书往往需由庭长或分管院长审阅并签发,相当于增加一道质量检查程序,可以适当减轻承办人的压力。

正是基于以上优势,C院承办人的工作安排显得相对随意,可以根据个

---

① 笔者猜测,承办人之所以久拖不判,还是想动员被告人家属缴纳罚金,然后适当从轻处罚(当然要重新上会讨论)。该过程一般比较耗时。但最终可能并未成功,所以承办人只好根据庭务会结论宣判。不过因为过时已久,笔者未能从承办人处获得确认。

人能力和习惯采用最方便、最省事的方式。比如部分法官经验比较丰富，庭审驾驭能力较强，一般就不愿意庭前阅卷，而是习惯于先组织开庭审理，然后结合庭审情况仔细阅卷，在形成初步结论的同时，再一并草拟判决文书。如此一来，就可以把阅卷、判断和文书制作三项工作同时完成，可谓一举多得、事半功倍。不过对于那些年轻法官或庭审能力相对较弱的法官而言，庭前不阅卷一则可能导致难以驾驭庭审，二则可能被认为是“年少轻狂、行事草率”[①]，因而一般还需庭前阅卷。因为个人习惯和时间安排的差异，有时可能只是简单浏览，仅在于为庭审作准备；有时则可能仔细分析，甚至提前草拟判决书。不过总体说来，庭前阅卷都会形成初步结论，而且往往不会因为庭审而改变（表 4-1）。

表 4-1 C 院刑庭法官庭前审判习惯统计表 （法官总人数 =7）

审判习惯	庭前会阅卷	庭前不阅卷	仅阅复杂案件	阅卷会形成定案结论	阅卷后开始制作判决书
简易程序	5	2	—	5	偶尔
普通程序	5	0	2	6	偶尔

注：1. 根据访谈和问卷调查进行统计。

2. 对于阅卷后即开始制作判决书的情况，只有两名法官表示偶有发生（不到 10%）。

3. 需要特别说明的是，由于财力紧张，C 县检察院在 2006 年仍然实行全卷移送制度。

再来考察 C 院的开庭情况。根据前文对 B 院和 A 院的比较，如果法官已经通过阅卷作出判决，庭审往往就流于形式，其功能仅在于核实被告人是否认罪而已（比如 B 院的简易程序案件）。反之如果法官是一步到庭，而且希望当庭宣判，庭审过程就会相当细致，一般能够直接塑造法官心证（如 A 院的多数案件）。不过在“初断/审批”模式下，由于庭后审批程序的影响，承办人一则不需要急于在庭前下判，二则不可能基于庭审信息当庭宣判，因此既没有必要刻意压缩庭审，也没有必要非常认真地对待庭审——尤其是被告人认罪的案件。所以从形式上观之，就可发现“初断/审批”模式的庭审时间、讯问次数、辩论轮数等指标都处于“对抗/判定”和“阅卷/核实”模式之间（表 4-2）。

---

① 比如 C 院某法官是庭内唯一的法学专业本科毕业生，高分通过司法考试，虽说自认有能力一步到庭并当庭宣判，但考虑到要低调行事，还是会在庭前认真阅卷。访谈笔录：C-1-2。

表 4-2　三个样本法院 2005 年度刑事庭审比较

(样本数:10 ×3 ×2)

项目	A 院		B 院		C 院	
	普通	简易	普通	简易	普通	简易
讯问被告人次数	19.4	3.5	4.8	0	19.7	0.4
法庭辩论轮数	1.8	1	1.5	0.6	1.5	0.6
庭审时长(分钟)	173.2	60.7	48.0	9.5	59.5	20.5

注:1. 抽样标准:每院 20 件,普通程序、简易程序各 10 件。
2. 数据源于实地庭审观摩。

虽然诸多论者都批评案件审批制度必然导致庭审效果淡化,但从笔者的考察来看,庭审能否实质化主要取决于法官是否依赖书面案卷,而与案件审批制度没有必然联系。比如在 C 院,虽说每个案件都要经过审批,但因为承办人要对事实问题负责,所以往往还是存在相对充实的庭审。特别是如果侦查人员作风比较粗放,只管破案不管定案,导致书面证据瑕疵较多,承办人还不得不非常认真地组织开庭。① 不过从另一方面来说,由于案件审批制度使得当庭宣判难以实现,客观上也为承办人庭后阅卷提供了机会。而且因为决策者可能要复查案情,使得承办人更加倾向于依赖案卷作出"合法律化"、可重复且可检验的事实判断②,因此可能间接地导致淡化庭审的重要性和充实性。

笔者考察发现,通过庭外阅卷和开庭审判,承办人一般都能迅速查明案情。个别案件中,一次开庭可能不足以完全查实,或者因为指控证据出现瑕疵需要加以补强③,所以偶尔会出现二次开庭甚至三次开庭现象,但是总体比较罕见(参见前文表 2-14)。其实一旦查清事实,承办人的"分内"工作即告完成。虽然在此之后,他还需要作出定罪量刑的初步判断,但因为基层法院案件普遍趋于简单,而且相似程度较高,所以只要案件事实清楚,进行法

① 笔者在三个样本法院以及检察院都听到类似抱怨,尤其以 C 院为甚。访谈笔录:C-1-4,C-3-1 等。

② 关于事实复查机制(比如二审)对承办人依赖案卷程度的影响,可以参见前文 3.3.2 的分析。

③ 这往往是二次开庭比较重要的起因。实践中最为常见的情况是,被告人当庭翻供,或是质疑某指控证据的真实性,公诉人无法当庭作出合理解释,不得不要求休庭,然后再补充诸如"情况说明"之类的所谓证据。相关讨论亦可参见徐晖:《"情况说明"作为证据应严格规范》,载《检察日报》2004 年 1 月 19 日。

律判断似乎并不困难。何况还有一个更为关键的保障机制:法律问题最终还是要由庭务会或审委会集体讨论,因此即便承办人判断有误,也很可能会被及时纠正。

4.2.1.2 院/庭长及审判长:文书审阅抑或实体审查

通过本章两个案例的介绍可以发现,不管是C院刑庭庭长还是分管院长,其实都不负责审批案件的实体问题。定罪量刑的最终结论是由庭务会或审委会集体作出,院/庭长个人虽然都有投票权,但是并无决策权。不过在实际操作中,刑事判决书都必须经过庭长或院长审阅,因为只有他们才有权签发文书。① 普遍的做法是,庭长审阅普通法官承办的案件,分管院长审阅庭长承办的案件以及经审委会讨论的案件。当然这种审阅主要是文字性工作,可以修改承办人的遣词造句,但是不能变更由庭务会或审委会确定的实体意见。审阅的方式其实就是默读、修改承办人的判决书草稿,一般不会和承办人就事实和法律问题进行沟通。因此从根本上说,这只是提高文书质量的一种技术性手段,而非院/庭长行使案件决策权的表现,不算是真正意义上的案件审批行为。

但是在没有设置庭务会的A院,分管院长对案件的介入就更加实质化。② 笔者访谈发现,以下两类案件一般需要分管院长审批:一是相对重大的案件,比如量刑上10年的案件,或者被告人级别较低的职务犯罪案件等。③ 二是合议庭成员产生分歧,但是分歧又不是特别严重的案件,比如量刑意见不统一、是否适用缓刑不一致等。不过总体而言,A院分管院长实际审批的案件并不多,大概占到全部案件的8%左右(参见表2-21)。与C院不同的是,A院分管院长一般不审阅判决文书,而是直接审查合议庭的实体结论。具体操作方式上,也不是默读判决书草稿或案卷,而是听取承办人的口头汇报,再加以适当的询问和交流,最后拿出个人意见。必要的时候,分

---

① 所谓签发文书,是指判决书、裁定书等法律文书在最终交付打印、盖章之前,必须经过有关领导签字确认,否则文印部门不予办理。更具体的介绍和分析,可参见李富金:《基层法院的司法管理体制改革》,载《华东政法学院学报》2005年第1期。

② A院一个比较特别的现象是,因为刑庭规模较小,只有三名法官,刚好组成一个合议庭。一旦适用普通程序,合议庭也就成为庭务会,因此不宜赋予庭长以案件审批权。

③ 最为重大的案件,肯定需要由审委会讨论。但是对于分管院长审批的具体范围,实践中很难予以明确,一般是依靠法院的习惯来把握,甚至是具体个案具体处理。

管院长还会召集合议庭全部成员进行讨论,以便综合多数人的意见作出结论。当然最终结论不是以民主表决方式产生,而是以领导审批的形式指令合议庭执行。不过如果分管院长的意见处于少数,或者合议庭分歧过大,一般都会提交审委会讨论[①],以免给人"独断专行"的坏印象。[②]

B 院是三个样本法院中唯一实施审判长选任制度的法院,不过因为一正二副三个庭长当然具备审判长资格[③],比例已经很高,刑庭最终只选任一个不兼任庭室领导的审判长。除去基本不参与办案的庭长外,三名审判长(含两名副庭长)各与 1—2 名独任审判员组成审判小组。组内成员承办的案件均由审判长签发,因此造成一种奇怪的审批体制:简易程序案件中,审判长同时拥有实体审查权和文书签发权;不过因为案件简单,审判长很少进行实体审查,多数情况下是直接签发文书。普通程序案件中,审判长只能作为合议庭成员参与表决,无权直接改变承办人意见;虽说判决书最终需要审判长签发,但这并不代表审判长有权决定实体判决,案件结论还须按照合议庭多数意见作出。因此总体看来,B 院审判长与 C 院院/庭长的功能基本相似,即主要进行文书审阅,少有或基本没有实体审查权。

于是我们就看到两种类型的院/庭长和审判长审批:一种是文书审阅型,只审查判决书的形式妥当性,负责最终签发文书,但是不能改变案件的实体结论。另一种是实体审查型,需要听取承办人的案情汇报,还要拿出个人的判决意见,而且可以凌驾于承办人意见之上。从形式上看,前者是书面式、单方性活动,后者是口头式、互动性活动。正如表 4-3 所示,由于实践中判决书总体比较简单,C 庭长或分管院长一般不需花费多少精力审阅文书;不过也正因为没有时间压力,反而经常在院/庭长处形成文书积压,甚至可能导致超出审限的危险。[④] 反观 A 院的实体审查型,虽说分管院长一般要相对仔细地询问案情,但是基本都在当场讨论后即刻拍板,因而很少造成案

① 严格说来,对于上报审委会讨论的案件,分管院长只有提交权,而且必须以合议庭的提请权为基础,不能未经提请直接提交。不过在实践中,一般就是分管院长直接决定提交上会。参见江必新:《论合议庭职能的强化》,载《法律适用》2000 年第 1 期。

② 这无疑是分管院长的领导艺术,这也得到刑庭几位法官的公认。访谈笔录:A-1-1。

③ 根据《刑事诉讼法》和《人民法院审判长选任办法(试行)》的规定,院长、副院长、审判委员会委员、庭长、副庭长参加合议庭审理案件时,应当担任审判长。

④ 因此有法官私下总结说,只要是个人可以自由安排进度的工作,似乎很多人都有"不到火烧眉毛不着急"的毛病。访谈笔录:C-1-2 等。

件积压。

表 4-3 C 院、A 院 2005 年度院/庭长审批方式对照表

审批方式	个案平均实际耗时（分钟）	个案平均审批期间（天）	追加询问承办人比例（%）
文书审阅型	≈20	≈3	<10%
实体审查型	≈20	0	>80%

注:1. 根据访谈内容估算,没有精确数据。
2. 文书审查型以 C 院为样本,实体审查型以 A 院为样本。

严格说来,文书审阅型本质上属于文书校对。虽然院/庭长批阅文书也会对承办人形成监督态势,从而抑制承办人滥用权力,但因为庭务会或审委会垄断决策权,这种监督不免显得有些多余。相比之下,实体审查型则属于典型的行政式案件审批,虽说并不见得表现为院/庭长的签字/盖章权,但却可以直接约束甚至改变承办人的意见。因此,后者显然更为符合“初断/审批”模式的理论模型。

4.2.1.3 庭务会/审委会讨论:表态型抑或论证型

正如前文所述,至少在 C 院,庭务会和审委会在议事规则方面比较类似。基本上都是以最高人民法院《审判委员会工作规则》为蓝本,按照以下顺序进行讨论:首先,承办人于会前提交书面报告(审理报告或起诉书副本),以便各与会人员稍作了解。其次,开会时承办人先行发言,汇报案件事实和证据情况,说明合议庭的初步意见。① 再次,各与会人员向承办人提问,或发表个人意见;主持人应该在最后发言。最后,进行投票表决,一人一票,主持人最后投票。

不过有两点稍有不同:一是在审委会讨论过程中,刑庭庭长或分管院长一般是紧接着承办人发言,其他与会者再自由发言;但在庭务会讨论中,由于彼此专业一致,因而无需由“内行”先发言。二是合议庭中仅有承办人参

① 尽管合议庭通常是“合而不议”,但还需以“合议庭意见”的名义进行汇报。这已是众所周知的“潜规则”。访谈笔录:C-1-5。

加审委会,其他成员一般无需与会[①];不过在庭务会中,刑庭所有法官都需与会,因此除人民陪审员外,合议庭中的非承办人成员也会到场参与讨论和表决。正是基于这两个特点,笔者认为庭务会比审委会更加专业,讨论问题更加全面,出现错误的可能性也相对更低。[②]

笔者在C院进行调研期间,征得院长的特别批准,不仅得以旁听审委会和庭务会讨论,还全文调阅该院2004—2005两个年度的会议记录。由于记录人员非常敬业,基本可以再现审委会或庭务会的讨论过程,使得笔者能够获得非常真实的一手资料。虽然笔者实地旁听的几场会议可能或多或少存在失真的成分[③],但至少可以作为有益的参考或补强。

通过分析原始会议记录,结合笔者的实地观察及个别访谈,笔者发现C院庭务会和审委会讨论明显呈现为两种类型:一是表态型,即在承办人汇报完毕之后,各与会人员既不追加询问,也不提出其他方案,而是直接进入表决程序,投票决定是否同意承办人意见。二是论证型,即在表决之前先要进行必要的调查,还需对几套不同的方案进行质疑和论证,最后再投票表决。表态型讨论一般适用于没有争议的案件,比如因为判处缓刑需要审委会批准,或是职务犯罪案件需要上会决定等。论证型讨论一是适用于争议案件,存在不止一种备选方案;二是适用于疑难案件,承办人甚至难以作出初步

---

① 不过这种做法也受到广泛质疑,不论理论界还是实务界,都有不少人主张合议庭成员应全部列席审委会(人民陪审员除外)。参见江必新:《论合议庭职能的强化》,载《法律适用》2000年第1期;董丽红:《浅议基层法院的审委会制度》,载中国法院网:http://hnfy.chinacourt.org/public/detail.php? id=69159,2008年6月20日访问;黄一哲、纪永明:《改革与完善审委会制度若干问题的思考》,载《特区法坛》2007年第6期;萧锐:《审委会改革"四药方"值得商榷》,载《东方早报》2008年2月24日。

② 不过苏力似乎并不认为审委会内部的专业差异可能导致"内行"引导"外行"。他的理由主要有三点:一是公开的讨论必然导致对"内行"的程序制约;二是基层法院审委会成员一般都具有丰富的审判经历,各类案件都比较熟悉;三是审委会讨论所需专业性法律知识并不太多,而主要依赖各成员分析问题、抓住要害的能力。参见苏力:《送法下乡:中国基层司法制度研究》,中国政法大学出版社2000年版,第117—119页。

③ 社会学调查的一个恒久难题就是,一旦意识到研究者的存在,研究对象可能就会作出特殊反应,从而歪曲正在研究的社会情境。参见〔美〕波普诺:《社会学》(第10版),李强等译,中国人民大学出版社1999年版,第56页。亦可参见苏力关于权力因素对法律社会学调查的影响的分析,苏力:《法律社会学调查中的权力资源——一个社会学调查过程的反思》,载《社会学研究》1998年第6期。其实按照戈夫曼的观点,日常生活中的人们总是如同舞台上的演员一样,根据所面对的不同观众进行"自我呈现",从而引导和控制他人对自己的印象。参见〔美〕戈夫曼:《日常生活中的自我呈现》,冯钢译,北京大学出版社2008年版。

判断。

以C院审委会为例,从表4-4可以看出,表态型讨论普遍较为快捷,每个案件大概5—10分钟即可处理完毕,其中承办人汇报可能占据一半时间。除了刑庭庭长或分管院长之外,其他与会人员基本不作发言,只是参加最后投票而已。相比之下,论证型讨论一般需要花费20分钟以上,2005年度某案件甚至三度上会,每次上会讨论时间都超过1个小时。[①] 不仅如此,论证过程中的调查、诘问和辩论也很频繁。

表4-4 C院2005年度审判委员会讨论方式统计表

讨论方式	个案平均讨论时间(分钟)	个案平均发言人数(人次)	平均询问承办人次数(次)
表态式讨论	≈7	≈1	≈0
论证式讨论	≈30	≈24	≈6

注:1. 发言人数和询问次数根据原始会议记录统计,讨论时间根据实地观察和个别访谈估算。

2. 发言人数不包括承办人汇报,也不包括审委会成员最后表决时的发言。

严格说来,表态型讨论并不应当归类为集体协商性决策,其实质是作为行政领导机构的庭务会、审委会对下属意见的简单确认,或者甚至就是俗称的签字或盖章,属于典型的“批而不审”。其功能除了适当抑制下属的滥权冲动外,可能更在于彰显决策者的权力,甚至仅仅是为了证明决策者存在的价值。相比之下,论证型讨论重点在于群体决策、集思广益,其目的是通过多元观点的相互碰撞寻求最佳方案,因而既是对承办人意见的批复,更是对案件的重新审查。

4.2.2 判决机制

4.2.2.1 承办人负责制导致合议庭虚置

由于承办人需要对事实问题负责,所以在提交庭务会或审委会讨论之

① 该案件指控罪名为故意杀人(七十岁老父杀死重病儿子),但是证据比较薄弱。其实故意杀人案件在基层法院起诉,本身就证明案件恶性不大,或是指控证据有瑕疵。比如轰动全国的佘祥林“杀妻”案件,最初是在中院一审,但是因为无法通过湖北省高院的二审关,才强行转移到基层法院审理,然后由中院二审判处15年有期徒刑。参见由珊珊、赵蕾:《佘祥林在2005》,载《南方周末》2006年1月5日。兼之被告人当庭翻供,承办人和刑庭的多数意见均为无罪,但是分歧仍然较大。鉴于案情复杂,合议庭三次复庭调查,并三次上报审委会讨论,最终确定无罪判决。

前,他必须已经查明案件事实,并且组织起一套完整的证据锁链。换句话说,承办人关于事实问题的内心确信必须形成于报批之前。至于究竟采用何种事实发现方式,似乎并不是一个关键问题。承办人既可以依赖阅卷,也可以依赖庭审,甚至不妨两者兼顾。如果一次开庭不足以查明案情,还可以适时安排再次开庭。必要的时候,承办人还可以直接打电话给公诉人甚至侦查人员,以便核实有关细节问题。[①] 不过总体说来,因为多次开庭不免占用合议庭其他法官的时间,承办人一般是尽量通过阅卷、调查等方式单独完成事实认定。因此如表 2-14 所示,C 院多次开庭率很低,大概只有 6% 左右,远低于高度依赖开庭形成心证的 A 院(25%)。

正如表 4-1 所示,C 院 7 名刑事法官中,有 5 人习惯于庭前阅卷,另外 2 人(一人是庭长,一人是资深法官)基本不阅卷或者只阅复杂案件。因为检察院实行全卷移送,阅卷之后基本都能作出初步判断。[②] 即便个别细节问题需要核实,也可放在此后的开庭阶段完成,或者不妨在庭后阅卷时再仔细分析。即使对于庭前没有阅卷习惯的法官来说,一则因为庭审可以确认被告人是否认罪,二则因为庭后阅卷时间非常充足,所以一般都能顺利查明事实。至于此后的法律判断,因为多数案件都比较简单而且重复率高,所以一旦事情已经查明,定罪量刑就不会有多大难度。即便遇到疑难案件,承办人一时拿不定主意,也大可随意提出一个参考意见,因为法律问题最终要由庭务会或审委会确定。

不过正因为存在庭务会、审委会的把关作用,承办人普遍不太重视合议庭评议。[③] 原因也不难理解:一是因为合议庭成员也须参加庭务会的讨论和表决(人民陪审员除外),另行评议似乎就显得多此一举。换句话说,因为功

---

① 当然通过这种方式获得的信息不能载入笔录,也不能作为证据体现于判决书当中,否则就属违反"证据必须经过当庭质证"原则,可能被上诉法院发回重审。因此如果是关键证据,法官不得已还得组织二次开庭。访谈笔录:C-1-2,B-1-4 等。

② 需要说明的是,C 院有一名资深法官在接受访谈时否认庭前阅卷会导致预断。这也是三个样本法院 17 名法官中唯一一名否认者。笔者对其表态的真实性表示怀疑。毕竟,一般法官都知道"庭前预断"在学术界广受挞伐,因而当面对笔者这样一个可能带有批判眼光的研究者的时候,法官很可能进行善意的掩饰。这也是社会学调查中一个普遍的难题。参见〔美〕波普诺:《社会学》(第 10 版),李强等译,中国人民大学出版社 1999 年版,第 46 页。

③ 相关分析亦可参见左卫民、吴卫军:《"形合实独"——中国合议制度的困境与出路》,载《法制与社会发展》2002 年第 3 期;钱卫清:《法官决策论——影响司法过程的力量》,北京大学出版社 2008 年版,第 20—22 页。

能上的重叠和效力上的劣势，司法性评议基本被行政性会议所取代。二是因为事实判断总体比较感性和直观[①]，可辩论性不强，多人协商不见得就能获致更为准确的事实判断。笔者对法官的访谈发现，C院承办人组织合议庭评议的比例最低，大概只有20%左右，而且主要是复杂案件或年轻法官承办的案件。再从具体评议方式来看，一般都是在庭务会召开之前临时交流意见，时间不会超过10分钟，甚至只有一两分钟。除了确实存在较大争议的案件外，大多不会通知书记员作笔录，因此最后入卷的笔录基本都是事后杜撰，而且行文明显属于照搬判决书。[②] 不过如果合议庭确实存在争议，至少还是会体现在庭务会讨论中；但是根据笔者对庭务会会议记录的分析来看，这种情况并不多见（表4-5）。

表4-5 C院刑庭2005年度普通程序案件合议庭评议统计表

样本	合而不议	简单评议	合议庭意见分歧
案件数量	≈190	≈47	≈3
比例	≈80%	≈20%	≈1.3%

注：1. 根据访谈笔录和当年刑庭庭务会记录统计，没有实地观察，因此缺乏精确数据。

2. 2005年刑庭普通程序案件236件，不包括自诉案件。

综观中外司法制度，实行集体决策者多半都须指定一个承办法官，以具体负责制作判决书等程序事项。比如美国最高法院九名大法官一向共同听审、集体评议，但最终判决往往是由多数意见方的一名法官草拟，然后由其他八人传阅；后者可以作出必要的修改，也可以单独撰写异议意见或赞同意见。[③] 又如德国地区法院一般由多名职业法官和非职业法官组成合议庭，而且主审法官（相当于审判长）需要指定一名助理法官担任承办人（德语直译为报告员），负责庭前准备和判决制作。合议庭进行评议的时候，承办人（报告员）需要首先发言，进行证据分析和法律论证；主审法官最后发言。最终

---

① 从认知学的角度出发，事实判断主要依靠法官的感官（听觉、视觉）接受信息，再结合其生活背景、历史经验甚至个人情感形成“心理图示”，因而具有相当程度的主观性和直观性特征。参见李安：《刑事裁判思维模式研究》，中国法制出版社2007年版，第138—159页。

② 访谈笔录：C-2-1。

③ See B. Schwartz, A History of the Supreme Court, Oxford University Press, 1993. 更为简明的介绍，可参见宋冰编：《读本：美国与德国的司法制度及司法程序》，中国政法大学出版社1998年版，第445—452页。

判决按照合议庭多数意见作出。[①] 不过早有观察者指出，承办人可能有意无意间利用信息优势影响其他法官，从而更大程度地"操纵着方向盘"。[②] 但是即便如此，因为德式庭审具有较强的直接性和言词性，合议庭评议也较为真实，所以承办人的垄断色彩远远不及其中国同行。

4.2.2.2 院/庭长、审判长：维持多于改判

如前所述，C 院刑庭庭长和分管院长严格说来只是校阅判决文书，不能算是真正的案件审批行为。A 院因为没有设置庭务会，所以赋予分管院长一定的案件决策权，以免审委会负担过重。B 院实施审判长选任之后，一是授权审判长从实体上审批简易程序案件，二是要求审判长签发普通程序案件的裁判文书。因此总体而言，只有 A 院分管院长和 B 院审判长才有权凌驾于承办人之上，直接改变承办人意见；前者甚至还有权改变合议庭意见。

不过从实际考察看来，不管是院/庭长还是审判长，一般都比较尊重承办人的意见，直接改判的情况并不算多。比如在 A 院，虽说庭长领衔的合议庭有权决定多数案件，但是每年还是有大概 11% 左右的案件存在争议，或是因为案件性质较为特殊，故而需要报送分管院长。不过分管院长的处理显得相当艺术：如果合议庭没有分歧，一般是予以附和，以体现其尊重合议庭意见；如果合议庭小有分歧，且自己属于多数意见，则可直接改判，当然这也无可厚非；如果两种意见人数持平[③]，则可以要求合议庭重新评议，争取产生多数意见；如果确证自己属于少数意见，还可以提交审委会讨论，因此没有必要违背多数意见直接改判。所以总体来看，真正由分管院长直接改判的大概只占全部案件的 1%—2%，或是所有提交审批案件的 10% 左右（表 4-6）。

---

① 〔美〕菲尼、〔德〕赫尔曼、岳礼玲：《一个案例，两种制度——美德刑事司法比较》，中国法制出版社 2006 年版，第 252，293—295 页。

② B. Markesinis, Conceptualism, Pragmatism and Courage: A Common Lawyer Looks at Some Judgments of the German Federal Court, 34 Am. J. Comp. Law 349 (1986).

③ 合议庭有三名法官，加上分管院长一名，所以可能出现 2∶2 的情况。

表 4-6 三个样本法院 2005 年度院/庭长、审判长审批案件结果统计表

审批主体	直接改判	同意多数意见	提交审委会讨论
A 院分管院长	≈10%	≈74%	≈16%
B 院审判长	≈9%	≈91%	0
C 院院/庭长	0	100%	0

注:1. 根据访谈笔录和当年刑庭庭务会记录统计,没有实地观察,缺乏精确数据。
2. C 院院/庭长批阅判决书时,案件已经通过庭务会/审委会讨论决定,所以不存在改判或提交审委会讨论的情况。

B 院审判长作为合议庭一员,无权审批合议庭意见,但却可以改判下属独任审判员承办的简易程序案件。不过因为案件过于简单,事实和法律都不可能存在多大争议(否则就应变更为普通程序),故而审判长顶多可以对量刑作简单调整。但是除非承办人量刑明显不当,审判长一般不会改判。从笔者访谈了解的情况来看,实际改判的比例可能不到 10%(表 4-6)。

笔者认为,院/庭长和审判长个人之所以并不愿意直接改判,主要基于以下一些原因:其一,审批者毕竟只有一个人,如果直接改变合议庭的多数意见,难免给人以"独断专行"或者"一言堂"的话柄,这对有望继续晋升的领导更加不是好事。其二,如果案件事实和法律没有争议,仅在量刑上作出可有可无的调整,不免过于敏感,可能给人以"背后有猫腻"的猜疑。其三,如果确实是争议较大,难以取得多数意见,不如直接提交审委会(简易程序案件也不妨提交庭务会)讨论,通过集体决策来确定判决,免得落人以话柄。由此可见,审批者如何对待承办人意见,不仅是一个司法技术和审判能力问题,更是一个政治技巧和领导能力问题。

4.2.2.3 庭务会:平衡量刑幅度

三个样本法院中,B 院和 C 院都设置有庭务会,而且都具备案件决策功能。不同之处在于:B 院庭务会只讨论审判长提交的疑难案件,而且只有庭领导和审判长参加,分管院长主持,承办人列席。庭务会没有固定开会日期,视案件需要而定。C 院庭务会每周固定开会(一般是周三下午),刑庭所有法官参加,分管院长主持,讨论一周来所有案件。相比之下,B 院庭务会更像是刑庭内的"小审委会",兼具咨询机构和决策机构两种角色;C 院庭务会则像是案件审批会议和业务学习会议的综合。其实在实施审判长选任制度之前,B 院庭务会也和 C 院一样,承担全庭所有案件的讨论和决策;不过

后来因为不堪重负,绝大部分职能被授权给审判长,从而“瘦身”成如今“小审委会”的形式。[①] 考虑到B院庭务会的判决机制已经和审委会相当接近,笔者此处就不单独分析,而仅针对C院相对传统的庭务会进行考察。

前文对院/庭长、审判长等个人式案件审批的考察发现,决策者虽然有权直接改判,但多数还是选择尊重承办人意见。相比之下,C院庭务会就大相径庭,将近三分之一的上会案件会被直接改判。仅以2005年度为例,笔者共计调取41次庭务会原始记录[②],记载上会案件共220件[③],其中69件被庭务会直接改判,16件因为分歧过大,不得不提交审委会讨论决定。另有18件在讨论中也出现分歧,不过最后还是认可承办人意见。如此扣除下来,只有大约60%的上会案件能够维持承办人的最初意见(表4-7)。相比院/庭长和审判长10%左右的改判率,这个数据无疑相当惊人。

表4-7 C院刑庭2005年度庭务会讨论案件统计表

讨论结果	上会讨论案件总数	直接改判	经争论同意承办人意见	提交审委会	直接同意承办人意见
案件数量	220	68	18	16	118
比例	100%	31%	8%	7%	54%

注:1. 根据C院2005年刑庭庭务会记录统计,没有实地观察,且记录不是特别完整。

2. 提交审委会是指因为庭务会讨论争议较大而确定提交,不包括因为案件性质特殊而本就必须提交的案件(如无罪、缓刑等,不管是否存在争议)。

进一步考察发现,在庭务会直接改判的案件中,绝大多数都是调整承办人的量刑轻重,其中尤以是否适用监禁刑(不含缓刑)为争议焦点。只有很少几个案件涉及定罪与否的争议,另有个别案件因为事实不清,要求合议庭开庭复查。再一个有意思的现象是,庭务会调整承办人的量刑意见整体表现出轻重平衡,加重处罚或减轻处罚的比例基本一致(表4-8)。

---

① 访谈笔录:B-1-2,B-1-4。

② 一般说来,C院每周召开一次庭务会,且有专人记录在统一的笔录簿上。个别阶段可能隔周召开一次,或者一周两次。有时因为专司记录的书记员出差或另有公干,或是笔录簿用完,所以最终的会议记录不是很完整。2005年大概遗漏10次左右,包括50—60个案件。

③ 有些简单案件(比如正副庭长办理的简易程序案件),因为只是走走程序,不存在真实的讨论和表决,所以书记员也没有记录。因此,41次会议记录只显示220个案件,但实际上会案件大概在280件左右。访谈笔录:C-2-2。

表 4-8 C院2005年度刑庭庭务会改判案件统计表

讨论结果	庭务会改判案件总数	加重刑罚	减轻刑罚	改变定罪	要求继续调查事实
案件数量	68	32	31	3	2
比例	100%	46%	46%	4%	3%

注:1. 根据C院2005年刑庭庭务会记录统计。
2. 确定刑罚轻重的标准是:监禁刑为重,非监禁刑(含缓刑)为轻;同一类型中期限长者为重,短者为轻。

笔者认为,庭务会之所以出现30%左右的量刑改判率,主要基于以下几个原因:其一,庭务会是集体讨论,各人承办的案件一旦相互对照,可能就会发现量刑幅度不一。鉴于基层法院刑事案件罪名高度集中,如果情节相近,相互悬殊的量刑自然不太合理。因此进行适当调整,将重判降低、轻判加重,取一个大体平衡的折中点,就成为庭务会的主要功能之一。这也得到最高人民法院《二五纲要》的提倡。[①] 其二,如果确实因为定罪问题存在争议,庭务会一般不会直接改判,而是需要提交审委会讨论。毕竟定罪与否兹事体大,不仅牵涉被告人的名誉与自由,也涉及法检关系协调等复杂问题,所以庭务会顶多提出参考意见,最终还需审委会决定。其三,如果分管院长、庭长甚至其他法官想干涉或影响承办人的量刑[②],又想避免“以权压法”或“做小动作”的嫌疑,最好还是在公开讨论中提出不同意见,以期能够得到其他法官的同意,进而最终通过投票实现目的。

4.2.2.4 审委会:“放人”或是解决疑难案件

首先需要承认的是,不管是“放权”合议庭最为彻底的A院,还是行政色彩较为浓厚的C院,或者是实行审判长制度的B院,只要是重大或疑难案件,肯定都必须交由审委会讨论决定。因为各院对疑难案件的界定基本一致,那么差别就在于“重大案件”的具体范围。A院和B院的规定基本相同,主要包括以下四类:一是拟判无罪的案件,二是职务犯罪(副处级以上)、重大经济犯罪或境外人犯罪案件,三是媒体高度关注、领导批示或“两会”代

---

① 《二五纲要》第15条规定:“建立法院之间、法院内部审判机构之间和审判组织之间法律观点和认识的协调机制,统一司法尺度。进一步建立健全确保人民法院统一、平等、公正适用法律的其他有效方式。”

② 这是一个毋庸回避的现实。所谓“官司一进门,两边都托人”,尤其是农村地区流动性较低,居民熟识程度较高,转弯抹角似乎总能找到接触法官的机会。访谈笔录:C-1-8。

表/委员关注的案件,四是再审并拟改判的案件。[①] C 院则将“重大案件”范围明显扩大,要求绝大部分“放人”案件——包括缓刑、管制、单处罚金、免予处罚等——都上会讨论。结果 C 院超过一半的案件都成为“重大案件”,需要一一上报审委会集体讨论;与 A 院和 C 院区区 3%—4% 的上会率相比,甚至可以说是天壤之别(表 4-9)。

表 4-9 三个样本法院 2005 年度审委会讨论刑事案件统计表

法院	A 院	B 院	C 院
刑案总数	132	639	341
上会总数	≈4	≈26	≈177
上会比例	≈3%	≈4%	≈52%

注:1. 根据各院刑庭年终总结和审委会记录进行统计。因为小部分会议记录未能收集到,故部分数据系根据访谈内容和既有统计进行估算。

2. 自诉案件不包括在内。

正是因为大量“放人”案件涌入审委会,导致 C 院审委会很大程度上成为一个事务性的授权机构,而非集思广益处理疑难案件的讨论机构。毕竟多数“放人”案件一则事实清楚,二则不存在定性争议,只不过是到审委会“过”一趟,以便获得付印盖章的授权而已。但是问题在于,“放人”案件必然占用审委会大量时间,使得真正需要讨论的疑难案件难以获得足够关注。以 2005 年度为例,笔者一共调阅 39 次审委会原始记录[②],上会案件共计 198 件,其中刑事案件(不含自诉)为 123 件,比例高达 62%。但是“放人”案件就将近 100 件,超过所有刑事案件的八成。也就是说,真正因为定罪问题存在争议,或是因为案情重大必须上会(比如某团伙抢劫案,社会关注度高,民愤极大)的案件,实际上只有 20 余件,不到全部刑事案件的 20%(表 4-10)。

---

① 参见 B 院和 A 院分别制定的《审判委员会工作规则》。

② 同庭务会记录一样,因为记录人员临时更替,或是有关庭室借阅尚未归还,导致笔者所获记录并不完整,大概缺失 10 次左右。

表 4-10 C 院 2005 年度审委会讨论刑事案件构成表

案件类型	刑案总数	“放人”案件	定罪争议	重大案件	其他
案件数量	123	99	16	5	3
比例	100%	81%	13%	4%	2%

注:1. 仅以笔者实际调取的 39 次审委会记录为根据,并非 2005 全年数据。
2. 其他案件包括再审案件、被害人纠缠案件等。

进一步考察发现,C 院审委会对于“放人”案件一般都是维持承办人意见,提出异议并改判的大概只有五分之一。个案讨论时间也很短,多数案件都是直接进行投票表决,很少进行实质性讨论。即便个别委员提出异议,经过简单讨论之后,很快都能形成多数意见甚至一致意见,基本不可能出现僵持局面。反之对于定罪问题有争议的案件,审委会往往产生激烈争议,最终很可能难以形成多数意见;如果一再僵持不下,院长就不得不决定请示中院或者政法委(表 4-11)。

表 4-11 C 院 2005 年度审委会讨论刑事案件结果统计表

讨论结果	“放人”案件(共 99 件)		定罪争议案件(共 16 件)		
	维持	改判	达成一致	形成多数	请示上级
案件数量	77	22	4	6	6
比例	78%	22%	25%	38%	38%

注:1. 基于 39 次审委会原始记录进行统计,并非 2005 全年数据。
2. 没有包括上报审委会的重大案件及其他特殊案件,因此与表 2-22 统计的改判率(38%)略有差异。

总体看来,对于报请审批的“放人”案件,审委会不管核准与否,都能迅速形成最终结论。但是对于合议庭或刑庭本就存在争议的疑难案件,审委会仍有将近四成的可能会出现僵局,因而不得不求助于上级法院或是政法委。笔者由此得出一个判断:相比合议庭和庭务会而言,审委会并不具备明显的专业优势,并不能够顺利解决提交讨论的争议案件。甚至在很大程度上,与其说审委会是依靠专业技能“审理”案件,倒不如说是凭借行政权力“终结”案件,因为作为法院内部的最高决策机构,审委会必须得给上会案件一个结论。

第三节 效果评价:“初断/审批”模式的功能与缺陷

4.3.1 牺牲效率并未收获质量

在审判质量与诉讼效率之间,往往存在“鱼和熊掌不可兼得”的尴尬。司法判断毕竟高度依赖于法官的耐心和审慎[①],过于迅速的审判往往导致错案或冤案。这在当代中国不乏教训,比如一度盛行“从重从快”的“严打”运动,其负面效应至今仍广受诟病。[②] 最为极端者当数 1958 年开始的审判工作“大跃进”,公检法三机关直接联合办案,实行所谓“一长代三长”和“一员代三员”制度[③],炮制出“一天审结 53 起案件”、“55 分钟完成提请批捕到判决”等近似荒唐的闹剧。[④] 因此有学者认为,“在正常强况下,刑事审判程序公正性的增强会直接导致司法资源耗费的增大,以至于降低审判活动的经济效益。”[⑤]但是这条定律并不能反推,不能认为牺牲诉讼效率必然收获审判质量。换句话说,效率与质量之间并不存在“两者必得其一”的消长关系,“失之东隅”之后,并不一定能够“收之桑榆”。

C 院似乎正是这样一个例证。正如前文 2.3.3 所述,不管是个案审判效率还是整体结案情况,C 院都居于三个样本法院最末位。C 院承办人用于庭前阅卷、开庭审理和庭后审批的时间之和,大概分别等于 A 院和 B 院法官的 2 倍和 1.5 倍。从个案审理期间来看,C 院也几乎达到 A 院的 2 倍。虽然在严格的目标考核压力下,C 院一般不会出现超期结案现象,但是因为

---

① 美国麻省最高法院前首席大法官 Edward F. Hennessey 将优秀法官的品质概括为 17 点,其中就包括耐心和谨慎。See E. Hennessey, Excellent Judges, Franklin N. Flaschner Judicial Inst., Inc., 1997.

② 关于“严打”运动的考察和分析,可参见汪明亮:《“严打”的理性评价》,北京大学出版社 2004 年版,第 190—194 页。

③ “一长代三长”指公安局长、检察长、法院院长可以互相替代,比如公安局长可以代行起诉和审判的权力。“一员代三员”则指预审员、检察员、审判员之间的相互替代。参见王贵松:《行政诉讼法的目的论解释》,载罗豪才主编:《行政法论丛》第 9 卷,法律出版社 2006 年版。

④ 张培田、张华:《近现代中国审判监察制度的演变》,中国政法大学出版社 2004 年版,第 113 页。

⑤ 陈瑞华:《刑事审判原理论》,北京大学出版社 1997 年版,第 109 页。

案件跨越周期过大,导致年终统计时结案率稍低(表4-12)。

表4-12 三个样本法院2005年度刑事案件审判效率比较

项目	A院		B院		C院	
	普通	简易	普通	简易	普通	简易
审理期间(天)	21.1	9.3	34.2	10.4	37.2	14.4
个案耗时(分钟)	233.2	100.7	408	129.5	599.5	200.5
结案率	98.48%		98.92%		97.85%	
超限率	0.00%		0.00%		0.00%	

注:1. 审理期间和个案耗时为抽样,标准为每院20件,普通程序、简易程序各10件。结案率和超限率为全年数据,源于各院刑庭2005年终总结。

2. 审理期间数据源于阅卷统计,个案耗时源于实地观摩和访谈。

不过C院效率较低也在情理之中。毕竟相比“对抗/判定”和“阅卷/核实”模式而言,“初断/审批”模式要多出一个审批程序,而且往往还不止一次审批,因此不仅比较耗费承办人精力,也会因为逐级报批而拉长审理期间。但是从另一个角度出发,审批者的介入也更能集思广益,发挥更多人的智慧,从而提高判决的科学性和民主性。[①] 何况审批者还往往是业务更为精通、经验更为丰富的庭室领导或审委会成员。经济学上曾有量化研究,相比单人决策,每增加一个独立的决策顾问,作出正确判断的概率上大概会有5%的提高,并且最终可能接近100%的概率。[②] 因此我们逻辑地推断,C院的审判质量应当高于A院和B院,从而成为诉讼效率降低的补偿。但是正如表2-15所示,不论是上诉率还是改发率,C院都是三个样本法院中最高的,其上诉率甚至达到A院的1.8倍、B院的1.5倍。可见C院多层决策的案件审批制度,似乎并未有效提高其审判质量。

笔者认为主要有以下原因:其一,决策人数的增加与决策质量其实并不总是呈现正比关系。在一定数量范围内,比如从独任制到合议制,这种正比关系确实存在;但是一旦超过某一个临界点,规模的增加就可能导致决策质量下降。因为,“随着成员规模的扩大,领袖人物主导性逐渐增加,而集团成

① 钱卫清:《法官决策论——影响司法过程的力量》,北京大学出版社2008年版,第17页。

② 参见〔美〕米勒:《管理困境——科层的政治经济学》,王勇等译,上海三联书店、上海人民出版社2002年版,第114—115页。

员在协商方面的影响力将逐渐减少。民主安排让位于寡头控制。"[①]比如审委会就很可能受到院长的控制,从而有变异为"一言堂"的危险。其二,C院有诸多案件并非因为需要集思广益才上会讨论,而是为了获得"罚金换缓刑"的授权。集体决策的优势其实无从体现。而且更进一步说,由于缓刑与罚金直接关联,必然引起那些无能力或不愿意缴纳罚金的被告人的不满,从而导致上诉率攀升。其三,每案必上会的审批制度容易造成承办人的审批依赖心理,一旦查清案件事实,可能缺乏足够的责任心认真对待法律问题,从而使得错案几率提高。

4.3.2 程序公正性:"初断/审批"模式的最大软肋

关于案件审批制度的利弊分析——尤其是问题分析,相关著述可谓汗牛充栋。[②] 总体看来,多数学者都从程序正义理念出发,批评其剥夺被告人的诉讼权利,削弱审判程序的参与性、中立性、合理性和自治性,使本应公开进行的司法诉讼变异为"黑箱操作"的行政审批。不过与此同时,也有苏力等人从抑制腐败、抵制干涉、统一标准等角度进行"温和的辩护"。[③] 笔者自认无法在理论上超越这些论著,因此尝试根据实证调研结果,以具体数据来证实或证伪他人的判断。

从相当程度上说,庭审与判决的关联程度决定着程序之公正性。如果关联程度强,意味着法官直接根据公开、互动的庭审程序独立作出判断,符合"两造具备、师听五辞"这一基本诉讼框架。反之如果关联程度低,一则法官可能不独立,二则控辩活动可能"脱靶",三则可能另有隐秘的"幕后审判",因此有悖公开、独立、参与、迅速、理性等诉讼原则。因此达玛斯卡说

---

① 〔美〕奥斯特罗姆:《复合共和制的政治理论》,毛寿龙译,上海三联书店 1999 年版,第 91 页。

② 比如《北大法律评论》曾有专辑讨论审判委员会制度,受到学界频繁引用。具体包括苏力:《基层审判委员会制度的考察及思考》,陈瑞华:《正义的误区——评法院审判委员会制度》,贺卫方:《关于审判委员会的几点评论》,鲁志勇:《关于审判委员会制度的思考》,均载《北大法律评论》(第1卷第2辑),法律出版社 1998 年版。前三篇文章又分别收入苏力:《送法下乡:中国基层司法制度研究》,中国政法大学出版社 2000 年版;陈瑞华:《刑事诉讼的前沿问题》,中国人民大学出版社 2000 年版;贺卫方:《司法的理念与制度》,中国政法大学出版社 1998 年版。

③ 苏力:《送法下乡:中国基层司法制度研究》,中国政法大学出版社 2000 年版,第 143 页。

道:“在诉讼程序中,当事人的‘声音’越大,由此得出的裁判似乎也将越正确。”①

正如前文考察发现,B院刑事案件无一例外需要提交庭务会,其中超过半数还需上报审委会。而且不管庭务会还是审委会,其讨论过程均不对外公开,决策人员也大多不参与庭审。最为关键的是,两个议事机构都不是很尊重承办人的初始意见,改判比率都达到30%以上。这样一来,即便承办人个人是根据庭审形成心证,庭审与最终判决之间的关联程度也不强。何况在实践中,很大部分承办人主要通过阅卷作出判断,所谓庭审无非是核实被告人是否认罪而已。因此总体看来,相比基本实现“对抗/判定”模式的A院,C院庭审对最终判决的塑造作用极其有限。与此类似的是B院,因为法官过度依赖阅卷形成判断,也导致庭审与判决脱钩;虽然B院法官相对独立,但诉讼程序的秘密性、非理性和低参与性却在所难免(表4-13)。

表4-13 三个样本法院2005年度刑事庭审与判决关联度比较

法院	庭审生产判决	阅卷生产判决	审批生产判决
B院	≈13%	≈81%	≈6%
A院	≈88%	≈9%	≈3%
C院	≈11%	≈38%	≈51%

注:1. 根据表2-8,2-21,2-22,4-7,4-11综合计算。

2. 如果承办人/合议庭意见被审批者改变,则统计为“审批审查判决”;其余案件则根据法官是否依赖阅卷形成初步判断,分别统计为“阅卷生产判决”或“庭审生产判决”。

再来考察案件审批对外部干涉的抑制作用。正如苏力所言,基层法院——特别是农村法院——基本还处于传统的“熟人社会”,法官嵌入在由单位、社区、乡里、同学、朋友、亲戚等复杂关系组成的巨大网络之中,不可能完全“秉公执法、铁面无私”。② 不过如果进一步分析,我们可以将外部干涉区分为两类:一是体制内干涉,即地方党政领导、上级法院、人大或政协施加的干涉。二是体制外干涉,比如亲戚、朋友、熟人或者当事人、律师以各种情谊甚至经济利益施加的干涉。尽管两者都不具备“合法律性”,但是似乎少

---

① M. Damaska, Truth in Adjudication, 49 Hastings L. J., 289 (1998).

② 参见苏力:《送法下乡:中国基层司法制度研究》,中国政法大学出版社2000年版,第120—123页。

有人怀疑其普遍性，只不过前者往往能够得到默许，后者则通常需要秘密进行。

先来考察体制外干涉。一个现实难题是，由于话题的敏感性、机密性和危险性，没有任何法官会对研究者坦陈类似干涉的具体细节，因此不可能通过访谈或问卷获得精确数据。20 世纪 90 年代中期曾有调查表明："87% 的刑事案件和 94% 的民事经济纠纷案件均不同程度地存在为被告或原告说情的现象，且一年比一年严重。"因此民间有顺口溜曰："案件没进门，双方忙托人；一人打官司，亲朋齐上阵。"[①]笔者在三个样本法院调研过程中，曾询问每一位刑庭法官同一个问题："有人'打招呼'的案件大概有多少?"答案是惊人的一致："20% 左右。"[②]另一位检察长的感慨也可作为佐证："几乎每一个自侦案件，都会有至少上十个电话说情。所以很多时候一旦控制犯罪嫌疑人，必须马上关手机，然后尽快审讯以便获得口供。"不过在书面案卷以及会议记录中，笔者没能发现任何证据抑或迹象。

按照苏力的说法，面对这些"剪不断，理还乱"的体制外干涉，单个承办人往往缺乏足够的免疫力，因此需要审委会(或其他集体讨论机制)来保护法官，当然同时也可约束法官。客观地评价，这个理由不能说没有道理。毕竟承办人不能"一个人说了算"，他还必须在集体讨论框架中说服其同事以及上司。而且在这个说服过程中，体制外干涉不仅不能作为理由，甚至还必须加以妥善掩饰。其实正如前文所述，C 院庭务会和审委会的改判率均超过 30%，由此也足见集体讨论对于体制外干涉的屏蔽作用。但是我们同样没有理由过分乐观。由于承办人对案件事实的塑造作用，以及法官之间对于类似案件的"互不干涉"心态，集体讨论也可能被承办人所操纵，从而削弱甚至丧失其制约功能。

其次来看体制内干涉。应当说在相当程度上，党政领导的干涉已经成为"公开的秘密"，多数法官都不会掩饰或隐瞒。甚至在集体讨论的时候，完全可以坦陈这种干涉的存在。比如笔者在 C 院庭务会记录上就发现，庭长或分管院长数次提到"县委书记要求汇报"、"人大主任打过电话"、"政法委要求这样处理"等。审委会讨论也有类似现象，2005 年大概有 7 次提到地

---

① 周光佑、李建华:《道是有情应无情》，载《人民法院报》1994 年 3 月 7 日。

② 访谈笔录:B-1-2，A-1-2，C-1-1 等。

方党政或上级法院的干涉。与此对应的是,没有任何与会者提出质疑,似乎大家都已见惯不惊,因而能够做到泰然处之。因此笔者判断,不管是庭务会还是审委会,对于体制内干涉都缺乏足够的抵抗力。甚至在相当程度上,因为法院领导更加在意地方党政的支持和配合,导致案件审批成为体制内干涉的方便之门。正如贺卫方教授对基层法官的访谈发现,地方党政官员要影响一个案件的结果,不大可能也不太必要直接找承办法官,而更多的是跟院长们打招呼。诸多普通法官甚至对院长过分顺从地方长官意志感到不满。①

4.3.3　体制性影响:司法行政化

其实正如前文所述,如果仅以明文法律规范为标准,“初断/审批”模式既无所谓效率低下——因为肯定不会超审限,也无所谓程序不公正——因为法定程序都必然“走”到。但是在表面的“合法律性”背后,“初断/审批”模式却潜藏着更为深层次的隐忧:由于案件审批机制的存在,司法运作被不断行政化,从而很大程度上成为行政的附庸,失却其应有的功能和地位。

首先是司法程序的行政化。由于司法与行政在组织人事和意识形态上的实质合一,“决定了视审判为行政的一个环节的观念,审判程序是按行政原理设计的。”②具体表现如下:其一,事实调查采取一对一的“汇报——听取”模式,缺乏相互对立的控辩双方;承办人的立场和视野直接限定了决策者的事实判断。审批程序因而呈现明显的会议特征,而非司法诉讼的听证形式。其二,案件决策体现为上下级之间的“报批——审查”过程,主要是对承办人意见的复核和审批,而非在相互对立的控辩主张中进行非此即彼的选择。③ 其三,院/庭长和审判长的审批行为并不遵循多数原则,甚至可以不

① 贺卫方记下的原话是:“我们这些当兵的有啥,他还能把咱这个小审判员给抹了? 不像那些当官儿的,整天看头儿的脸色。唉,咱们国家这种当官的只对上负责的体制不改,说一千,道一万,没用。”贺卫方:《关于审判委员会的几点评论》,载《北大法律评论》第1卷第2辑,法律出版社1998年版。

② 季卫东:《程序比较论》,载《比较法研究》1993年第1期。

③ 司法权在本质上属于一种判断权,“是法官依照法律原则和法律规则就案件当事人提出的事实问题主张和法律问题主张在是非、曲直、正误、真假等方面所具有的多种可能性之间进行的辨别、选择与断定。”反之,行政权则具有高度灵活性,不必进行非此即彼的选择,而是可以实施亦此亦彼的权衡。参见孙万胜:《司法权的法理之维》,法律出版社2002年版。

经协商而直接改变承办人的初始意见。其四,按照滋贺秀三的观察,“审判的程序性限制也是以官僚机构内部纪律的形式出现,程序的遵守不是由于当事人能够对违法的过程提出效力瑕疵的异议,而是通过上司对违法官僚的惩戒处分来保障,人民仅仅止于接受其反射性的利益。”①

行政化的司法程序一则削弱其公正性和效率性,二则因为决策者未曾亲历庭审而影响到实体判断的正确性,三则因为审批程序的非法定性而容易招致外部力量的干涉。对于被告人而言,因为审理者与裁判者的分离,辩护声音不得不接受承办人的裁剪或压缩。“两造具备,师听五辞”的诉讼结构因而遭到破坏,本应具备参与性和交涉性的司法诉讼变异为“刀俎与鱼肉”的行政决定程序。司法程序已经不成其为司法,实质上沦为行政程序的附庸。

其次是司法组织的行政化。其一,作为法定审判组织的独任庭/合议庭被架空,本是行政机构的院长、庭长、庭务会反而成为决策者。本应一望而知的决策主体变得模糊起来,被告人和公众难以轻易获知。坐庭听审者很可能仅仅是一个“传声筒”,或者是一个人在心不在的“木偶人”②;真正的决策者反而是“不见其人、不闻其声”的幕后之人。其二,法官之间根据行政职级高低,被人为划分出等级;本来相互平等的同事关系变异为上下级之间的领导关系。庭务会、审委会等集体讨论机构则又高于个人地位。其三,法官等级越高,其个人意见的效力也就越高。判断一份意见的效力不再单纯依据其实体内容和产生程序,而主要根据作出该意见的法官职级高低。上级意志可以凌驾于下属意志之上,可以直接否定下属的判断。其四,审判分工也是以法官等级为标准。普通法官更多扮演事实调查者、程序操作者的角色,院长、庭长基本不参与承办案件,也很少出庭担任审判长,而是单纯承担案件审批和行政管理任务。

由于司法组织的行政化,本就高度欠缺的法官独立性进一步恶化。作为一个大型官僚组织中的一环,承办法官很难根据自己的知识和经验独自

---

① 〔日〕滋贺秀三:《清代中国的法与裁判》,东京创文社1984年版,第92—93页,转引自季卫东:《程序比较论》,载《比较法研究》1993年第1期。

② 兰荣杰:《诉讼规则“地方化”实证研究——以裁判权配置为视角》,载《法制与社会发展》2008年第2期。

作出判断。行政权力笼罩于法庭空间之上,法官表面看来主宰着审判程序,行使着"决讼断辞"的裁判权力,但实际上却可能是上级官员的附庸,只是代行初步调查之权,不能直接作出判断。从这个意义出发,法官可能并不成其为法官,反而更像是行政机关中的普通职员。

最后来看司法管理的行政化。其实司法程序本身含有自我约束机制,比如控辩参与、审判公开、直接言词、上诉复查等程序技术,主要目的之一就是抑制法官的恣意。不过在"初断/审批"模式下,因为审/判分离这一特殊结构,除了上诉机制还稍有制约力量外,其他约束机制都难以影响幕后决策者。因此为了防止法官滥权,法院不得不强化对法官的行政监督,以行政手段代替程序技术来追求判决的正确性。具体表现在以下一些方面:一是错案追究制度,即以二审法院改判或发回重审为主要标准评价一审判决是否正确,进而确定是否给予决策法官以惩罚。即便一审诉讼严格遵守法定程序,也不能免除法官被"倒追责任"。程序本身并不能保护基于程序作出判断的决策者。[①] 作为结果,一审法官不得不以揣摩上诉法官意志为裁判重心,甚至必要时先行请示二审法院。[②] 二是案件指标考核,即将审判效果细分为质量、效率等量化指标,对每个法官一一打分排序,未实现预定目标者将受到经济或行政处罚。但是因为具体案件千变万化,僵硬的考核指标难以灵活回应,导致法官往往不得不为了追求考核成绩牺牲实体效果。[③] 法官一定程度上成为"数字的奴隶"或是"指标的奴隶",虽然法官生产出来的数字往往经过扭曲。[④] 三是人事管理的行政化。法官作为宪政结构中的独立一环,本应与行政系统公务员相互区别,但现行《公务员法》将法官作为公务员一支,实行科层化管理。[⑤] 而且在实践中,以"队伍建设"为名义的各种政

---

① 季卫东认为,程序之所以如此重要,一是因为对当事人权利的保护,二是因为对决策者权利的保护。合理而公正的程序不仅能够统合当事人各方的立场,还能统合制度设立者与利用者的立场,以及决定者与决定对象的立场。季卫东:《法律程序的意义——对中国法制建设的另一种思考》,载《中国社会科学》1993 年第 1 期。

② 关于错案追究制度与案件请示制度的关系,参见冯嘉林:《取消个案请示应以改革现行错案追究制度为基础》,载《法律适用》2006 年第 9 期;葛磊:《法院错案追究制度分析》,载《中国司法》2004 年第 4 期。

③ 参见黄维智:《业务考评制度与刑事法治》,载《社会科学研究》2006 年第 2 期。

④ 参见威尔逊对警察机构数字化考核体系的分析。〔美〕威尔逊:《官僚机构:政府机构的作为及其原因》,孙艳等译,三联书店 2006 年版,第 228 页。

⑤ 卢芳霞:《法官公务员化的反思》,载《中共浙江省委党校学报》2005 年第 6 期。

治学习、作风整顿、风纪排查等活动,不仅大量占用法官的工作时间,还进一步强化法官对行政领导的依附性。最为关键的是,这种人事依附性往往容易传导到审判程序当中,成为行政领导干预法官判断的筹码,从而使得司法诉讼间接依附于行政逻辑。

不过需要澄清两点:第一,行政化管理并非"初断/审批"模式的特色,"对抗/判定"和"阅卷/核实"模式也大体相同。比如A院之所以基本实现100%的当庭宣判率,很大程度上便是受到目标考核的压力。B院简易程序案件也有类似原因。其实政治学、经济学研究均表明,随着一个组织的科层特征不断强化,数字化管理是其不可避免的选择。[①] 何况对我国法院而言,面临司法腐败等现实压力,对内部管理和人事监控的强化更是在所难免。第二,其实相比法院来说,公安机关和检察机关的行政化色彩更为浓厚。[②] 比如前者有破案率、批捕率指标,后者有起诉率、定罪率等压力。但是问题在于,法院应当首先关注程序公正性,尽管这很难进行量化评估。如果法院一味跟风公安机关和检察机关,过度追求容易量化的结果指标,可能促使法官本末倒置,牺牲程序公正性,转而关注上级需要的"数字"。如此一来,"公正"这一司法程序最为根本的诉求将被抛弃,取而代之的是被扭曲的行政指标。

第四节 背景分析:"初断/审批"模式的生成机制

4.4.1 素质问题:托辞还是现实?

综观各种为案件审批制度进行辩护的言说,"法官素质低"是一个普遍强调的问题。比如时任最高人民法院副院长的江必新大法官就认为:"现有

---

① 参见〔美〕米勒:《管理困境——科层的政治经济学》,王勇等译,上海三联书店、上海人民出版社2002年版,第5章;〔美〕唐斯:《官僚制内幕》,郭小聪等译,中国人民大学出版社2006年版,第154页。

② 虽然从应然角度上讲,警察权和检察权都属于行政权而非司法权,因此实行行政化管理似乎并无不妥。但从我国立法和实践来看,不管是公安机关还是检察机关,都拥有直接限制、剥夺公民基本权利的权力,而且不必接受法院机构的司法审查,因此可以认定两者"实际行使着司法权"。参见陈瑞华:《司法权的性质——以刑事司法为范例的分析》,载《法学研究》2000年第5期。

法官的整体素质问题是强化合议庭职能的最大制约因素。不尽快提高法官素质,权力即使下放也会收回。”[①]另一位副院长张军也主张:“确保法官的高素质是审判公正、高效的关键。”[②]贺卫方也认为法官精英化应当成为我国司法改革的进路之一,特别要强化以荣誉为关键的法官自律机制。[③] 左卫民更是明确断言,现阶段只能实行司法相对独立,“在目前法官职业技能普遍不高和自律性较弱的情况下,如果设立了法官独立制度而又缺乏一套制约法官的完备制度,其结果可能是司法公正的效果未得,而更生了许多的错误裁判和枉法裁判。”[④]笔者对三个样本法院领导的访谈也发现,素质论在实务界也颇有市场,也是法院制定有关政策的主要考虑因素之一。比如 A 院多名党组成员[⑤]均表示,因为刑庭三名法官无论专业素质还是职业道德都值得信任,所以审委会也愿意大幅放权与合议庭/独任庭,而且事实也一再证明该放权决定的正确性。[⑥] 反之 C 院分管院长和政治处主任就坦言,考虑到各种复杂因素,刑庭法官“还不是太让人放心”,因此不敢放手让法官个人决策。[⑦]

虽然法官道德难以量化评估,但仅就专业素质而言,还可以勉强通过学历、经验等指标进行比较。如果法官整体学历较高,法律学位比重较大,审判经验较为丰富,一般说来可能具备相对优秀的专业素质。[⑧] 当然这并不具有绝对意义,也不能具体适用于个别法官。但是在缺乏更为科学的评价手段的前提下,也不妨将学历和经验指标作为参考。当然这里需要非常严格地区分全日制学历和在职学历,毕竟后者在这个文凭泛滥的时代基本缺乏

---

① 江必新:《论合议庭职能的强化》,载《法律适用》2000 年第 1 期。

② 张军、郝银钟主编:《刑事诉讼庭审程序专题研究》,中国人民大学出版社 2005 年版,第 155 页。

③ 参见贺卫方:《司法改革中的上下级法院关系》,载《法学》1998 年第 9 期;《中国司法管理制度的两个问题》,载《中国社会科学》1997 年第 6 期。

④ 左卫民:《权利话语/实践的艰难展开:1996 年中国刑事诉讼法典修改的反思》,载《中外法学》2002 年第 4 期。

⑤ 基层法院一般实行“党组领导下的院长分工负责制”,党组成员大概包括正副院长、党组副书记、纪检组长、政治处主任等,通称“院级领导”。

⑥ 访谈笔录:A-1-1,A-3-2 等。

⑦ 访谈笔录:C-1-8,C-3-2 等。

⑧ 比如美国麻省最高法院前首席大法官 Edward F. Hennessey 归纳的优秀法官的外在条件包括 5 点,分别是年龄、健康、教育背景、沟通能力和诉讼经验。See E. Hennessey, Excellent Judges, Franklin N. Flaschner Judicial Inst., Inc., 1997.

实质内涵。比如笔者在三个样本法院发现,刑庭法官无一例外全部拥有本科文凭,但是绝大部分属于在职攻读的党校、业大、函授、网络或成教文凭[①],按照某法官的原话,“除了填写人事表格的时候,自己都不好意思说出来”。[②] B院因为地处省会城市中心城区,条件相对优越,因而全日制本科学历占到一半以上,但是其中只有两位法官拥有法学学士学位。

具体比较A院和C院两个放权幅度大相径庭的样本。从表4-14可以看出,如果仅从学历指标来看,A院甚至比不上C院,因为后者至少还有一位全日制法学本科毕业生,而前者则是清一色的高中/中专毕业然后在职“充电”。再看审判经验,A院3名法官平均从事审判工作17年[③],C院7名法官平均为16年[④],两者基本相当。如果严格按照专业素质确定放权幅度,C院似乎应当走在A院之前,或者至少不会落后。但实际情况却恰恰相反,A院合议庭/独任庭能够决定将近98%的案件,C院却不到一半。最为关键的是,A院放权后并没有导致审判质量下滑,而且相比C院而言,A院不论在质量还是效率上都占据一定优势。因此我们似乎可以认为,所谓以法官专业素质不高作为拒绝放权的理由,在很大程度上可能仅仅是一种托辞而已。

表4-14 三个样本法院2005年度刑庭法官学历及审判经验比较

法院	本科及以上学历	全日制学历	全日制法律学历	平均审判工作年限
B院	100%	57%	29%	13
A院	100%	0%	0%	17
C院	100%	14%	14%	16

注:1. B院和C院均按7人计算,C院按照3人计算。

2. 审判工作年限以初进法院为起算时间,包括从事书记员以及民事、行政审判的时间。

① 2002年起,最高人民法院要求40岁以下法官必须在5年内取得本科文凭,40岁以上者也要接受类似强化培训。邬焕庆、田雨:《现职法官将在5年内全部达到本科学历》,新华社2002年9月5日。

② 访谈笔录:A-1-2。

③ A院刑庭庭长先后在公安局、检察院从事刑侦、起诉工作十余年,但是调入法院工作仅4年。

④ C院最年轻的一名法官——其实也是唯一的全日制法学本科毕业生——仅获得审判资格一年,加上从事书记员的时间也仅3年,因此将平均年限大幅拉低。

也许有人会以法官道德素质为由反对放权改革。在司法腐败层出不穷的今天，这毫无疑问是一个现实的问题。但是更为核心的问题应当是：案件审批制度是否真能抑制腐败？政治学研究早就证明，没有任何一个大型组织能够完全限制代理官员的利己行为。尽管上层官员可以通过多种手段约束下属的偏差行为，但是“越想控制其下属，下属越试图逃避或抵制这种控制”[①]。如果设置专门的监控机构，除了效率与成本问题外，还需要解决“谁来监督监督者”的难题。具体到当代中国司法历史上，诸如案件审批、流程管理、案件评查、行政监察和党内监督等内控制度次第出台，甚至已经到了无以复加的繁琐程度。“为了从制度上保证绝对法定刑主义的实施、防止司法官在法律疏简的条件下专断，审判变成了一个由多级官员参与的复杂过程，程序要件充足性的问题在很大程度上被置换为人事行政上的监察问题。”[②]但是实际效果似乎并不理想，司法腐败仍然处于高发阶段。

另一个更为尴尬的问题是，案件审批可能不仅难以遏制腐败，甚至还可能适得其反。一项对中美腐败问题的比较研究发现：“官僚化程度越高，腐败可能性就越大。行政决策层次的增加，意味着索贿的机会增加。受贿往往并非因为一个单一决策主体的变质而产生，更可能是因为在一个多层次决策机构中，某一个或多个层次官员顽固利用自身职权牟利。”[③]其实这也再次证实前文4.3.2的判断，集体决策机制不仅难以抵制外部干涉，甚至还成为助长干涉的便捷通道。

苏力在考察审委会制度时曾强调：“必须摒弃那种过分强调法官个人道德品质并试图在这一基础上形成法官独立或司法独立的进路。……我们的思路仍然是传统的，即倾向于将司法独立和司法公正与否的问题同法官个人的道德品质联系起来。这实际上还是一种强调人治的法治进路。”[④]陈瑞华也提出：“法官个人裁判权的扩大会使其违法裁判的几率增大，这也不能

---

① 〔美〕唐斯：《官僚制内幕》，郭小聪等译，中国人民大学出版社2006年版，第156页。

② 季卫东：《法律程序的意义——对中国法制建设的另一种思考》，载《中国社会科学》1993年第1期。

③ H. Josephs, The Upright and the Low—Down: An Examination of Official Corruption in the US and the PRC, 27 Syr. J. of Int'l L. & Commerce 269 (2000).

④ 苏力：《送法下乡：中国基层司法制度研究》，中国政法大学出版社2000年版，第138页。

成为永远将法官作为审判委员会的附庸的正当理由。"[①]司法腐败归根结底是一个政治问题,而不是一个简单的诉讼程序问题。虽然程序在一定程度上可以超越体制[②],比如"一步到庭、当庭宣判"可以适当抵制外部干涉,但其作用终归有限。"克服司法腐败的有效途径应当是进行有效的政治改革,使滋生腐败现象的政治因素得以消除。同时在司法制度的设计中增强案件当事人的参与能力,扩大其参与范围,使法官作为裁判者的权力受到有效的制约。"[③]

4.4.2 现实制约:法院为什么不敢放权?

比较 A 院和 C 院可以发现,如果说法官素质问题只是案件审批制度的托辞,那么一些更为现实的客观因素却凸显其重要性。其中既有体制因素——比如 C 院的"创收"冲动,也有纯粹的程序因素——比如 A 院的"一步到庭、当庭宣判"制度。在相当程度上,这些因素可能是法院领导确定是否放权的关键。借用一个管理学上的原理,一只水桶的容量取决于最短的那块木板。对于法院放权改革来说,即便宏观体制和微观技术条件都已具备,但是只要个别现实因素的存在,就可能阻碍放权的进度和幅度。

笔者访谈发现,C 院审委会之所以"不厌其烦"地要求所有"放人"案件都上会讨论,主要原因即在于"放人"案件的"创收"性质。由于 C 县财政紧张,大概只能保障法官基本工资;法院办公经费和法官奖金就显得捉襟见肘,因此不得不要求各业务庭自行"创收"。[④] 刑庭因为案件特殊,一则不可

---

① 陈瑞华:《刑事诉讼的前沿问题》(第 2 版),中国人民大学出版社 2000 年版,第 419 页。

② 借用高一飞的一本书名。参见高一飞:《程序超越体制》,中国法制出版社 2007 年版。

③ 陈瑞华:《正义的误区——评法院审判委员会制度》,载《北大法律评论》第 1 卷第 2 辑,法律出版社 1998 年版。

④ 虽然表面上各地都实行"收支两条线"制度,法院各项收入必须首先进入国库;但是因为不少地方财政拨款严重不足,无法保障法院的正常运转,因而不得不默许甚至鼓励法院自行"创收"。同时为了体现公平和激励,一般还实行"比例返还、多收多得",甚至是全额返还。访谈笔录:C-1-4 等。

能收取诉讼费和执行费,二则难以追缴违法所得或罚没赃物[①],唯一可行的办法就是收取罚金。不过现实难题在于,如果不给予被告人一定程度的宽大处理,几乎没有任何被告人会主动缴纳罚金。虽说从理论上讲可以强制执行罚金,但一则需要法院执行机构的配合,因而需要“分一杯羹”给后者,二则又面临无从执行的困境[②],所以只能想方设法促使被告人主动履行。从实践操作来看,“罚金换缓刑”这一不太光彩的做法无疑是主要手段。[③] 尤其是在未成年人犯罪和轻微犯罪案件中,因为存在主流刑事政策的支持,法院似乎更是“理直气壮”。尽管从一定程度上说,缴纳罚金可能代表被告人积极悔罪,因而酌情从轻处罚似乎未必不可;不过一旦将罚金与缓刑直接相连,甚至赤裸裸地施行“一手收钱,一手放人”,显然并非“酌情轻判”那么简单。

但是另一个问题又接踵而来:一旦法院打开“花钱买缓刑”的方便之门,难免会有法官趁机“搭车受贿”。因为夹杂在法院默许的缓刑案件中,即便承办法官真有“小动作”,法院领导和上诉法官可能也难以区分。而且对于被告人而言,只要可以成功“脱身”,缴纳罚金和支付贿赂似乎并无多少区别,反正都是“花钱免灾”;何况后者似乎更有可能获致最佳判决。[④] 于是就不免出现这种结果:一边是法院收罚金,另一边是法官拿贿赂,最终是犯人

---

① 严格从理论上说,追缴违法所得或罚没赃物应当属于法院的权限。但是因为牵涉经济利益,侦查机关一般先行占有,只在案卷中附上简单说明即可;法院虽说有权(也有义务)判决追缴,但实际上却拿不到一分钱。不少地方公检法三机关曾因此产生争议。参见龙宗智:《检察官该不该移交赃款》,载《法学》1998 年第 1 期;吴山:《追缴赃款赃物的实务困境及制度完善》,载《福建公安高等专科学校学报》2006 年第 6 期。C 院曾经发生过一起极端案件:20 世纪 90 年代中期,因为法院和公安相互争夺赃款赃物实际追缴权,而公安机关又在法律规范和理论依据上占据劣势,无奈中想出一条“妙计”,把一起盗窃案件的赃物——近十头耕牛——移交法院,系于法院门前广场上,几天下来便是臭气熏天。法院不堪其扰,最终只能妥协。这在当地司法界长期传为笑谈。访谈笔录:C-1-2,C-5-1 等。

② 多数被告人个人经济状况普遍不佳,而且还和家庭其他成员的财产混同。考虑到财产分割、社会稳定等因素,法院执行机构一般都不会强制执行罚金。访谈笔录:C-1-8。

③ 比如本章开始描述的案例一中,承办人一直等到被告人家属预缴罚金之后,才决定科以缓刑。其实笔者在庭务会和审委会记录上多次发现类似发言:如果被告人缴纳罚金,则判缓刑;如果拒绝缴纳,就判实刑。另有个别法院不仅将罚金和缓刑挂钩,还甚至自创非法的“缓刑考察费”,要求被告人于宣判前预缴,否则就处以实刑。参见王琪:《云南永善法院被判缓刑者须交缓刑考察费》,载《民主与法制时报》2007 年 3 月 19 日。

④ 访谈笔录:C-5-2。

得缓刑。[1] 法院认为承办人是“为公家创收”,自然会予以默许;被告人认为是“花钱免灾”,当然也心安理得。承办人在笑纳贿赂的同时,也将“权钱交易”的骂名推给了法院。正是因为这种担心,C院不敢放手让承办人独自操作,而是要求所有“放人”案件一概由审委会讨论决定。不过正如前文4.2.2.4所述,由于“放人”案件普遍较为简单,并不存在事实或法律争议,所以审委会也只是简单把关而已,多数情况下都是直接核准,很少进行认真讨论,改判的情形更是少之又少。

客观地说,如果我们将“罚金换缓刑”视为法院经费不足情况下的无奈之举,那么C院现行的案件审批制度还算合情合理。虽然审委会不可能完全杜绝“搭车受贿”现象,但至少能够加以适当遏制。何况从另一个角度出发,通过审委会集体讨论确定“罚金换缓刑”,也能保护承办法官和分管领导。毕竟这种做法有悖公正(虽然立法上没有绝对禁止),不免给人以司法腐败的猜测;集体决策恰好能够提供必要的保护。

笔者2006年访谈了解到,一方面因为近年来上会讨论的“放人”案件过多,审委会已经不堪重负,另一方面也是顺应审委会“放权”的司法改革趋势,C院正在计划将部分缓刑案件授权刑庭决策。首先是未成年人犯罪案件,因为根据最高人民法院《关于审理未成年人刑事案件具体应用法律若干问题的解释》的规定,对于初犯且积极退赃的未成年人,如果具备管教或监护条件,原则上应当适用缓刑。其次是交通肇事案件,因为本属过失犯罪,只要被告人积极进行民事赔偿,法院判处缓刑不仅无可厚非,还可视为促进社会和谐的亮点性举措。[2] 不过截至笔者调查结束,该“放权”改革还未全面展开。2011年笔者回访时则发现,这一改革已经正式实施。

值得玩味的是,C院审委会在默认“罚金换缓刑”的同时,却可能将真正应当判处缓刑的轻微犯罪案件“拒之门外”。个中理由在于:如果案件不适宜判处罚金,或者被告人难以支付罚金,承办人往往缺乏判处缓刑的动力。兼之缓刑案件必须上报审委会讨论,承办人一则需要另行制作审理报告,二则需要列席审委会汇报案件,三则需要适当延缓审理流程以便等待上会,无疑是凭空增加不少工作负担。于是个别承办人就稍微变通,将缓刑判决改

---

① C院分管刑庭的副院长在接受笔者访谈时明确表达出这种顾虑。访谈笔录:C-1-8。

② 访谈笔录:C-1-5,C-1-8等。

为刑期较短的实刑,以求逃避复杂的审批程序。[①] 这种交钱与否导致的量刑差异,可能也是C院上诉率较高的原因之一。

4.4.3 案件审批:历史传统与政治技巧

作为我国最具特色的审判方式之一,案件审批制度自共产党建立赣南苏维埃政权始即广泛存在。根据1932年《中华苏维埃共和国裁判部暂行组织及裁判条例》,上下级裁判部(法院)之间属于直接隶属关系,下级裁判部仅有裁判宣告权而无决定权,其判决须经上级裁判部批准(非上诉)。1934年颁布的《中华苏维埃共和国司法程序》以上诉制度取代批准制度,同年陕北边区政府的《高等法院组织条例》亦有类似规定。不过与此同时,具体承办案件的推事仍不具备案件决策权,最终判决须由庭长或院长作出。[②] 比如当时编制的推事职责包括:审判案件、进行案件调查、传讯证人、检查证物、批答案件、进行判决并撰拟判决书。与此同时,庭长职责中最关键的一条便是:决定案件的判决与撤销。[③]

新中国建立后,为确保土地改革和“镇反”斗争的顺利进行,政务院于1950年颁布《人民法庭组织通则》,在各县建立土改与“镇反法庭”,在组织上隶属各县人民法院,但是案件决策权却归于地方政府。比如县级法庭判决死刑、没收财产及五年以上徒刑,须经省级政府或其指定的专员公署批准。不足五年的徒刑及宣告无罪的判决,由县级政府批准。[④] 与此类似,1952年建立的“五反”和“三反”人民法庭也实行行政审批或隔级审批制度。[⑤] 同期展开的以“肃清旧法观点,纯洁司法队伍”为目的的司法改革运动,一方面吸收大批革命干部和群众代表进入法院工作,另一方面进一步强化法院向当地党委政府请示报告的制度,使党委政府批案制度从特别法庭

---

① 访谈笔录:C-1-3。

② 张培田、张华:《近现代中国审判监察制度的演变》,中国政法大学出版社2004年版,第46—62页。

③ 熊先觉等编:《中国司法制度资料汇编》,人民法院出版社1987年版。

④ 参见《人民法庭组织通则》,载《中央政法公报》1950年7月31日。

⑤ 参见《关于“五反”运动中成立人民法庭的规定》以及《关于“三反”运动中成立人民法庭的规定》,载《中央政法公报》1952年3月30日。

扩展至普通法院。[①]

1954 年《宪法》颁布之后,“人民法院独立进行审判,只服从法律”的司法独立原则得到宪法确认。“党法不分”的党委批案制度因此受到诸多有识之士的质疑;但是“反右”斗争很快开始,主张司法独立者受到广泛批判,并且迅速上纲上线,被斥为维护资产阶级专政、排斥党的领导的突出表现。[②]比如时任最高人民法院副院长的马锡五主张:“法院是人民民主专政的工具,也的党的工具。党领导一切,已为宪法所规定。法院从大政方针到具体案件,都必须坚决地无条件地服从党的领导,任何动摇和怀疑,都是极端错误的。”[③]1957 年底,中共中央批转最高人民法院和司法部党组的联合报告,要求“全部审判活动,都必须坚决服从党委的领导和监督。党委有权过问一切案件,凡是党委规定审批范围的案件和与兄弟部门意见不一致的案件,都应当在审理后宣判前,报请党委审批。任何借审判‘独立’,抗拒党委对具体案件审批的想法和做法都是错误的,必须坚决给予纠正”[④]。当代学者称其为“司法部门向党委的全面缴械和投降”。[⑤] 在此之后,通过“反右”斗争确定的党委批案制度被一再扩大化。部分地方法院甚至连一般刑事案件都一概向地方党委请示汇报,以免遭批判攻击。法院内部也同时取消审判员或审判长负责制,要求审判员在判决之前必须向院长或庭长请示汇报,并服从院/庭长的领导。重大案件还需要报请党委政府共同研究决定。[⑥]

拨乱反正之后,中共中央于 1979 年 9 月发布《关于坚决保证〈刑法〉、〈刑事诉讼法〉切实实施的指示》,要求“切实保障……人民法院独立行使审

---

① 参见史良:《关于加强人民司法工作建设的报告》(1953 年 4 月 11 日在第二届全国司法工作会议上的报告),载《人民日报》1953 年 5 月 14 日。

② 参见冯若泉:《驳贾潜“审判独立”的反党谬论》,载《政法研究》1958 年第 1 期;许建国:《肃清旧法观点,克服右倾思想,巩固人民民主专政》,载《法学》1958 年第 9 期;庚以泰:《捍卫党对人民法院的领导,驳审判独立的谬论》,载《政法教学》1958 年第 1 期;齐文:《必须彻底肃清资产阶级“审判独立”的思想影响》,载《政法研究》1960 年第 2 期。

③ 马锡五:《审判工作的几个问题》,载《人民司法工作》1957 年第 10 期。

④ 参见中共中央批转人民法院、司法部党组《关于司法工作座谈会和最高人民法院的反右斗争情况的报告》,1957 年 12 月 14 日。

⑤ 滕彪:《“司法独立”话语在当代中国的变迁》,载罗玉中主编:《法学纪元》第 1 辑,北京大学出版社 2004 版。

⑥ 张培田、张华:《近现代中国审判监察制度的演变》,中国政法大学出版社 2004 年版,第 98 页。

判权,使之不受其他行政机关、团体和个人的干涉。……党委与司法机关各有专责,不能互相代替,不应互相混淆。为此,中央决定取消各级党委审批案件的制度。……党对司法工作的领导,主要是方针、政策的领导”①。1982年《宪法》和1983年《人民法院组织法》再次确认审判独立原则。不过与此同时,审判委员会制度也得到重申。其实早在1981年,最高人民法院就曾发布《审批案件办法(试行)》,规范最高人民法院审判委员会审批案件的范围;该《办法》此后成为地方法院效仿的样板。1993年最高人民法院另行发布《审判委员会工作规则》,确定审委会的议事范围及讨论规则,并明确上会案件事实问题由承办人和合议庭负责,审委会成员只听取口头汇报并阅读书面审理报告。

2000年和2002年,最高人民法院分别颁布《人民法院审判长选任办法(试行)》和《关于人民法院合议庭工作的若干规定》,在强调合议庭权限的同时,一是明确审判长意见相比普通法官意见的优先地位,二是明确院长、庭长的文书审核权和建议复议权。虽说该两司法解释有突破法律另设审判组织的嫌疑,但是相比实践中院/庭长的权限来说,已经显得非常克制,甚至可以说是巨大进步。不过即便如此,庭务会的地位和权限仍然没有得到明确承认。另一个问题在于,不论是审判长选任还是合议庭改革,都没有整齐划一地普遍展开,而是允许各院因地制宜适时推进。因此也就出现类似三个样本法院之间的区别:有的法院(如A院)改革比较激进,审委会和院庭领导放权较为彻底;有的法院(如C院)相对保守,基本还是沿袭传统的集体讨论和领导审批制度,从而成为放权改革的“盲区”。

从上文的简单梳理可以发现,我国法院案件审批制度具有深厚的历史背景,而且归根结底属于一种政治现象而非司法现象。其目的在于确保党对司法工作的领导,“不能因独立审判对党闹独立”。② 其本质是实现党对国家权力末梢的控制,通过刑事司法制度实施社会治理。其实在“文革”或“肃反”期间,刑事惩罚甚至直接由党委出面实施,但是这也不免造成党委与

---

① 即中发[1979]64号文。参见肖扬主编:《中国刑事政策和策略问题》,法律出版社1996年版,第423页。

② 董必武:《在军事检察院检察长、军事法院院长会议上的讲话》(1957年3月18日),载《董必武法学文集》,法律出版社2001年版,第385页。

犯人直接对抗的局面。尤其是随着普通刑事犯罪增多,党委直面犯人似乎已无必要。因此作为一种更具隐蔽性和合法性的惩罚手段,刑事审判也就逐渐成为党委的首选。法官走上前台,被塑造成消极且中立的裁判者形象;党委则通过案件审批渠道掌握最终决定权,尤其是党委关注的重大案件。[①]正是通过这一转变,党一方面保持对罪犯的惩罚权力,另一方面又可以根据案件重要程度灵活取舍。如果案件较为普通,不会威胁到政权安定性和合法性,党委则可授权法官直接处理;反之如果案件较为重大或敏感,党委则可借助对法官的微观控制决定案件结果。因此从这个意义上说,案件审批制度远非一种简单的司法裁判技术设置,而是一种执政党的政治需要。

① 强世功:《法制的兴起与国家治理的转型——中国的刑事实践的法社会学分析(1976—1982)》,载《战略与管理》2000年第4期。

第五章　基于繁简分流的选择性适用：中国刑事审判的未来模式

第一节　作为理想类型的三种模式

首先需要承认，以上三章描述的三种审判模式，都仅仅是韦伯意义上的“理想类型”，是“理论上被设想出来的主观意义的纯粹类型”，指代“分布在给定的多数行动者之中的平均意义或一般意义”。[①] 正如达玛斯卡在建构科层型和协作性司法时所说：“若是找不到一种恰当的分类方式，对程序形式的比较分析连起步都很难。……对个体特殊性的考察，只有在获得了用一般性概念来关照和讨论个体性问题的概念工具之后才可能进行。”[②]或者换用韦伯的话说：“只有根据理想类型或纯粹类型，才有可能作出理论上的区别。”[③]

“理想类型”的解释模式必然面临偏离或失真的问题，因为“现实世界永远不会与我们所建构的模式完全吻合”[④]。当我们把自我构建的“分析框架适用到既有的

---

① 〔德〕韦伯：《社会科学方法论》，杨富斌译，华夏出版社 1999 年版，第 36 页。

② 〔美〕达玛斯卡：《司法和国家权力的多种面孔——比较法视野中的法律程序》，郑戈译，中国政法大学出版社 2004 年版，第 362 页。

③ 〔德〕韦伯：《社会科学方法论》，杨富斌译，华夏出版社 1999 年版，第 54 页。

④ 〔英〕毕瑟姆：《官僚制》，韩志明、张毅译，吉林人民出版社 2005 年版，第 2 页。

程序制度上去的时候,这些制度的绝大部分都看似……各种纯粹风格的混成品”①。作为结果,我们需要在解释模式基础上添附大量的具体条件,才可能对应复杂的社会现实。

具体到本书建构的三种审判模式,虽说笔者分别以三个法院为样本进行分析,但并不意味着理论模型与司法实践的一一对应。其实不管是A院、B院还是C院,都不存在纯粹的某种审判模式。更为客观地说,各院审判实践都是三种解释模式的混合物,只不过相对偏重于其中某一种模式而已。总体而言,审判方式改革相对活跃、制度创新相对丰富的法院,适用“对抗/判定”模式可能更多。反之比较保守或传统的法院,可能更为偏向“初断/审批”模式。但是如果法院案件负担较重,审判效率压力较大,往往都会首选“阅卷/核实”模式。

不过需要明确以下几个事实:第一,任何法院、任何案件都必然存在开庭程序,法官都必然需要通过听审获取案件信息。因此没有绝对虚置的庭审,只不过因为庭审实质化程度不一,导致对法官心证的塑造作用不同而已。第二,至少对承办人而言,几乎没有不阅卷的情况。法官或多或少需要借助侦查案卷了解案情,因此并不存在绝对的口头审理。但是因为阅卷方式的差异,导致阅卷行为与法官心证的关联程度不同。第三,至少就目前来说,还没有任何法院能够实现完全“放权”与合议庭/独任庭。案件审批制度仍然广泛存在,只不过具体审批范围、方式等有所差异。

其次,还要看到,三种模式之间在一定条件下也可相互转化:一是从“阅卷/核实”到“对抗/判定”,即法官已经通过庭前阅卷形成内心确信,但是如果被告人当庭翻供,或是出现其他特殊情况②,开庭过程将变得较为实质化,法官也很可能基于庭审形成全新的心证。二是从“对抗/判定”到“阅卷/核实”,即法官本意是通过开庭直接宣判,但是因为案情比较复杂,证据信息过多,法官难以当场整理出清晰而周密的事实脉络和证据链条,因而需要暂时休庭,借助仔细阅卷来完成心证。三是从“对抗/判定”或“阅卷/核实”到

---

① 〔美〕达玛斯卡:《司法和国家权力的多种面孔——比较法视野中的法律程序》,郑戈译,中国政法大学出版社2004年版,第362页。

② 比如B院某法官谈到,其承办的某简易程序盗窃案件,本来已经提前制作判决书,但是被告人和辩护人当庭提出自首的充分证据,法官确认之后适当降低刑期,仍然实现当庭宣判。B-1-3。

"初断/审批",意即承办人/合议庭是通过阅卷或庭审形成心证,但是不得不提交决策者审批。四是从"初断/审批"到"阅卷/核实"或"对抗/判定",主要是针对案件审批制度的新形式,比如决策者直接旁听庭审①,或是借助电子档案技术直接阅卷等。②

最后,需要强调的是,笔者并未在三种模式之间预设价值位阶,没有简单地判断何种模式更为可欲。其实正如前面三章对三种模式的效果分析所言,每一种模式都有其独特的优势和缺陷。评价三者之间的优劣,必须要具体到特定的立场和范围。具体而言,评价者首先要区分权力和权利两种进路,明确程序公正和实体正确两种视角,进而划定简单案件和复杂案件两种范围,才能真正实现有意义的评价。因此我们不妨化用一句俗语来表达:"世上从来没有坏的审判模式,问题是你放错了地方。"

第二节 回归诉讼元模式:以"对抗/判定"模式为基础构建中国刑事审判

5.2.1 司法竞技模式:刑事审判的本来面目

正如陈瑞华所言,其实不论在理论界还是实务界,对于"什么是刑事审判"这一最为根本的问题都还存在广泛的误读。在很多人看来,刑事诉讼无非"是一种以惩罚犯罪、揭露犯罪、证明犯罪为目的的国家活动。……是国家发动的一场旨在控制、镇压犯罪的战争,战争的主导者是作为国家司法机

---

① 比如最高人民法院颁布的《人民法院第二个五年改革纲要(2004—2008)》第23条提出,要"改革审判委员会审理案件的程序和方式,将审判委员会的活动由会议制改为审理制"。目前已有不少法院实行审委会成员旁听案件制度。参见沈双武、刘警钟:《九江中院审判委员会委员旁听庭审》,http://www.chinacourt.org/html/article/200507/05/168041.shtml,2008年6月24日访问;毛军华:《抚州中院审委会委员旁听庭审》,http://jxfy.chinacourt.org/public/detail.php? id=2574,2008年6月24日访问。

② 不少法院已经逐渐实现"无纸化"办公,即将所有案件书面资料录入电脑,通过局域网络办理审批事项。审委会在讨论案件的时候,每个委员面前均放置一台同步显示器,跟随承办人的汇报进度即时查阅相关证据资料。如果审委会委员有需要,也可随时通过网络调阅案卷。参见胡庆:《建立电子档案,实现办公无纸化》,http://www.pzfy.org/Article/gzdt/xxkb/200412/114.html,2008年6月24日访问。

构的公安、检察、法院,战争的打击对象是所有犯罪者"[①]。"犯罪嫌疑人、被告人即使不是处于诉讼客体的地位,也至多不过是侦查的协助者和起诉、审判的对象而已。换言之,刑事诉讼尽管名为'诉讼',但实际上并没有被赋予诉讼的基本特点,而是不知不觉地被视为国家单方面实施的行政治罪式的活动。"[②]

但是刑事诉讼显然不应成为一种行政治罪活动。司法诉讼之本来面目,即是作为中立者的法院解决争议双方之间利益争端的裁判活动。"古希腊的诉讼本是以在公众面前公开举行的竞技为原型而发展起来的,诉讼被理解为两个对手之间一种仪式化了的斗争或对抗,其使用的武器则是言词与证据。作为审判者的公共权力只是为了保障竞技公正进行的裁判,其作用仅仅是被动地适用建立在惯习上的规则。判决也不过是对斗争的结果一方所获得的胜利给以确认或作出宣言而已。"[③]这样一种仪式化、理性化而且制度化的竞技活动,正是现代诉讼制度的原初模型,因此有学者直接称其为"司法竞技主义"。[④] 具体到刑事审判而言,由于采用国家追诉主义,公诉机关代替个人与被告人进行对抗,法院则代表国家对被告人的刑事责任问题作出最终且权威的裁判。[⑤] 但是这仍然属于一种竞技模式,而非是由国家单方操作的惩罚活动,不是一场公安、检察、法院联合镇压犯罪者的战争。

正是因为司法诉讼体现为一种竞技活动,所以它必须满足以下两个基本的结构要件:一是控辩对抗,即控诉者和辩护者分别基于相反的立场提出自己的主张和证据,意图说服裁判者从而获得诉讼的胜利。如果双方竞技能力严重不平等,还需要通过特殊的程序安排加以平衡,以免控辩对抗异化为单方镇压。二是理性裁判,即法官需要始终保持中立态度,通过公开的法庭听证活动,公平地听取双方意见,最终根据实体规范和内心确信作出判

---

① 陈瑞华:《刑事诉讼的前沿问题》,中国人民大学出版社 2000 年版,序言。

② 陈瑞华:《问题与主义之间——刑事诉讼基本问题研究》,中国人民大学出版社 2003 年版,第 541 页。

③ 王亚新:《对抗与判定:日本民事诉讼的基本结构》,清华大学出版社 2002 年版,第 61 页。

④ 张建伟:《司法竞技主义——英美诉讼传统与中国庭审方式》,北京大学出版社 2005 年版。贺卫方和汪建成亦曾将司法诉讼比拟为足球比赛,并从竞赛规则、裁判机制等方面一一比较。参见贺卫方:《法律诉讼与足球比赛》,载《南方周末》1998 年 2 月 6 日;汪建成:《从足球裁判到司法裁判的联想》,载《中国律师》2002 年第 9 期。

⑤ 陈瑞华:《刑事审判原理论》,北京大学出版社 1997 年版,第 7 页。

断。因此从整体上看,“纠纷当事人之间的争论再加上中间人的居中判断,这是一个天然的解决纠纷的‘等腰三角’格局,是赤裸裸的求真格局,是一种方法。……诉讼程序的内在机理是:对等腰三角天然格局的固定。”[①]整个诉讼程序体现为两个说服过程,“一个是当事人通过法庭辩论说服法官的显在过程,另一个是法官在此基础上考虑如何说服当事人各方、上级法院、社会一般成员的潜在过程。”[②]两个说服过程通过对抗与判决产生互动,表现为等腰三角的三个支点之间的互相作用,从而使得这一“三方组合”的基本结构实现一种动态的平衡。

更进一步分析,作为一种三方互动式竞技机制,司法诉讼应当具备以下技术要件:一是程序参与,即赋予控辩双方充分且对等的发言机会,促使双方基于各自立场尽力展现纠纷的不同侧面,从而确保法官在集思广益的基础上作出全面判断。二是程序自治,即法官判断须以控辩对抗为基础,“审判程序在产生裁判结果方面具有唯一的决定作用。”[③]“程序的决定排除外部干扰,在决定结果的产生方面只承认程序内的所有信息,惟有程序具有决定性作用,排斥程序外的其他因素的考量。”[④]审判程序因此呈现高度“闭合性”。三是程序公开,即需要借助公众的眼光监督裁判者的行为,促使法官作出合理的判断。因此从这个角度出发,审判程序又具有“开放性”特征。四是法官独立和法官亲历,即裁判者必须亲自出席法庭听证,并根据庭审信息独立作出判断。五是集中审理和口头审理,即为避免庭外因素不当影响法官意志,确保控辩活动对法官心证的直接塑造作用,将审判活动集中于庭审阶段,并采取口头对抗的方式具体展开。

其实总体而言,不管是三方互动的诉讼结构,还是上述种种程序技术,其目的都在于维护司法诉讼的公正性、合理性和合法性,最大限度地追求当事人及社会大众的认同和信服,从而最终实现通过程序消弭纠纷。为了实现该目的,仅仅关注实体结果的正确性还远远不够,甚至不应成为首选方案;反之应当通过程序本身建构一种正当化机制,使通过程序获得的实体结

---

① 马贵翔:《诉讼本质之思辨——从探究真实到实现程序正义的内在逻辑》,载《甘肃政法学院学报》2008 年第 1 期。

② 季卫东:《程序比较论》,载《比较法研究》1993 年第 1 期。

③ 陈瑞华:《刑事审判原理论》,北京大学出版社 1997 年版,第 69 页。

④ 孙笑侠:《程序的法理》,商务印书馆 2005 年版,第 112 页。

果当然具备正当性。司法审判的参与性和自治性正是这种努力的结果:因为控辩双方直接参与塑造法官心证,判决结论因而被视为程序本身的产物,而非任何预先确定的偏向性判断。这一方面体现当事双方的自由选择和自我负责,另一方面又能保护决策者免于因为实体判决的真伪难辨而遭受质疑甚至追诉。至于司法审判的公开性、亲历性和集中性等特征,则是在参与性与自治性的结构基础上,技术性地提升法官判断的准确性。

显而易见的是,上述司法诉讼的原初模型,其实最为接近本书构建的“对抗/判定”模式。相比“阅卷/核实”和“初断/审批”模式,“对抗/判定”模式更加强调控辩活动对法官心证的塑造作用,将控辩对抗视为法官判定的基础和前提,而法官判定无非是控辩对抗的目的和结果。具体到形式结构和程序技术上,“对抗/判定”也更为接近竞技活动这一原型,注重控辩审三方的等腰三角结构,强调程序的参与性、自治性等特征。反观“阅卷/核实”和“初断/审批”两种模式,被告人和辩护人都难以有效参与法官心证的塑造;整个程序虽然表面上有辩护方的参与,但实质上不免沦为法官单方行使国家惩罚权的行政式治罪活动。因此不妨一言以蔽之:“由‘三方组合’所构建的三角形结构正是诉讼结构区别于‘命令—服从’行政管理结构的本质特征。”①

5.2.2 “对抗/判定”模式:中国刑事审判的应然方向

客观地评价,即便经过 1996 年以“控辩式”庭审为特色的《刑事诉讼法》修订,以及 2012 年《刑事诉讼法》再修改的进一步强化,我国刑事诉讼仍然没有实现司法竞技化。不管是在制度层面还是操作层面,单方治罪式的行政化色彩依然浓厚。首先体现在基本诉讼结构上,按照陈瑞华的说法,我国刑事诉讼在纵向上呈现一种“流水作业”式构造,公安、检察、审判三机关前后接力、互相配合且互相补充,共同致力于对被告人的惩罚。② 左卫民和龙宗智则认为,我国刑事程序在表面的“三角结构”之外,尚存在一种高度强调权力同质性和同一性的“线型结构”。后者属于行政权力的延伸,而且

---

① 卞建林、李菁菁:《从我国刑事法庭设置看刑事审判构造的完善》,载《法学研究》2004 年第 3 期。

② 陈瑞华:《刑事诉讼的前沿问题》(第 2 版),中国人民大学出版社 2005 年版,第 333 页。

客观上形成对前者的排斥。[①] 其次体现在具体程序技术上,比如侦查案卷在整个诉讼过程中的核心地位[②],辩护律师参与诉讼的制度和现实困境[③],庭前程序的实质化及庭审程序的形式化,案件审批制度泛化和法官独立的消减[④],延期宣判的普遍使用和集中审理的淡化等。[⑤] 因此从总体上说,虽然审判阶段仍然在形式上保留"三方组合"的竞技结构,但是实质上大有沦为"镇压的仪式"之危险。在很大程度上,审判成为对侦查和起诉结论的确认程序,无法形成以庭审为中心的实质性诉讼形态。[⑥]

正是基于对刑事诉讼实践的反思和对司法竞技理念的回归,诸多学者主张,我国刑事诉讼应当坚持 1996 年修法的控辩式方向,在基本结构和具体技术上继续深化改革,强化审判中心主义,促进控辩平等和法官独立,从而最终实现刑事司法的现代化。[⑦] 比如龙宗智认为:"借鉴对抗制改变审判方式和诉讼结构,代表当今诉讼文化的发展方向。"[⑧]陈瑞华也主张:"中国刑事司法改革的核心课题应当是走出'流水作业'的构造模式,实现警察权、

---

① 参见左卫民:《刑事诉讼基本结构论纲》,载《上海社会科学院学术季刊》1993 年第 1 期;龙宗智:《返回刑事诉讼理论研究的始点——刑事诉讼两重结构理论重述》,载陈兴良主编:《刑事法评论》第 2 卷,中国政法大学出版社 1998 年版。

② 按照左卫民的考察,侦查案卷在侦查、起诉和审判各个阶段均贯通使用,而且对于相关决定和裁判的作出具有决定性作用。庭审效果因此受到案卷制度的严重侵蚀,"庭审中心主义"有沦为"案卷中心主义"之危险。参见左卫民:《中国刑事案卷制度研究——以证据案卷为重心》,载《法学研究》2007 年第 6 期;也可参见陈瑞华:《案卷笔录中心主义——对中国刑事审判方式的重新考察》,载《法学研究》2006 年第 4 期。

③ 具体限制主要体现在律师介入阶段、庭前阅卷、会见当事人、律师调查、律师伪证罪等方面,不过修改后的《律师法》和 2012 年《刑事诉讼法》已经有所突破。可以参见陈瑞华主编:《刑事辩护制度的实证考察》,北京大学出版社 2005 年版;樊崇义:《刑事辩护的障碍与困惑透视》,载《河南省政法管理干部学院学报》2001 年第 3 期;温志敏:《中国辩护律师面临的困惑:刑事辩护制度的缺陷及其成因》,载《中国律师》2005 年第 1 期。

④ 参见本书第四章关于"初断/审批"模式的分析。另可参见孙霞:《谁是法官的上司? 院长还是法律?》,载《法学评论》2002 年第 4 期;张海玉、王良华:《法官独立审判刍议》,载《法学评论》2001 年第 1 期。

⑤ 参见兰荣杰:《制度设计与制度实践之间——刑事当庭宣判制度实证研究》,载《中国刑事法杂志》2008 年第 3 期;莫湘益:《当庭宣判率低的弊端、成因及对策》,载《黑龙江政法管理干部学院学报》2000 年第 3 期;马强:《当庭宣判制度研究》,载《法学论坛》2001 年第 6 期;郭爱:《定期宣判普遍化之弊端》,载《人民检察》1998 年第 4 期;瓮怡洁:《论当庭宣判》,载《政法学刊》2005 年第 1 期。

⑥ 陈瑞华:《刑事诉讼的前沿问题》(第 2 版),中国人民大学出版社 2005 年版,第 344 页。

⑦ 龙宗智:《徘徊于传统与现代之间——论中国刑事诉讼法的再修改》,载《政法论坛》2004 年第 5 期。

⑧ 龙宗智:《试析我国刑事审判方式改革的方向与路径》,载《社会科学研究》2005 年第 1 期。

检察权的非司法化,扩大司法裁判权的适用范围,从而真正回归'以司法裁判为中心'的司法体制。"[①]樊崇义的建议甚至更为全面,"我国现代化的刑事司法体制改革必须紧紧围绕作为审判程序的主导者——法院和法官来进行,即在外部体制上,确立以法院为中心的关系格局;在内部体制上,重点打造以法官为中心的组织体系。与之相适应,刑事诉讼结构也必须完成现代化的变革,即在纵向构造上,打造以审判为中心的诉讼模式;在横向构造上,构建以法官居于控辩之间且居于控辩之上的庭审模式。最终,我国的刑事诉讼必将走向审判中心主义。"[②]徐静村也有类似观点,"对于21世纪中国刑事程序的设计,应以'审判中心主义'和'检警一体化'为基本思路;重点解决审前程序的改造和建立以审判为中心的诉审关系两个问题。这两个问题解决好了,中国刑事程序的科学化、现代化也就不难实现了。"[③]其实在相当程度上,这样一种较低要求的程序正义理念,已经成为诉讼法学界的共识。[④]

进一步考察发现,其实在学术界之外,司法实务界也同样认识到既有审判模式的行政治罪化倾向,进而以司法竞技模式为目标不断探索改革方案。最高人民法院"一五"、"二五"和"三五"改革纲要均明确提出,法院改革的基本原则之一,就是要遵循司法客观规律,建立符合审判工作特点的诉讼程序制度和审判管理机制。[⑤] 笔者认为,所谓"司法客观规律"以及"审判工作特点",其实就是回归司法诉讼的原初模式,重塑诉讼程序的竞技特征,强调诉讼程序本身的公正性及其对于实体结果正当性的证成作用。因此在三份纲要拟定的具体改革措施之中,就有相当条款关注如何强化控辩对抗对法官心证的塑造作用,淡化法官不经控辩参与而单方生产刑事判决的行政式

---

① 陈瑞华甚至将这一论断视为自己10余年来的研究和思索所得出的"具有宣言性质的结论"。陈瑞华:《刑事诉讼的前沿问题》(第2版),中国人民大学出版社2005年版,第一版序言及第536页。

② 樊崇义、张中:《论刑事司法体制改革与诉讼结构之调整》,载《环球法律评论》2006年第5期。

③ 徐静村:《21世纪中国刑事诉讼制度展望》,载《现代法学》2000年第1期。

④ 其他相关论述,可参见卞建林、李菁菁:《从我国刑事法庭设置看刑事审判构造的完善》,载《法学研究》2004年第3期;宋英辉:《论合理诉讼构造与我国刑事程序的完善》,载《湖南社会科学》2003年第4期;汪建成、孙远:《论刑事证据立法方向的转变》,载《法学研究》2003年第5期。

⑤ 参见《人民法院五年改革纲要》("一五"纲要)第6条,《人民法院第二个五年改革纲要(2004—2008)》("二五"纲要)导言,《人民法院第三个五年改革纲要(2009—2013)》第8条等。

治罪色彩。

简单回顾新中国刑事诉讼立法的历史,更能发现回归竞技模式的明显轨迹。比如1996年《刑事诉讼法》修改之时,全国人大法工委主任顾昂然在说明报告中指出,修法的主要目的在于“更好地加强庭审,发挥控辩双方的作用”,具体措施主要有四条:一是压缩案卷移送范围,改全卷移送为主要证据复印件;二是改变庭审举证方式,改法官主动调查为控辩自行举证;三是强化合议庭权限,严格限制审判委员会讨论案件的范围;四是强调公诉人出庭制度,规定除简易程序外公诉人必须出庭。[①] 显而易见的是,这些措施都是以强化庭审实质程度为指向,力图改变1979年旧刑诉法庭审过于形式化的痼疾,促进控辩活动对法官心证的塑造作用。[②] 因此相当多数学者都认为,1996年修法的最大亮点,就是初步建立起“控辩式”庭审方式。[③]

借助1996年修法建立的基本框架,最高人民法院此后又陆续颁布多个司法解释,就一些具体程序问题作出进一步深化。比如对合议庭和法官职责的强化,对审判委员会讨论范围和讨论方式的改革,对当庭宣判机制的提倡,以及对审判公开、立审分离、关键证人出庭等制度的重申或细化。[④] 虽然总体上而言,上述改革措施缺乏必要的系统性和连贯性,难以促成制度化的司法竞技模式,个别措施甚至因为操之过急或配套失衡而适得其反[⑤],但是至少在改革方向和姿态上,确实在作出回归诉讼竞技模式的努力。2012年《刑事诉讼法》再修改虽然对审判制度着墨不多,但是在控审分离、证人出庭等方面,依然延续着这一方向。

---

① 陈光中、严端:《中华人民共和国刑事诉讼法修改建议稿与论证》,中国方正出版社1999年版,第476页。

② 参见张军、郝银钟主编:《刑事诉讼庭审程序专题研究》,中国人民大学出版社2005年版,第97页。

③ 相关论述较多,可参见胡锡庆主编:《刑事审判方式改革研究》,中国法制出版社2001年版;龙宗智:《试析我国刑事审判方式改革的方向与路径》,载《社会科学研究》2005年第1期;孙长永:《刑事庭审方式改革出现的问题评析》,载《中国法学》2002年第3期。

④ 具体可参见《一五纲要》、《二五纲要》和《三五纲要》相关条款,以及最高人民法院《关于人民法院合议庭工作的若干规定》、《人民法院审判长选任办法(试行)》、《关于加强人民法院审判公开工作的若干意见》等。

⑤ 比如当庭宣判改革,部分法院一味追求当庭宣判率,导致法官不得不实行“先判后审”或毫无意义的多次开庭,从而进一步导致庭审形式化和空洞化。参见兰荣杰:《制度设计与制度实践之间——刑事当庭宣判制度实证研究》,载《中国刑事法杂志》2008年第3期。

如果将上述学术界和实务界的主张作一简单概括,笔者认为不妨使用本书建构的“对抗/判定”这一理想类型。比如诸多学者提倡的审判中心主义,其实正是“对抗/判定”模式的本质特征。至于实务界“遵循司法客观规律”的各种努力,无非是“对抗/判定”模式在程序设置上的具体细化。因此基于上文的分析和论证,笔者认为“对抗/判定”模式应当成为我国刑事审判的应然方向。

5.2.3 范围与措施:“对抗/判定”模式在当下中国的具体适用

作为现代诉讼机制的一种“元模式”,“对抗/判定”模式应当成为我国刑事司法改革的基础性方案。换句话说,刑事审判实践应当原则上适用“对抗/判定”模式。但是这并不意味着绝大多数案件都必须实际采用该模式。其实比如在美国,刑事审判是以陪审团审判为“元模式”,整个诉讼规则体系——尤其是证据规则——都是以陪审团审判为基础进行设计①;但是在具体实践当中,超过90%的案件却都以辩诉交易等派生模式结案。不过这并不代表陪审团程序被虚置,或者仅仅是糊弄公众的“幌子”。原因在于被告人的程序选择权,任何可能被判处监禁刑以上刑罚的被告人,根据宪法都有权选择陪审团审判。如此一来,诸如辩诉交易等变通程序就始终处于陪审团程序的“逼视”之下;检察官也就不大可能恣意操纵辩诉交易,因为更为公正的陪审团程序始终还是一种可能的选择项。辩诉交易的最终结果,往往是非常接近于陪审团的判决。② 从这个意义出发,陪审团程序作为英美司法的“元模式”,其主要功能并不在于具体适用于每个案件,而在于形成一种“标杆”或曰“威慑”效应,迫使其他变通程序自觉保持必要的公正性。回到本书语境中,笔者正是在这样一种意义上将“对抗/判定”模式定义为我国刑事司法的“元模式”。

但是正如前文所言,相比“阅卷/核实”和“初断/审批”模式,“对抗/判定”模式具有两大劣势:一是程序的精致化和制度化,一旦展开便很难被承办法官灵活操纵;二是庭审复杂化及合议庭评议实质化,一则导致法官精力

---

① Burns, Lubet, Sekinger, Evidence in Context: A Trial Evidence Workbook, NITA, 2004, p. 11.

② 这在美国是一种比较流行的支持辩诉交易制度的理论。See R. Gordon, Private Settlement as Alternative Adjudication: A Rationale for Negotiation Ethics, 18 U. Mich. J. L. Reform, 503 (1985).

耗费相对较多，二则要求合议庭所有成员均付出努力，三则同样导致公诉人、辩护人和法警等消耗更多精力。因此从某种程度上说，“对抗/判定”模式关键在于对权力的程序性约束，牺牲权力的方便性和效率性，从而保障庭审的参与性和自治性特征。但是因此也给“对抗/判定”模式的普及设定了障碍：法官必须有权力、有能力、有时间、有条件通过细致的庭审直接作出判断。抛开近似于托辞的能力和素质问题不说，如果案件审批制度不弱化、庭审时间不能得到保障、公诉人或法警等不能充分支持，“对抗/判定”模式仍然难以普遍展开。正是基于这些限制，笔者并不主张普遍推行“对抗/判定”模式，而是倾向于选择性地适用于少数案件。更何况因为诉讼资源总量有限，只有允许法官粗略处理部分案件，才能保证法官认真对待需要高度审慎的案件；繁简两种程序之间必然存在此消彼长的统一关系。①

具体而言，笔者主张在以下范围内实际适用“对抗/判定”模式：一是重罪案件，比如判处三年以上有期徒刑的案件。② 原因不难理解：根据比例原则，国家权力对公民基本权利之剥夺越多，其论罪科刑的决策程序就应当越慎重、越准确。③ 其实根据量刑轻重区分适用程序属于国际惯例，比如美国判处非监禁刑的联邦案件就不适用陪审团审判，德国处罚令程序也仅针对非监禁刑适用。二是争议案件，即被告人不认罪，或者对于关键事实或证据有异议。争议必然导致相对激烈的控辩对抗，因此更加需要落实法官亲历、集中审理、口头审理和程序公开等原则，以确保法官是基于对庭审信息的新鲜记忆独立作出事实判断。虽然这种判断不见得必然符合客观真实，但是正如前文所述，公正的程序本身就意味着结果的正确。

根据本书第二章的考察，要将当前的刑事诉讼机制改造为“对抗/判定”模式，至少应当关注以下具体技术：第一，实行随机分案、临时分案制度，也

---

① 比如美国司法界一个公认的判断是：如果没有辩诉交易，整个刑事司法体系就会面临不堪重负而趋崩溃的危险。陈瑞华：《美国辩诉交易程序与意大利刑事特别程序之比较》，载《政法论坛》1995 年第 3 期。类似实证考察和分析亦可参见林钰雄：《刑事诉讼法》（下册），中国人民大学出版社 2005 年版，第 197 页。

② 2012 年《刑事诉讼法》将简易程序的适用范围扩大到基层法院管辖的几乎所有案件，从理论上说可以通过简易程序判处 15 年有期徒刑。笔者认为这一改革有“过头”之嫌，不符合比例原则。

③ 林钰雄：《刑事诉讼法》（下册），中国人民大学出版社 2005 年版，第 197 页。

即欧陆国家所称“法定法官”制度[①]，杜绝法官在庭前有意识获取案件信息，同时也可遏制法官与当事人在庭前进行不当沟通。最高人民法院《二五纲要》已有类似规定。[②] 第二，实行一步到庭制度，禁止法官庭前阅卷。其实如果临时分案制度能够落实，不管检察院是否移送案卷，一步到庭都不会成为难题。第三，强化口头举证，确保关键证人出庭。法官只能依赖听审行为获取信息，不能借阅侦查案卷。控辩双方对其书面证言存有争议的证人应当出庭作证。[③] 第四，不间断开庭，当庭宣判——至少事实判断应当庭作出。确保法官记忆不致因时间流逝而淡化，同时也杜绝庭外因素的不当影响。需要说明的是，法官/合议庭独立也可能因此而技术性地实现。第五，逐步推进普遍援助制度，将所有不能承担律师费用的重罪案件被告人和不认罪被告人纳入刑事援助体系，从而促进控辩对抗的实效性和公平性。

笔者调查发现，如果以三年以上有期徒刑作为重罪案件的标准，三个样本法院重罪比例基本都在35%以下(表5-1)。加之基层法院争议案件一向不多，而且很大部分本身就是重罪案件，因此最终应当适用“对抗/判定”模式审理的案件大概只有40%左右。这样一个比例，应当说多数法院均能承

表5-1　三个样本法院判处三年以上有期徒刑案件及争议案件统计

年度	A院	B院	C院
2005	32.35%	14.47%	26.27%
2004	32.01%	18.78%	24.17%
2003	30.37%	15.59%	34.28%
2002	32.03%	21.70%	36.69%
争议案件比例	12.50%	12.50%	10.00%

注:1. 量刑数据为全年数据，源于各院司法统计。

2. 争议案件为抽样数据，每院各抽取40个案件。以被告人是否认罪及辩论阶段是否存在定性争议为标准。

① 参见林钰雄:《刑事诉讼法》(上册)，中国人民大学出版社2005年版，第88—89页。

② 《人民法院第二个五年改革纲要(2004—2008)》第30条:“……在考虑案件类型、难易程度等因素的前提下建立和完善随机分案制度。”

③ 更为细致的分析和论证，可参见左卫民:《刑事证人出庭作证程序:实证研究与理论阐析》，载《中外法学》2005年第6期;左卫民、马静华:《刑事证人出庭率:一种基于实证研究的理论阐述》，载《中国法学》2005年第6期。2012年《刑事诉讼法》对证人出庭的要求与此类似，但还需要“法院认为有必要”。这也招致不少批评。

受。而且进一步说，如果扣除其中自行聘请辩护律师的案件，即便由法院为其他所有被告人免费指定辩护人，在多数地区——至少在城市——都不应当是一个大问题。

第三节　为书面审理正名：以“阅卷/核实”模式改造简易程序

5.3.1　权力/权利的双赢：通过书面审理简化审判

效率原则永远是诉讼制度的根本价值之一，因而程序简化机制也成为我国司法改革的热点，坊间学界对此问题的探讨可谓汗牛充栋。① 笔者无意简单重复他人的理论，也自认无法超越前人的高度，因此只能在实证考察的基础上，对本书构建的三种审判模式作一具体的定位和区分。

正如前文所述，相比“对抗/判定”模式而言，“阅卷/核实”模式因为主要采用书面审理，而且很少占用公诉人和法警等其他资源，因而整体上更为方便、灵活及高效。当然其缺点也因此凸显：一是庭审高度形式化，难以直接塑造法官心证；二是被告人高度客体化，参与程度较低。换句话说，权力行使的效率是以对权利的压制或剥夺而获致。不过尽管如此，由于印证证明和二审法院的重复事实审理，一审法官普遍追求判决的形式合法性，从而使得一审判决的实体正确性较少受到程序不公正的影响，仍然能够保持较低的上诉率和改发率。

毋庸置疑的是，因为既能保证实体效果又能节约诉讼资源，“阅卷/核实”模式不仅受到法官（包括承办人及合议庭其他成员）的普遍欢迎，也为检察官甚至部分律师（承担法律援助义务者）节约了精力，就连书记员和法警等辅助人员也能顺带“沾光”。特别是在诉讼资源紧张的地区，比如案件负担较重的城市法院，这种模式可能更受青睐。虽说被告人之程序权利受到限制，但是如果所处实体刑罚较为轻微，不至于因为程序瑕疵对被告人造

---

①　相关著述可以参见左卫民等：《简易刑事程序研究》，法律出版社 2005 年版；高一飞：《刑事简易程序研究》，中国方正出版社 2002 年出版；林俊益：《程序正义与诉讼经济》，台湾元照出版公司 2000 年版；马贵翔：《刑事诉讼结构的效率改造》，中国人民公安大学出版社 2004 年版。

成重大损害，则相比国家因此而获致的效率利益而言，似乎也可以接受。这种利益衡量机制正是程序比例原则之核心。[①]

此外我们需要承认，相当部分被告人可能并不在乎是否参与对法官心证的塑造。如果指控证据相当充分，不论是定罪还是量刑都缺乏足够的交涉空间，被告人可能只想赶快“了断”，以便及时摆脱捉摸不定的生活状态。而且对于可能判处缓刑的在押被告人而言，早一天结案就意味着早一天获得自由。何况因为上诉复审和印证证明等程序机制的约束，即便缺乏被告人的有效参与，最终实体判决也不可能过于偏颇。因此在这种情况下，程序效率性可能超过公正性而成为被告人的首选。

其实正如加芬克尔所言，刑事审判本身就是一场“贬黜人格的典礼”。[②]置身于“剧场化”甚至“广场化”[③]的审判空间之中，“一切布景及仪式的安排都是国家暴力的投射……法院森严的建筑布局、荷枪实弹的警卫、严格的安检设备和措施、身着法袍位据极高的法官席的法官”[④]，都不仅仅是对被告人行为的道德无涉的法律性评价，也是实实在在对被告人人格的道德性贬损。尤其是对犯罪行为比较轻微的被告人而言，一场公开的审判对其人格的伤害可能不亚于实际的监禁。甚至即便被告人最终被判无罪，公开审判的“烙印效应”也会造成其名誉负担。[⑤] 因此如果能够通过书面审理直接下判，被告人可能宁愿放弃接受公开审判的机会。

正是在以上两种意义上，笔者认为“阅卷/核实”模式完全可以作为简易程序的蓝本，稍加改造后广泛适用于简单案件的处理。灵活的书面审理模式不仅符合诉讼效率原则，也能实现对被告人利益的合理照顾，从而实现权力和权利的双赢效果。当然另一个经常被理论界忽视但却非常现实的理由还在于，“阅卷/核实”模式最为契合法官的审判习惯，不致于在实际操作中遭受法官或明或暗的抵制或磨损。

---

① 林钰雄：《刑事诉讼法》（下册），中国人民大学出版社 2005 年版，第 198 页。

② 〔英〕科特威尔：《法律社会学导论》，潘大松等译，华夏出版社 1989 年版，第 254 页。

③ 关于“广场化”和“剧场化”的分析，参见舒国滢：《从“司法的广场化”到“司法的剧场化”——一个符号学的视角》，载《政法论坛》1999 年第 3 期。

④ 洪浩、陈虎：《论判决的修辞》，载《北大法律评论》第 5 卷第 2 辑，法律出版社 2004 年版。

⑤ 赵秉志、陈志军：《论我国短期自由刑问题的应对方案》，载《人民司法》2003 年第 8 期。

5.3.2　如何简化："阅卷/核实"模式的改造适用

笔者建议将适用"阅卷/核实"式简易程序的条件限定为：其一，被告人认罪，而且不存在重大争议。[①] 其二，被告人科刑在三年有期徒刑以下（含缓刑）。当然这只是必要条件，并非充分条件。某些复杂案件——比如团伙犯罪——可能两个条件均满足，但法官仍应优先考虑适用更为公正的"对抗/判定"模式。

按照是否科以有期徒刑为标准，可以考虑进一步将"阅卷/核实"式简易程序区分为两种类型：一种是处罚令程序，即实行纯粹的书面审理，不组织正式的开庭审理；可适用于判处拘役、管制、单处罚金、免予刑事处罚的轻微刑事案件，也可包括判处有期徒刑缓刑的案件。[②] 另一种是简易开庭程序，即以书面审理为主、开庭审理为辅，基本近似于本书描述的 B 院操作方式，允许法官主要通过阅卷形成心证，但是必须开庭核实被告人对罪名和证据的态度；可适用于判处三年以下有期徒刑实际执行的案件。[③] 具体到操作层面，笔者有如下梗概性建议：

第一，分流判断。检察院提起公诉后，法院应当立即作出能否适用简易程序的初步判断，并大致区分应当适用处罚令程序还是简易开庭程序。可以考虑由检察院起诉时一并提出建议，也可由法院立案庭根据起诉书和证据案卷进行判断，还可由刑庭书记员、内勤、助理法官或程序法官完成。

第二，问罪程序。如果法院发现案件可以适用简易程序，书记员可在送达起诉书副本当时核实被告人是否认罪。如果被告人认罪，书记员应进一步征求被告人对于适用简易程序的意见，明确而仔细地告知相关程序事项

---

① 个别案件虽然被告人认罪，但是对于关键问题仍有争议，比如是否属于自首、是否属于主犯等，因为直接关系到量刑幅度，所以仍不宜适用"阅卷/核实"模式。

② 一些学者也有类似建议。参见左卫民等：《简易刑事程序研究》，法律出版社 2005 年版，第 294—296 页；陈瑞华：《刑事审判原理论》，北京大学出版社 1997 年版，第 400 页；甄贞、孙瑜：《论我国刑事诉讼处罚令程序之构建》，载《法学杂志》2007 年第 3 期；赵一静：《浅谈我国刑事诉讼中处罚令程序的引进》，载《北京人民警察学院学报》2006 年第 3 期；高一飞：《论我国刑事简易程序体系的重构》，载《西南民族大学学报（人文社科版）》2004 年第 10 期。但是也有一些反对声音，如白云山：《完善我国刑事简易程序研究》，载《法学杂志》2002 年第 5 期。

③ 此处建议的简易开庭程序接近于《刑事诉讼法》规定的简易程序，但适用范围明显要窄，主要是基于比例原则的考虑，不宜对重罪案件过于草率。

及后果(不妨使用格式化的诉讼权利告知书)。

第三,案卷移送。其实如果法院能够做到随机分案和临时分案,似乎没有太大必要讨论案件移送问题。不过即便不能实现这一点,根据2012年《刑事诉讼法》修改后的规定,检察院应当一律全卷移送。一旦确认被告人同意适用简易程序,应当迅速将案件分配给具体的承办法官,并且同时移送案卷。

第四,处罚令程序。在征得被告人同意后(如果有辩护人,还应征求辩护人意见),承办法官(个人,不必组建合议庭)可以直接根据侦查案卷作出处罚令,并及时送达被告人。如果被告人书面表示同意,或者在规定期间内未提出异议,则处罚令成为生效判决。如果被告人不服,则处罚令失效,案件应当按照普通程序,即"对抗/判定"方式处理。

第五,简易开庭程序。对于需要判处有期徒刑实际执行的简易程序案件,经过被告人(及辩护人)同意之后,承办法官(独任审判)可以庭前阅卷并草拟判决。如果被告人没有辩护人,法院有义务为被告人提供阅卷机会。开庭审理应当及时安排,主要内容有三:一是确认被告人对指控事实和罪名有无异议,二是听取被告人和辩护人对指控证据的质证意见,三是了解被告人和辩护人的其他辩护意见。庭审安排不必固守"调查 + 辩论"的传统结构,可以不经举证直接询问质证意见和辩护意见。与2012年《刑事诉讼法》修改保持一致,公诉人应当出庭。庭审结束后,如果没有出现足以影响定罪量刑的实质性争议,法官应当当庭宣判,否则应当宣布恢复普通程序审理。

第六,恢复普通程序。如果被告人对处罚令有异议,或是在简易开庭程序中出现实质性争议,或是出现其他应当转换程序的情形,则应恢复普通程序审理。承办该简易程序的法官不再参加普通程序的合议庭。

需要承认的是,上述方案面临一个现实难题:处罚令程序的结果基本都是"放人"(判处拘役实际执行的除外),而在当前司法环境中,这无疑是一种比较敏感的判决,因此相当部分法院都设置有严格的审批程序(如C院)。考虑到类似案件出现司法腐败的可能性,尤其是公众对"放人"案件的普遍猜疑心理,通过行政审批机制加以严格审查其实也无可厚非。不过这无疑是与简易程序的效率原则背道而驰。笔者建议一种相对折中的方案:一方面应将审批范围尽量缩小,比如把未成年人犯罪和过失犯罪案件的

"放人"决策权授予承办人;另一方面要求承办人在草拟处罚令后迅速报送审批,获准后再向被告人送达。毕竟书面审理本不讲究亲历性和集中性,因此只要案件审批程序足够迅速,似乎也无伤大雅。

第四节　"抓大放小":走向节制的"初断/审批"模式

5.4.1　案件审批制度:走不出的背景[①]

其实正如前文所述,案件审批制度远非仅仅是司法裁判技术,而是一种政治需要和统治技巧,归根结底属于一种政治现象而非司法现象。只要当下的政治体制不发生大的改变,案件审批制度也就必然长期存在。从这个角度出发,不管我们赞成也好、反对也好,"初断/审批"模式都是我国刑事司法"走不出的背景"。

但是这并不意味着我们难有所为。由于阶级斗争已经逐渐成为一个历史概念而淡出国家政治生活,司法审判作为"专政工具"处理"敌我矛盾"的重要性已经极其式微。国家逐渐将普通刑事案件纳入常规社会治理轨道,不断将其制度化和"去政治化"。[②] 只是针对具有政治敏感性的少数案件,国家才会主动干涉并直接影响司法裁判的程序和结果。按照最高人民法院研究室主任胡云腾的说法,所谓敏感案件大约只占百分之几,"就是涉及的问题敏感或者涉及的利益重大、复杂,往往是当事人情绪激烈对立,相关利益群体高度关注,政府和党委高度重视,国内外媒体密切关注的案件。"[③]具体到实践中,一般仅包括职务犯罪案件、邪教组织案件、群体性事件衍生案件等特殊类型。客观地评价,这些案件都具有明显的时代特征,必然会随着

---

① 借用苏力的话语。参见苏力:《走不出的背景》(2004 年 6 月 16 日在北大法学院毕业典礼上的致词),http://article. chinalawinfo. com/article/user/article_display. asp? ArticleID = 25405,2008 年 7 月 3 日访问。

② 参见强世功:《法制的兴起与国家治理的转型——中国的刑事实践的法社会学分析(1976—1982)》,载《战略与管理》2000 年第 4 期;翟小波:《代议机关至上,还是司法化?》,载《中外法学》2006 年第 4 期。

③ 胡云腾:《构建人民法院服务大局观》,载《法制日报》2008 年 8 月 17 日。

社会转型和政治进步而逐渐失却其敏感属性。① 因此笔者认为，尽管政治考量操纵司法个案并非可欲之目标，但是也没有必要过度悲观；毕竟不管从横向还是纵向考察，类似个案都在渐趋萎缩。

毋庸置疑的是，敏感案件不大可能严格依循司法逻辑进行处理，政治考量永远处于第一位。但是即便如此，相对公正的司法程序仍然有其独立价值，并可在一定程度上将政治案件“去政治化”。理性的程序可以将政治不断内化到审判规则之中，通过程序运行得出政治所需要的结果。② 虽然在两者不一致的情况下，程序不得不最终屈从于政治；但是如果两者取向一致，司法程序将成为政治逻辑美丽的“晚礼服”。③ 当然这种略显谄媚的姿态并不值得推崇，但是至少在“讲政治”的大环境下，司法程序得以获致一种相对独立性。

此外我们还需要看到，政治——准确地说应当是行政——对司法的干预并不仅仅都以政治为目的，一定程度上也是另一种司法裁判行为。比如审判委员会对于疑难案件的讨论，毋宁说是一种价值无涉的法律论证活动。虽然这种干涉在程序上不无缺陷，但是不管从集思广益还是遏制滥权的角度，都有其积极的一面。尽管基层法院无权审理重大案件（如死刑案件），但是总会或多或少遇到一些疑难案件。因此如果仅仅从提高法律适用水平的角度考虑，当前的案件审批制度还应保有一席之地。只不过在具体程序技术上，应当尽量淡化其行政色彩，回归司法裁判的制度逻辑。④

5.4.2 抓大放小：“初断/审批”模式的具体适用

基于上文的分析，尽管我们应当将法官独立作为我国司法的应然目标，

---

① 比如职务犯罪案件——主要是有一定行政级别的职务犯罪——在当前之所以敏感，无非是因为面临政治公信力普遍降低的宏观背景，促使国家不得不严格操控此类案件的刑事处理，一方面要实现个别惩罚和一般预防目的，另一方面又要避免因为牵扯过多“黑幕”而损害执政党的合法性。但是随着反腐机制的制度化，以及政治民主的不断发展，对腐败案件的司法处理必将回归其司法本质，从而淡化其政治敏感性。

② 参见陈永苗：《饮鸩止渴的民意》，http://www.xici.net/b161215/d17315817.htm，2008 年 7 月 3 日访问。

③ 借用冯象“法律是政治的晚礼服”这一话语。冯象：《政法笔记》，江苏人民出版社 2004 年版，第 146 页。

④ 苏力在考察法院系统引咎辞职制度时，对此问题有比较深入的分析。参见苏力：《中国司法改革逻辑的研究——评最高人民法院的〈引咎辞职规定〉》，载《战略与管理》2002 年第 1 期。

但在当下阶段却必须承认并正视行政审批对司法裁判的干涉。笔者建议适当保留以下案件的审批程序:一是政治敏感案件。其实这并不是建议,而是接受现实。二是法律上存在争议的疑难案件。如果合议庭已经查清案件事实,但是难以就法律适用问题达成一致,可以提交审批机构通过集体讨论确定。简而言之,案件审批应当“抓大(敏感+争议)放小(普通案件)”。

具体到审批程序上,笔者有如下建议:对于政治敏感案件,应当借鉴审委会旁听庭审的做法,要求参与决策①的所有法官全程听审,以便全面掌握案件事实和证据,然后再结合政治要求“制作”最终判决。这个要求不难实现,因为案件是否敏感自立案之时——甚至立案之前②——便能明确。尽管在部分案件中,定罪量刑结论可能早已作出,或者最终必须由法院之外的党政领导决策,但是笔者善意地认为,法院审委会基于法律和事实的意见依然会有相当说服力和影响力。

对于法律上存在争议的案件,笔者建议将当前的审批机制适当改造,增强其参与性和公开性。首先应当废除院/庭长和审判长个人的审批权力,取消承办人向领导报送判决意见的做法。院/庭长应当主要通过亲自参与庭审、主持合议庭评议来介入个案裁判。③ 其次应当允许公诉人和辩护人列席庭务会或审委会,就存在争议的法律问题当面向与会法官提出论辩意见。会议采取听证模式,原则上应当向公众公开。与会法官可以向公诉人和辩护人发问,不过事实问题除外。听证结束后由全体与会法官集体评议,并按照多数原则作出判决。④

---

① 严格地说,法院往往并非敏感案件的“决策者”,毋宁说是“决策执行者”。比如重大职务犯罪案件,一般都是纪委、党委先行定调,然后再由法院具体组织判决和理由。访谈笔录:B-1-1 等。

② 比如有法官谈到,对于敏感案件,往往是在侦查阶段,政法委就会事先协调检察院和法院的态度和行动,甚至要求法院对侦查或起诉阶段提供“技术支持”;因此部分案件其实早在进入法院之前就已“审理”完毕。访谈笔录:A-1-2。

③ 比如最高人民法院《二五纲要》第 26 条规定:“院长、副院长、庭长、副庭长应当参加合议庭审理案件。逐步实现合议庭、独任法官负责制。”需要说明的是,为了避免院/庭领导“将权力用够、用活”,不宜保留其文书审阅权和签发权,否则很可能导致实体审批权的回归。

④ 比如美国最高法院就采取类似审理方式。参见 B. Schwarts, The Supreme Court: Constitutional Revolution in Retrospect, Ronald Press, 1957.

余论 1979—2012：刑事审判制度两次大修的脉络及其局限

1979 年《刑事诉讼法》关于审判组织和一审程序的规定，一共是 21 条（第 105 条至第 125 条）。1996 年修订以后，增加到 29 条（第 147 条至第 169 条为普通程序，第 174 条至第 179 条为简易程序）。2012 年修订后又增加到 34 条（普通程序为第 178 条至第 203 条，简易程序为第 208 条至第 215 条），并单独规定未成年人犯罪、刑事和解等特别诉讼的一审程序。除此之外，证据制度、辩护制度、起诉制度之中也包含不少一审程序的内容。就文本的修改幅度而言，一审程序在 33 年间的变化不可谓不大。就司法实践观之，至少在程序的外观方面，一审程序的改革幅度亦是有目共睹。站在 2012 年《刑事诉讼法》修正案即将付诸实施的历史节点上，回望 1979 年以来的两次立法大修，刑事审判制度变革的主要脉络及其局限清晰可见。

第一节 通过审判程序发现真相的能力逐渐提升

通说认为，根据《刑事诉讼法》第 2 条的规定，刑事司法的根本任务包括两个方面，一是准确查明犯罪，二是正确应用法律。不过正如布莱克斯通所言："经验将充分说明，我们有一百件以上的诉讼源于事实争议，而仅有一件是因为法律不明确。”[①]因此，尽管刑事诉讼总是需要形成法律判断，但事实发现才是诉讼的首要任务。一套设计精良的诉讼程序，本身即是一种有效的事实发现工具，使得诉讼各方能够通过程序操作尽可能地揭示案件真相。

从根本上讲，事实发现是一个收集、提交、审查、处理证据信息的过程。案件真相的揭示程度，一方面取决于信息的完备性和准确性，另一方面也依赖法官的辨别能力和裁判操守。因此，诉讼程序设计的关键，一是调动诉讼各方收集、提供信息的积极性，二是保证各方审查、甄别信息的机会和能力，三是协助法官进行事实认定，并约束法官可能存在的草率、偏见、滥权甚至腐败。以此观之，《刑事诉讼法》的两次大修尚算可圈可点，一些重要的程序改革确实能够提升法院发现事实真相的能力。

6.1.1 诉讼“三方组合”逐步完善

季卫东教授曾言，诉讼当事人如果“缺乏立场上的对立性，就会使讨论变得钝滞，问题的不同方面无法充分反映，从而影响决定的全面性、正确性”[②]。1979 年《刑事诉讼法》中，法官不仅是最终裁判者和庭审指挥者，同时也是犯罪追诉者，负有向被告人出示物证、宣读未出庭证人证言的义务。在“罪行较轻”的案件中，公诉人甚至可以不出庭。1996 年第一次修法对此作出重大改动，公诉人取代法官进行当庭举证，刑事庭审开始具有明显的“对抗化”外观。但是这次改革并不彻底，简易程序案件依然允许公诉人不出庭。这一缺陷在 2012 年修法时得到弥补，公诉人出庭成为必要，法官形式上的中立地位因而得以全面体现。“三方组合”诉讼结构的逐步完善，使得刑事审判更像一场针锋相对的“司法竞技”。“双方的胜诉机会促使他们仔细寻找和考虑一切有利于自己的证据……并竭力发现相反观点的漏洞和问题，从而可以使处理某一案件的各种选择都能得到充分展现和权衡”。[③]这种对抗式的庭审，不仅在客观上增加了进入法庭的信息量，也能通过相互

---

① William Blackstone, Commentaries on the Laws of England 330 (Oxford 1765—69) (4 vols.) 这句话本意指民事案件，但在刑事诉讼中同样适用。

② 季卫东：《程序比较论》，载《比较法研究》1993 年第 1 期。

③ 同上注。

攻讦提升信息的准确性。此外,当法官从尴尬的追诉角色中解放出来后,也更能站在中立、独立的立场进行判断,从而提升其辨别能力和裁判操守。

6.1.2 强化直接言词原则

不管是1979年立法还是1996年修法,都未曾对证人、鉴定人出庭作证作出明确规定,以致书面作证在司法实践中成为普遍现象,直接言词原则被架空。"两高"的一些司法解释曾试图解决这个问题,但是效果一直不明显。2012年修法有所突破,规定当证人证言存在争议,而且对于定罪量刑有重大影响,如果法院认为有必要,证人就应当出庭作证,接受被告人及辩护人的当面质询。鉴定人出庭甚至不以鉴定意见对案件结果的影响为前提,而且一旦拒绝出庭,其鉴定意见就不能作为定案依据。这一进步虽说仍显暧昧——尤其是"法院认为有出庭必要"这一前提①,但相比1979年和1996年的回避态度,至少在文本上已算一种"破冰之举"。相比传统的书面作证制度,证人、鉴定人直接出庭作证,一则能够提供更加丰富、更加生动的信息,二则可以避免信息传递和转化过程中出现遗漏、失真或扭曲,三则有利于审查证人证言和鉴定意见的可信度,从而使法院据以判案的信息更加全面和准确。

不过也必须指出,不管是1996年还是2012年修订的《刑事诉讼法》,都没能解决案件审批和审判委员会的问题,因此实践中依然存在广泛的间接审判现象。对于承担案件审批职能的法院领导以及审判委员会委员来说,即便有证人或鉴定人出庭作证,也主要依靠阅卷或听取汇报两种方式了解案情,不需要直接通过当事人、证人、律师等获取一手信息。显然,相比真正的直接言词审判,这种"判而不审"的间接审判方式更容易导致事实认定的偏差。

---

① 2012年初公布的《刑事诉讼法》修改草案中,将证人出庭作证的前提设定为两种情形,一是其证言存在争议而且对于定罪量刑有重要影响,二是法院认为有必要。最终通过的修正案则将两者合二为一,使得法院认为有必要成为任何证人出庭的必要前提。

6.1.3 诉讼专业化程度不断提升

日本法谚有云:“刑事诉讼之历史,正是辩护权扩大之历史”。[①] 随着现代法律的不断技术化,即便是对事实问题而言,没有经过专门训练的外行也越来越难以驾驭。尤其是在对抗式诉讼当中,鉴于公诉机关的诸多优势,专业律师的介入已经“不是奢侈品,而是必需品”[②]。1996年和2012年修法的一个共同特征,正是逐步扩大律师介入的范围。1979年《刑事诉讼法》中,被告人只有在审判阶段才能获得辩护律师的帮助。1996年修法将辩护律师介入时间提前到审查起诉阶段,并规定律师可在侦查阶段充当犯罪嫌疑人的法律帮助人。2012年修法则允许辩护律师全程介入,律师会见、阅卷、调查等权限也有所扩张。除此之外,两次修法还逐步推进刑事法律援助。一方面,指定辩护案件的范围持续性地小幅扩张,1996年将盲人犯罪、死刑案件纳入,2012年又扩展到可能判处无期徒刑的案件、尚未完全丧失辨认或者控制自己行为能力的精神病人犯罪案件。另一方面,指定辩护不再局限于审判阶段,侦查和起诉阶段符合条件的犯罪嫌疑人、被告人同样有权获得法律援助。尽管同世界主要法治国家相比,我国刑事法律援助的范围明显过窄,但是至少朝着正确的方向在小步前进。

诚然,律师介入并不见得一定能够促进真相发现。相反,正如中世纪欧洲的一些反对声音那样,不少人甚至担心辩护律师会“把事实藏匿于演讲和辞藻之中,使案件真相难以显现”[③]。我国《刑法》第306条规定的律师伪证罪,正是这种担心的另一种注脚。然而我们更要看到律师介入对真相调查的积极作用。其一,相比被告人,律师进行事实调查的能力、经验、权利、手段等都明显占优。其二,律师介入使案件焦点、争点更加明确,从而提升诉讼各方论辩的准确度和深度。其三,律师参与使得公权机关受到“内行人”的制衡,客观上形成对公权机关的监督,有助于减少枉法滥权的现象。

2012年修法的另一亮点,是借鉴此前司法解释的经验,正式确立专家

---

① 松尾浩也语,转引自林钰雄:《刑事诉讼法》(上册),中国人民大学出版社2005年版,第158页。

② 美国联邦最高法院布莱克大法官语。Gideon v. Wainwright, 372 U.S. 335,334 (1963)。

③ John Langbein, The Origin of Adversary Criminal Trial, Oxford University Press, 2003, p.35.

辅助人制度，允许控辩双方聘请具有专门知识的人出庭，通过解释、提问、对质等手段强化对鉴定意见的质证。在此之前，限于专业知识的鸿沟，诉讼各方对鉴定意见的审查要么流于形式，形成普遍的"专业迷信"；要么通过重复鉴定、多头鉴定等制造混乱，不仅无助于发现事实真相，相反还殃及司法公信力。专家辅助人制度通过弥补诉讼各方的专业知识缺陷，将对鉴定意见的形式审查变成实质审查，得以廓清专业问题的迷雾，尽可能接近案件真相。

6.1.4 诉讼的阶段划分更加符合认识规律

刑事诉讼是一个渐进的认识过程，案件真相随着诉讼的推进逐渐清晰，但有些时候却无论如何也无法查明。这一规律一则要求程序安排必须按部就班，不能颠倒或混淆先后顺序，二则要求不同的诉讼阶段采取差别化的证明标准，并排除使用绝对化的客观真实标准。

在 1979 年《刑事诉讼法》中，法院立案庭需要对起诉进行实质审查，达到"犯罪事实清楚、证据充分"的标准才能开庭审判。如果主要事实不清或者证据不足，则应退回检察机关补充侦查或者要求撤回起诉。这一混淆立案与裁判的先后顺序、将立案基本等同于定罪量刑的做法在 1996 年修法时被废除，代之以不彻底的形式审查制度，即法院立案只需审查有无明确的指控事实，以及有无证据目录、证人名单和主要证据复印件或照片。2012 年修法虽然回归证据全卷移送的传统做法，但并不要求在立案时进行实质审查，只需有明确的指控事实就应开庭审判。通过这两次调整，立案环节"先判后审"的制度基础基本坍塌，事实调查从庭前阶段回归到庭审阶段，事实发现的全面性和准确性也因此提升。

长期以来，刑事诉讼立法都采取"案件事实清楚，证据确实、充分"这一相对模糊且基本不区分诉讼阶段的证明标准。从文义和理论上理解，该标准倾向于客观真实、绝对真实，似乎并不承认主观、相对的真实。就司法实践来看，公检法三机关普遍反映该标准"不够具体，难以掌握，……经常出现认识上的分歧"。[①] 正是因此，2012 年修法时专门针对"证据确实、充分"作

---

① 黄太云：《刑事诉讼法修改释义》，载《人民检察》2012 年第 8 期。

出解释,尤其是将“排除合理怀疑”概念引入立法,似乎是在“暗度陈仓”,以更具操作性的主观真实代替难以企及的客观真实。

2012 年修法亦对此前的量刑程序改革作出回应,明确要求对量刑事实和证据进行调查。在此之前,法院普遍重定罪轻量刑,对量刑信息的调查既不规范也不全面,因而容易导致量刑偏差。虽然这次修法没有明确量刑程序是否应该独立于定罪程序,但根据此前的司法解释和审判实践,当控辩双方对于是否定罪存在较大争议时,量刑调查及辩论应于确定罪名以后单独进行。这一程序安排虽有降低司法效率之嫌,但能避免将定罪信息和量刑信息混淆一体,有助于清楚明了地判断案情。

第二节　为减轻法官负担而提升审判效率

姑且不论侦查和起诉阶段的诉讼效率,仅就审判阶段而言,因为《刑事诉讼法》规定的审限总体较短,所以至少在被告人或辩护律师方面,关于诉讼效率的抱怨一向不多。实际上,从 1996 年和 2012 年两次修法的背景来看,真正认为刑事审判缺乏效率从而需要改革的,基本只有法院一家。毕竟,从 1979 年到 1996 年再到 2011 年,全国法院受理一审刑事案件从 123846 件分别增加到 618826 件和 845714 件,增加幅度分别为 5.0 倍和 6.8 倍。[①] 与此同时,全国法官人数从 1979 年的 5.8 万人增加到 2010 年的 19.3 万人,增加幅度为 3.3 倍。不仅如此,随着统一司法考试制度的实施和法官职业化建设,2000 年以来的法官人数其实一直在平稳下降。而因为法院系统的行政化痼疾,大概还有 40% 左右的法官并不参与日常办案。[②] 这样一来,尤其是在案件负担最重的城市基层法院,“案多人少”的矛盾就开始逐渐累积并凸显出来,成为一个需要及时解决的严重问题。但是相比之下,控辩双方——尤其是辩方——其实并不十分在意。

---

① 本章数据若无特别注明,均来自国家统计局网站“统计数据”栏目。

② 最高人民法院前院长肖扬在向十届全国人大常委会第十二次会议报告中提到,直接办案的“一线法官”大致只占到基层法官总人数的 60%。2005 年 3 月 21 日,最高人民法院副院长苏泽林也在专访中提及,基层法院的法官约占全国法官总数的 80%。

6.2.1 通过繁简分流减轻法官审判负担

严格说来,1979 年《刑事诉讼法》并未规定简易程序,只明确在罪行较轻的案件中,公诉人可以不出庭,也可由审判员一人独任审判。1996 年修法时,单列一节规定简易程序,尤其是注重证据调查、法庭辩论等庭审程序的简化,并将简易程序案件审限压缩至 20 天。2003 年的时候,“两高”和司法部曾联合发文规定“普通程序简化审”,变相扩大简易程序适用范围。这一合法性存疑的改革在 2012 年修法时得到正式确认,基层法院审理的所有被告人认罪案件几乎都可适用简易程序。有意思的是,2012 年修法其实并非一味做减法,而是在简化庭审程序的同时,一方面延长简易程序案件的审限,另一方面又规定所有公诉案件都需检察官出庭。可见所谓提升审判效率,归根结底主要是减轻法官的审判负担,较少考虑控辩双方。

6.2.2 通过庭前准备程序提升庭审效率

1979 年《刑事诉讼法》中,由于实行庭前全卷移送制度,加之法院案件负担不算重,故没有必要单设庭前准备程序。1996 年修法之后,由于全卷移送改为移送主要证据复印件,辩方和法官庭前准备不足,经常出现“开庭——休庭——再开庭——又休庭”①的间断式审理,导致审判中断和拖延。加之法院案件负担持续剧增,如何提升庭审顺畅度越发成为一个紧迫问题。到 2012 年修法时,再考虑到证人、鉴定人出庭制度和非法证据排除制度的确立,虽然已经恢复全卷移送制度,但基于 1996 年修法的教训,还是确立单独的庭前准备程序,通过庭前会议方式交换意见,总结争点,处理程序争议。这一改革虽然看似增加了法院讼累,但是“失之东隅,收之桑榆”,其于庭审效率和质量的提升作用显然更加明显。

6.2.3 通过延长审限缓解法官审判压力

1979 年《刑事诉讼法》规定刑事案件审限最长为一个半月,没有为特殊案件预留再延长的通道。1996 年修法时进行繁简分流,一方面规定简易程

---

① 黄太云:《刑事诉讼法修改释义》,载《人民检察》2012 年第 8 期。

序案件二十天内审结,另一方面允许在普通程序案件中因交通、案情、退侦等原因延长审限。不过随着法院案件负担加重,以及需要谨慎处理大案要案、妥善解决附带民事纠纷等因素,司法实践中要求延长审限的呼声一直比较强烈。2012 年修法对此作出回应,在保持基层法院审理的被告人认罪案件的较短审限的前提下,将普通程序案件审限延长到三个月,并允许在重大复杂案件(含可能判处死刑的案件)和附带民事诉讼案件中再延长三个月,必要时经最高人民法院批准还可无限期延长。这种“该短则短,该长则长”的审限安排,既能保证简单案件的高效审判,又能为复杂案件提供必要时间,适当缓解法官审判压力,避免因为审限压力仓促、草率办案。

第三节 通过人性化措施提升人权保障水平

《刑事诉讼法》之所以有“小宪法”之称,是因为其根本功能在于通过限制公权力来保障公民权利。人权保障往往与限制公权密不可分,尤其是在公民个体与国家暴力直接对抗的刑事诉讼领域。跟随《宪法》修改的步伐,2012 年《刑事诉讼法》修改时将“尊重和保障人权”列为刑事诉讼的基本任务之一,进而也规定一系列限制公权的具体制度,比如非法证据排除、律师辩护、侦查监督和死刑复核等。不过如果抛开互有交叉的证据制度,一审程序的改革幅度相对较小,而且多数不以限制公权力为直接指向,而是在面对一些相对特殊的当事人时,通过一些较为人性化的程序设置来提升人权保障水平。

6.3.1 审判未成年被告人更重保护

1979 年《刑事诉讼法》和 1996 年修正案均未单独设立未成年人诉讼程序,只在个别条款中区别对待,比如不公开审理,以及“可以”通知法定代理人到庭参加审判等。2012 年修法时单列未成年人刑事案件诉讼程序,最大亮点在于附条件不起诉制度的设立,此外在审判环节也有一些值得肯定的制度创新:一是被告人成长经历、犯罪原因、监护教育情况调查制度,二是未成年人犯罪记录封存制度,三是一律不公开审判,且“应当”通知法定代理人出庭,四是规定由熟悉未成年人身心特点的审判人员承办。这些程序安排不仅本身带有明显的保护性和照顾性,也更容易产生“教育为主、惩罚为辅”的实体裁判结果。

6.3.2 允许基于当事人和解而从宽处罚

长期以来,除未成年人犯罪案件外,法院都拒绝在审判程序上区别对待被告人。2012 年修法总结之前的试点经验,对于因民间纠纷引发的轻微犯罪以及刑期较短的非渎职类过失犯罪,如果双方当事人达成和解,法院可主持制作和解协议书,进而对被告人从宽处罚。这一改革在程序上的调整尽管不大,但其对于刑事诉讼制度发展方向的导向意义和对于当事人的实体意义都不可小觑。

除以上两点外,2012 年修法时其他一些人性化制度安排也体现出人权保障意识:比如关于不得强迫被告人的配偶、父母、子女出庭作证的规定,又如被告人对于适用简易程序的同意权等。毋庸置疑,最能体现限制公权和人权保障的措施当属非法证据排除,不过考虑到这一规则贯穿刑事诉讼始终,而且体系庞杂,此处不予详述。

第四节 刑事审判程序改革的局限

如上所述,《刑事诉讼法》经历 1979 年以来的两次大修,不仅在诉讼外观上大有改变,也使得刑事审判在发现真相、提升效率、保障人权等多方面有所进步。客观地评价,促进公正与效率确实是三十年来修法的主要目标和实际脉络,但对成绩的肯定不应阻碍我们对其局限性进行剖析乃至批评。1996 年和 2012 年的两次大修,在以公正和效率为主线的同时,也呈现出几条灰色的辅线,值得理论界和实务界反思。

6.4.1 司法逻辑始终让位于行政逻辑

1979 年《刑事诉讼法》关于审判组织的规定,前后两次大修均没有进行实质性改动。审判委员会依然是法院内部最高决策组织,有权改变合议庭或独任审判员的决定；其审判方式依然是“听取汇报＋投票表决”的模式，与直接言词、集中审理、三方组合等基本诉讼原则相抵触。不仅如此，对于实践中广泛存在但又缺乏法律依据的院/庭长批案制度，两次修法都采取回避态度，实际上导致合议庭独立审判制度被架空。如此一来，法院内部决策主体呈现出“承办人——合议庭——院/庭长——审判委员会”复杂的科层化结构，个案决策方式也因此表现出明显的行政化特点。

刑事审判中行政逻辑超越司法逻辑的现象，归根结底源于《刑事诉讼法》第5条确立的独立审判原则不能落实。1979年立法并未承认法院独立行使审判权，1996年修法时特地增加一条作为刑事诉讼基本原则，2012年修法时原文保留，但审判实践中长期难以落实。一方面，作为党委实施政策领导和组织领导的有力保障，审判委员会制度和案件审批制度均难轻言废除。另一方面，为避免体制性防护不足的法官在特定个案中丧失操守，又有必要通过审判委员会制度和案件审批制度约束法官行为。换句话说，刑事审判中行政逻辑的强势和泛滥，一是便于传达自上而下的指令和精神，二是为了抵御外围的不当影响或干预。在司法体制没有出现根本性转变的背景下，这一现象必然将长期存在。

6.4.2　法官利益绑架审判制度改革

人的天性追求舒适、方便的工作和生活，这本来无可厚非。然而现代刑事司法的一大趋势是繁简分流基础上的精细化，律师介入、证人出庭等正是诉讼精细化的重要体现，但这往往意味着法官需要更加谨慎、付出更多精力处理案件。如此一来，法官工作的舒适性和方便性可能须以牺牲被告人权利为代价。比如简易程序改革，虽然能够大幅降低法官讼累，但是并没有给被告人带来明显利益①，甚至可能因高度压缩法庭调查程序而导致被告人证据知悉权和质证权落空，这对那些审前在押且没有律师辩护的被告人尤其不公正，因为庭审可能是他们唯一获悉指控证据内容的机会。又如案卷移送制度改革，为了让法官出庭时“心中有数”，2012年修法时回到1979年全

---

①　2003年，最高人民法院在《关于适用普通程序审理“被告人认罪案件”的若干意见》中规定，对同意适用普通程序简化审的被告人可以酌情从轻处罚。这一规定在多数案件中其实是“口惠而实不至”（“坦白从宽”本来就是普遍原则），但在2012年《刑事诉讼法》修改时并未纳入。

卷移送的老路，其代价则是不得不让被告人承受法官“先入为主”、“先判后审”的风险，以及法庭审判虚无化、空洞化的“苦果”。更为典型的例子是人民陪审员制度改革，全国人大常委会在2004年《关于完善人民陪审员制度的决定》中将提升司法民主和司法透明作为根本目标，但现实中却沦为不少法院解决辅助人员人手短缺的工具。

之所以出现法官利益绑架审判制度改革的现象，归根结底在于部门立法、关门立法的缺陷。1979年以来的两次《刑事诉讼法》大修，以及中间多个司法解释的制定，要么是纯粹的部门立法，要么是多个部门关门磋商、相互妥协的结果。虽然2012年修法时前所未有地面向社会公众征求意见，但对最终文本的影响相当有限；“两高一部”依然可以强力左右立法内容和进程，并隐约有根据各自职权划分“势力范围”进行垄断立法的迹象。正是因此，一审程序立法总是容易被法官需求所绑架，以法官工作的舒适性和方便性为直接目标。至于被告人、被害人权利保障的提升，很多时候是以一种“附带产品”的形式出现。

6.4.3 “刀把子”思维冲击人权保障

1979年《刑事诉讼法》第1条开宗明义指出，《刑事诉讼法》系根据“人民民主专政……打击敌人、保护人民的实际需要制定”。1996年和2012年修法后的措辞相对“去政治化”，但是依然坚持“惩罚犯罪、保护人民”的表述。这种司法工具化的“刀把子”思维的主要体现，一是三机关之间配合有余而制约不足，法院往往怠于否定公诉机关的起诉，也不愿宣布侦查行为非法，导致无罪推定、非法证据排除等原则很难落实。二是实体正义凌驾程序正义之上，为获取案件真相可以方便地违背程序规定，比如一直到2012年修法，违法搜集的物证、书证依然原则上不予排除，更未确立“毒树之果”原则。三是隐约的重刑主义时而抬头，尤其是阶段式、运动式的“严打”在此前的泛滥，以及在裁判中考虑“政治效果、社会效果和舆论效果”的要求。四是对于辩护权利扩张的习惯性抵制，比如两次修法“挤牙膏”式地扩大辩护权，

2012 年修法相比 2007 年《律师法》甚至还有所退步。[①] 不可否认，“刀把子”思维的影响主要是理念上、实体上的，但必然对程序的自治性产生冲击，甚至在一些特殊个案中使程序沦为彻底的打击工具。

简而言之，自 1979 年《刑事诉讼法》初创以来，33 年间的两次大修总体上保持对公正与效率的持续追求，并通过一些具体的诉讼制度使得刑事审判发现真相的能力不断强化，诉讼效率逐渐提高，人权保障水平亦稳步提升。但是与此同时，囿于司法体制、司法理念和立法机制的局限，刑事审判制度改革又受到行政逻辑、“刀把子”思维和法官自身利益的牵制乃至干扰，导致一些改革措施不够完善或者难以落实，具体制度相互之间也常有冲突。刑事审判制度未来的进步，固然有赖于细节设计上的完善以及落实，但更需要在体制、理念层面的调整。当然，这可能不是《刑事诉讼法》本身能够解决的问题。

---

① 2007 年《律师法》修正案有两大进步，一是凭“三证”即可会见，二是律师可以自行取证。但是一直到 2012 年，不少地方都以《刑事诉讼法》尚未修改为由拒绝执行《律师法》的规定。而 2012 年修订《刑事诉讼法》时对于会见和取证都加上一些限制，比如在危害国家安全犯罪、恐怖活动犯罪、特别重大贿赂犯罪案件中，侦查期间律师会见须经侦查机关许可；律师向被害人或者其近亲属、被害人提供的证人取证时，也须获得法院或者检察院的许可。

附录:访谈笔录摘要

说明:

1. 基于公认的法律社会学调查伦理,访谈对象的具体身份保密。以下访谈内容经过技术性处理。

2. 为促进坦诚交流,访谈时没有使用录音设备,而是由研究助理以手写方式记录大概内容。因此以下笔录并不能逐字逐句地反映原始的访谈内容,但是能够保证核心意思的完整性和准确性。

3. 鉴于访谈内容多而庞杂,以下笔录仅摘选与本书相关的部分内容,并将不同访谈对象对于相同问题的回答组合在一起。如果不同访谈对象的回答有较大差异,则加以单独说明。作者的问题都能直接从被访谈者的回答中看出,故予以省略。

A 院访谈笔录摘要

访谈对象:A 法院院长、分管刑庭副院长、刑庭三名法官、政治处主任、研究室主任、刑庭内勤、书记员。

访谈时间:2005 年 11 月

访谈地点:各访谈对象办公室

【刑庭基本情况】

A 院刑庭很小,总共只有 4 个人,而且严格说来只有两人可以正式办案。目前的情况是:庭长和一个老法官担任主要的承办法官;一名前庭长上挂中院锻炼,偶尔也回来办案;一名已经通过司法考试但是还没有被任命为法官的内勤协助办案。老法官马上就要退休。

法院分管刑庭的副院长原来在中院做庭长,业务能力很强,所以也经常参与办案,不过主要是大案、要案。我们院长也是一个专业型院长,偶尔也会亲自担任审判长办理刑事案件。

实话实说,尤其是在工作比较忙的时候,我们刑庭经常有第五个人办案,那是一位退休法官,我们以人民陪审员的名义返聘回来,实际上也在办案,不过不能担任审判长。我们内部对她也是以正式法官的身份对待。何况,她就住在法院后面的家属楼里面,平时也没有什么事情,回来办案也轻车熟路,非常方便。

现任庭长曾经在邻县检察院担任公诉科副科长,对于公诉一块比较熟悉。到了法院担任刑庭庭长之后也更能驾轻就熟,对于公诉人的问题和优点都看得很清楚。

内勤是唯一的法学科班出身的本科生,已经通过司法考试,还是我们院里的第一名,2006 年春天就可以取得法官资格,可以独立办案了。按照这个趋势,应该很快可以升任副庭长。

当前一个现实的难题是:我们刑庭仅有 3 名具有审判资格的法官,一旦任何一人缺席,便需要从其他部门“借”人组成合议庭。考虑到有一名法官上挂中院,这种情况在今年其实很常见。由于研究室的人一般没有审判任务,其中两人又具有审判资格,可以随时补上来,而且我们两个部门办公室也是紧挨着,所以就成为我们的首选“替补”。有时我们开玩笑,把这个称为“抓壮丁”。不过,临时找来凑数的法官既不能当承办人,也不能当审判长。所以实话实说,他们一般只是象征性地“坐庭”了事,几乎不会真正地参加庭审,也多数不会参加合议庭评议。

【审判长选任】

我们刑庭人少,真正有审判资格的人就三个人,其中一个庭长、一个刚刚上挂中院的前庭长,按规定是当然的审判长。所以我们实际上没有进行审判长选任改革。不过对上汇报时,我们依然说已经完成这一改革。本地的基层法院大多都是如此。中院好一些,刑庭人数多一点,所以有真实的审判长选任改革。

【人民陪审员】

客观地讲，人民陪审员没有起到实质作用。目前看来，陪审员选任制度最大的用处在于填充合议庭人数，比如我们法院就有以陪审员名义返聘回来的退休法官。基层法院的陪审员多数没有认真地审理案件。以前陪审员几乎就是专职的，随时可以到法院帮忙。2004 年陪审员选任制度实行后，法院就没有再设专职的陪审员了。由于我们属于城市郊区，多数选拔出来的陪审员距离都不是很近，尤其是那些农村的村长、支书等，到法院也不是特别方便，所以来得也就少了。

【目标考核】

我们主要是接受中院刑庭的目标考核，然后按照这个考核成绩来计算院内成绩。法院给刑庭的目标是，在全市 7 个刑庭中不得低于第三名。如果达不到这个名次，我们在院内考核就很难合格。

中院刑庭的考核指标比较多，具体的考核表可以看出有多少项、每一项占多大比例。总体来说，数字化考核是审判业务的一个重要指挥棒，虽然有些负面影响，但积极因素更多，能够实现对法官的引导和制约。当然，个人认为还是有一些指标不太科学，最主要的问题是，在审判业务方面无法体现差距，相反一些非审判事项却比重很大。比如对于宣传信息的考核，包括调研、信息、宣传材料，现在要求刑庭每个法官每年必须完成 3 篇，确实有些多了，有本末倒置的危险。

考核上有一些是一票否决事项，也就是一旦出错，不仅要扣分，还会直接失去评优资格。比如超审限、合议庭人数不够等严重程序错误，就是这类一票否决事项。

一个很奇怪的考核指标是上诉率。这个指标考核民庭应该是没有问题的，毕竟这反映当事人对判决的接受程度，也反映了一审审判质量。可以理解的是，考虑到各种成本，当事人不会轻易、草率地上诉，要么是案件确实有问题，要么当事人的认识和法院认识不一致。但是对于刑事案件来说，一审结果往往都是有罪，当事人当然不高兴，几乎不可能出现“胜败皆服”的效果。再说,上诉是被告人的一项权利,法院也不能予以剥夺来降低上诉率。更重要的是,上诉一般不会加刑,那对于被告人来说,反正没有坏处,何不试试呢?

从实际上来看,由于上诉率是中院的一个重要考核指标,我们尽管说它在刑事诉讼中不太合理,但是也不得不执行。具体量刑的时候,客观地讲,我们有些时候也会考虑当事人上诉的问题,希望能够避免当事人上诉。当然,一般来说,我们不会给被告人过多的“不要上诉”的暗示,但是也会有一些,如对被告人进行教育时告知,对他的处罚其实已经从轻了,根本没有必要再上诉等等。

为了在考核中取得领先,我们很多时候不得不曲意逢迎。比如中院规定发表调研文章可以加分,而且加分一度没有上限,我们就通过各种手段努力发文,主要是在“中国法院网”等相对容易的地方发表,一下子挣来很多加分。又比如中院要考核司法建议的数量,我们就想方设法多发司法建议。实际上,多数司法建议发出去都没有回音,但因考核上不在乎这个,我们也不重视。

法院政治处有时还将有新闻价值的刑事案件作为宣传报道的重点,我们称之为“案件资源开发”,可能先向区委宣传部汇报,请示中院,确定新闻报道方案之后,再安排进行具体操作。如果舆论效果比较好,对于刑庭也有加分。

【审限问题】

一般而言,对于普通程序案件,受理起诉后,3 到 5 天内发出副本,再有 10 天左右的准备期,因为要等被告答辩。接下来就是开庭、宣判,总共在 15 至 20 天内能审结。

对于简易程序案件,因为不受送达等时间限制,确实要迅速一些,一般 10 天左右可以结案。

现在审限考核方面也很细化,分为高效、中效、低效三个档次,分别有一定的比例要求。一些法院已经实现网络化管理,就是由立案庭或者其他专门的案件管理部门通过电脑系统进行控制。不过在我们法院,迄今还没有达到这一点,但是这肯定是方向。

如果真有超过审限的危险,为了避免超限,法院常用的变通措施有三种:一是延期审理,一般会建议公诉人提出,操作比较方便。多数情况下,考虑到法检两家相互配合,以及大家的私人关系,公诉人一般都会答应。二是借用期限。因为公诉人审查起诉的期限是一个月,但是往往要不了那么多时间,比如可以半个月就审查完并移送过来,但是在移交日期上填写一个月,这样在法院阶段我们就多了半个月时间。三是用撤诉方式,等补充证据之后再行起诉。不过这种情况比较少,因为检察院的承办人要扣分。

因为案件审批导致审限紧张的案件不多。一是因为我们需要审批的案件本来就不多,毕竟我们人少,一个普通程序案件,刑庭几个人都要参加合议庭,有时分管院长也会亲自审案,所以不大需要另外的审批。个别案件要上审委会的,因为院领导经常出差或开会,结果审委会召开不定期,所以可能会影响审限。要上报政法委或者中院的案件更是如此。比如有一批贪污案件,是窝案,7 月 10 日由检察院提起公诉,11 月 3 日才审理完毕。主要是因为影响大,由市委政法委协调,各个阶段都需要上报(在整个审理过程中都如此),因此耽搁了不少时间。

总体感觉,现在规定的审限还算合适,不是太紧张。但是一些复杂案件应有一个游刃有余的空间,让法官思考案件的时间多一些。

【工作负担】

我们的送达等事务都是由法官亲自来办,书记员和法警不能代办,这儿也会花一些精力。还好我们案件总量不多,看守所也比较方便,所以不是什么大问题。

平时加班其实不多,但是到了下半年一般要忙一些。今年是特例,我们三个法官里面上挂锻炼一个,剩下来两个法官办案,所以加班多一些。以前有"严打"的时候,往往也是需要加班的时候。现在改成阶段性、区域性整治活动,虽然名义上不算"严打",实质上差别不大,也是我们可能要加班的时候。

每周审理的案件数量不一定。最多的时候,一个周审了 15 个案件,而且还不是相互关联的案件。

作为分管刑庭的副院长,感觉是超负荷运转。主要是审判以外的工作太多,至少占了1/3。案件协调等还可以算做审判业务内的工作,但是其他纯粹的行政性的工作大概占到1/5。这在院级领导里面,肯定还算少了,毕竟是刚从中院到基层法院,而且毕竟是走专业路线。我们院长几乎没有什么时间关心个案审理,事情太多了。

对于庭长,能够用于审判工作的时间也就是2/3左右,其他比较耗费时间的主要包括政治学习、创卫、社区平安、青少年维权岗等工作。一个月里面真正用于审理案件的时间可能就10天,每天大概2—3个小时,也就是开庭1—2个小时,写判决1小时左右。

【庭前阅卷】

现在基本是不阅卷了,顶多只是粗略看看检方的复印证据。我们法院不要求庭前阅卷,是否阅卷主要看法官自己的习惯。作为庭长,对于一般案件都不怎么阅卷,因为只要看看起诉书就基本可以弄清案情,在法庭上也可以查得很清楚。刑庭其他两名法官都是资深法官,最多的有二十几年审判经验,所以也都几乎不阅卷。

实话实说,个人倒不觉得阅卷与否跟预断有太大关系。由于普通程序案件看不到多少东西,我们也不至于形成初步的判案意向。所谓阅卷其实就是大概有个准备,开庭时不至于一无所知、手忙脚乱就是。

简易程序案件是例外,我们往往都要庭前阅卷。一方面,检察院本来就全卷移送;另一方面,考虑到公诉人基本不出庭,往往也没有辩护人,而被告人又是认罪的,所以都不会对案情有什么争执。如果不仔细阅卷,而且庭审也不仔细的话,相反还容易在细节上出问题。毕竟,我们的简易程序案件多数都需要当庭宣判的。

一些非常复杂的案件,由于案卷太多,检察院不愿复印主要证据,偶尔也会全卷移送过来。另外也有一些可能存在争议的案件,检察官明明有非常关键的证据,但是庭前不会移送,希望当庭形成"突袭"效果,给律师一个措手不及。不过律师有时候也会来这一手,让公诉人很被动。

我们个人很想搞"起诉状一本主义",减少我们庭前的负担,但这样对法官、公诉人的要求很高。公诉人要在庭审中做手脚的话我们也没多少办法。我们有一个考核指标是当庭宣判,这就要求公诉人要在庭审中全面提供信息，不能肢解证据；还要求被告人或辩护人有相当的辩护能力。

庭前审查不予立案的情况基本不会发生。如果案件真有问题，检方也不会拿来。

如果庭前不阅卷，又要求当庭宣判，延长的庭审时间其实不多。毕竟多数案件事实都很清楚，被告人也认罪，因此不需要花太多时间进行调查。不过总体看来，庭审至少还是需要30分钟以上。

【审判委员会】

我们对于上会案件的范围把握很严格，现在只有无罪案件才必须上审委会。一般的缓刑、单处罚金等，由于几乎都是未成年犯罪或者交通肇事等过失犯罪，本来就适合这样处理，都不需要上审委会。但是对于一些重大案件，特别是职务犯罪案件，一般也要求上审委会，甚至需要向政法委汇报。

必须要承认这个现实，一些案件确实有一些人通过各种渠道打招呼。这个比例大概在20%左右。但是招呼归招呼，办案归办案，即便是熟人，我们也不敢过分。当然在合理的范围内，能够适当予以照顾，不管是被告人还是被害人，这个也算人之常情，但是逾越规矩的事情，我们是不敢做的。

【办案经费】

我们刑庭实行收入返还的经费包干制。工资是财政负责，跟院里几乎没有关系。院里面也没有拨付单独的办公、办案经费，而是根据各个庭的收入按比例返还办公费用。比如2005年我们收入30多万，返了14%—15%作为庭里日常开支，包括买纸、打印费、接待、车用开支。我们只有一辆奥拓警车，有点旧了，但是还能开，一般是去看守所的时候用用。

法院返还刑庭的基础是我们的罚没款收入，包括罚金、没收违法所得、没收财产三种。收款时都是直接进入财政账户，但是财政几乎全额返还给法院，法院返还给刑庭的比率大概为15%，不过只返还到庭上，不到个人，可以说我们刑庭有一个“小金库”，不过不是很准确的说法。这几年我们的办案经费也就是一年两三万，确实比较紧张。

总体说来，我们刑庭的收入多数来自罚金。但是罚金兑现率一直不高，大概只有30%左右，而且主要是缓刑案件的罚金。虽然不能说花钱买缓刑，但是是否缴纳罚金确实是我们量刑考虑的一个酌定情节,体现被告人的认罪态度。

对于缓刑,我们的做法是能判缓刑的尽量判缓刑,还不至于将缓刑和罚金直接挂钩。如果把不需要收监的人都判实刑,既不能为社会创造价值,反而占用了司法资源。只要被告人的社会危害性不大,在基层法院一般都可判缓刑。

间接看起来,法官的福利待遇和罚没款是有一定的挂钩。罚得多,返还越多,我们的办公经费也就越充裕。不过法官的福利待遇其实与很多因素相关,比如多劳多得还是能够得到一些体现,这个比较公平。对于法官个人奖励最直接的还是调研奖励,即发表论文、获得奖项的奖励。

【案件请示】

案件上诉到了中院,如果中院要改判,一般还是会和一审承办法官沟通。一般说来,需要改判的都是比较实质性的问题,比如定罪或者量刑等级差别等。如果是简单的量刑幅度问题,只要没有超出自由裁量的合理范围,一般是不会出现二审改判的。

一审疑难案件会向上级法院或者法官请示。非正式的请示较多,一般是电话方式,也有上门请示的。请示过后,如果上级法院或者法官有指导意见,案件因为上诉再改判的不多。也有比较正式的请示,主要是法律问题,不涉及事实部分,由研究室统一处理。这些请示还可能进一步到高院。

【法检关系】

我们法院判决无罪的案件也很少。有些案件即使要判无罪,往往也会和检察院协调,让他们撤诉,免得到时候判出来尴尬。还有一些模棱两可的案件,或者"疑案",考虑到检察院的要求,尤其是办案人员的难处,我们可能会采取"关多久判多久"的办法,基本就是判完就放人,其实等于变相的无罪判决。有人说这叫"实报实销"。对于被告人来说,反正最重要的就是出去,所以也没有遇到来纠缠的。

还有一些案件,检察院还没有确定是否要起诉,因为拿不准我们会怎么判,所以会提前将全部案卷拿过来,找我们协商,免得到时候诉过来我们不给判，让承办人难做。

客观地说，我们和检察院的关系不错，和公诉科检察官的私交也不错。大家都在一个地方，同在一个系统，低头不见抬头见，如果没有必要，我们也不会让他们下不了台，当然我们也需要他们的配合。

【普通程序简化审】

实话实说，我们觉得普通程序简化审完全没有必要，我们实际上也没有执行。最主要的阻力来自检察官，因为要做庭前证据交换，检察官要额外跑一趟法院，梳理一遍证据，到了正式的庭审又几乎要重复一次，这样显然太麻烦，还不如直接开庭。反正对于事实清楚、被告人认罪的案件，直接开庭也不会有多少争议，花不了多少时间。因此检察官普遍认为没有必要搞这么一个专门的证据交换程序，多数排斥普通程序简化审。

如果要改革，我们认为简易程序的适用范围可以扩大，不必限制在刑期那么短的案件。至少，如果被告人认罪，判决书可以更简化一些。

【当庭宣判】

我们现在对于当庭宣判考核比较看重，中院考核里面占了不小的分量。感觉这是最高人民法院从上到下推行的方向，好像说是为了避免庭外干涉。

不过除了考核，我们自己也愿意当庭宣判。你想，通过庭审案件都查清楚了，然后我们合议庭也有权力直接下判，为什么还要拖延一段时间再宣判呢？拖下去对于被告人来说其实不太人道，人家都想早点有个结果。再说，如果我们故意拖延，人家说不定还以为我们在等他们来“做工作”什么的。而且从效果来看，当庭宣判其实并没有降低我们的审判质量，我们的各项考核成绩依然不错。所以我们法院对此非常看重，极力推动当庭宣判改革。你也可以看到，这几年我们的当庭宣判率都很高。

【律师辩护】

我们法院整体的辩护率不算太高，但是也不算低，大概30%左右吧。毕竟我们属于城市郊区，律师也不少。

辩护律师在开庭之前到法院来和法官沟通的也有一些，主要是两类：一是与法官比较熟悉的律师,主要是本地律师,大家都是熟人,沟通起来好交流,也知道规矩,我们法官也不好生硬地拒绝。第二种情况是法官主动与律师沟通,这往往是一些比较复杂、疑难的案件,法官也希望提前听听律师的意见,兼听则明嘛,以便好好准备。

律师在庭前申请调取证据的情况不多,不过一旦有申请,我们原则上都会同意,除非明显不合理。

总体感觉,辩护律师的作用不大。这个也许跟我们的诉讼结构、诉讼模式还有国家权力结构有关系。在现有体制下面,律师辩护的空间本来就很小。比如,说老实话,对于律师的辩护词,我们一般都不怎么看的。

委托辩护和指定辩护有时会有一些差别,关键看律师个人的责任心。但是对于我们法官来说,其实都差不多。当然,真正有争议的案件,有没有律师、律师水平如何,差距还是很大的。

【合议制】

我们的案件合议庭评议还是很重要,毕竟考虑到不少案件是当庭宣判,不敢马虎。再说,因为是开庭过后马上组织评议,几个法官人都在,也比较方便组织讨论。

在案件档案里面,合议庭评议笔录确实普遍比较简单,而且看起来像假的。真实情况是,多数案件并没有真正的、很规范的评议,承办人只是简单和其他成员交换意见。如果案子简单,甚至也不用交换意见。至于评议笔录,客观地说多数属于事后归档时补记。档案室接收案件档案的时候,要核对有没有合议庭评议笔录,没有的话就不收,我们就不能办理正式结案手续,所以归档之前一定要补一个。但是如果案子争议比较大,合议庭有不同意见,那评议就比较真实,记录也比较全面。毕竟,如果最后需要追究责任,是要看评议笔录里面各个成员的意见的。

合议庭评议还是基本以多数意见为主,全看承办人意见的情况不算多。当然,考虑到承办人对案件了解最多,而且也主要是他在承担责任,主要还是以他的意见为准。一般案件里面,其他合议庭成员很少有不同的意见,尤其在定罪方面。

我们的分管院长也经常直接审案,如果她的意见和合议庭其他法官意见不同,一般也会提交审委会讨论,而不会直接按照她的意见判决。

开庭前就进行讨论并形成意见的不多,虽然也有一些。如果要讨论,多数还是在庭后进行。

非承办人的合议庭成员,尤其是不担任审判长的那位,一般说来不会阅卷。庭审的参与程度主要看个人素质,但总的来说较少。一般说来,都是在法庭上看自己的案子或者写判决书,做自己的事情。合议庭评议的时候,也比较少拿出实质性的意见。尤其是从其他庭室"借"过来的法官,往往根本就不参加评议。这个是客观现实,我们也不掩饰。

【庭审程序】

因为案子总体不多,我们开庭时间比较充足,开庭前也会很仔细地核对当事人身份,告知诉讼权利。尤其是共同犯罪案件,这个程序很有必要,而且要用心,这样才能把被告人和名字对上号,避免叫错人的尴尬。

公诉人举证的时候,如果案件没有什么争议,多数是以概括的方式进行,也就是简单说明证据的名称、来源、内容、证明对象等等,有时候也会摘要宣读其中部分关键内容。很少有被告人要求全文宣读证据。但是如果案件争议比较大,公诉人举证会很详细,至少会把主要的内容全文宣读。如果公诉人不读,我们法官也会要求他这样做。毕竟这个时候我们法官手上也没有案卷,不知道案卷里面究竟有什么内容,所以要求公诉人全面、仔细地举证。

确实有一些案件里面,被告人以刑讯逼供为理由当庭翻供。省高院有指导性意见,这种情况可能需要警察出庭作证,也确实有律师申请过。不过实际上我们很少通知警察出庭,我们首先要结合其他证据确定翻供有无理由,有无价值让警察出庭。

对于争议证据的处理是现在庭审程序的一个瑕疵。如果控辩双方当庭就某个证据提出争议,审判长会说待合议庭评议后进行认证,很少临时休庭组织评议再当庭作出决定。但是实际上,开庭结束后的评议几乎都不会针对个别证据进行,当然,我们会最终拿出整体性的定罪量刑意见,大概也算对争议证据的间接决定吧。

庭审过程之中,作为庭审控制能力的体现,审判长打断公诉人、辩护人和被告人发表意见的情况其实不算少。

对于法官来说,庭审之中最关键、对于判决最有影响的环节其实不是法庭辩论,而是在法庭调查阶段针对个别证据的质证和辩解,我们有时会组织简短的针对性的证据辩论,俗称"小辩"(相对正式的法庭辩论而言)。这些往往才是法官最有印象的内容。

B 院访谈笔录摘要

访谈对象:B 院分管刑庭的副院长、刑庭庭长、副庭长、法官、内勤、书记员、研究室主任、政治处干部

访谈地点:法院会议室

访谈时间:2005 年 12 月—2006 年 1 月

【刑庭基本情况】

我们刑庭一共有 9 个法官编制,但是实际上没有这么多法官。在编的一个人借调到了中院,另一个借调去了区政法委,实际上在本院的就只有 7 个人,但是真正能够有 7 个人办案的时候不多,比如现在就有一个法官因为生孩子而请假。另外,刑庭还有一个内勤。

刑庭 7 个法官里面,有庭长 1 人,副庭长 2 人,还有一个专职审判长,其余三人为独任审判员。分管刑庭的副院长偶尔也会参加办案,但是极为罕见,一般只是负责审批案件,或者参与重大疑难案件的讨论。

书记员的体制有点特别。以前书记员都分到各个庭室,后来实行书记员单独序列管理,成立了一个独立的部门,刑庭需要书记员的时候,联系书记官管理办公室,他们就会派人过来。不过总体说来,刑庭还是相对独立地有两个书记员。这样安排,我们也方便,他们业务也更熟悉。

【案件负担】

因为处于大城市主城区,我们庭案件比较多,最近几年都在五六百件左右,各个法官负担都比较重。当然,我们市里面还有一年上千件刑事案件的

法院,他们比我们更忙。

各个法官具体承办案件的数量,每年几件到几百件不等。今年刑庭虽然实际有7个法官,但主要承担办案任务的只有5个人。有一个法官本来是办案主力,但是因为生孩子请假了。另一个是庭长,行政事务要多一些,因此承办案件相对较少,主要是承办大案要案。所以,基本上刑庭5个法官要平均分配600多件案件。

刑庭实行按照案号轮流分案的做法。立案庭接收刑事案件的时候,会有一个案号,内勤就按这个案号给各个法官轮流分案。除庭长以外的其他法官是每轮都要承办案件,庭长则是隔一轮或者隔两轮排一次,有时甚至更少。有时也会根据案件的性质,将一些相对重大的案件特意分配给副庭长或者审判长承办。更重大的案件可能会分配给庭长或分管院长任承办人。总体来说,刑庭的两个副庭长和一个单独的审判长是办案主力。严格说来副庭长的行政管理职能不多,主要还是审判业务上的职能。

单从案件数量来说,法官负担可能不算重。比如虽然看起来一年一个人要承办100多件案件,但是很多是简易程序,审理会很粗略,不需要花费太多精力。但是由于新类型案件增多,社会矛盾突出,对承办人压力增大,有些案件也很花时间。

我们刑庭加班不算多,周末一般不加班,除非是统一安排的加班,比如"两会"期间等。但是这种加班是可以补休的。

一般而言,法官日常工作中的非审判业务有1/3以上。对于庭长而言,至少占1/2以上。主要是各种会议比较多。现在因非审判业务耽误庭审的情况很少,今年开始注重保证庭审;以前确实有庭审放在次位的情况。

【目标考核】

考核的指标很多、很细,有一个很复杂的表格和很复杂的权重计算方式。在审判业务方面,最主要的指标还是结案率、改发率等传统指标、硬指标。这几年我们刑庭的结案率都在92%以上,改发率都在20%以下,总体还是很满意。

法官考核里面的一个一票否决项目是调研文章,一个审判长一年必须要有一篇。这个对于审判任务本来就不轻的法官来说,确实是一个很重的负担。

我们法院不考核罚金数量和执行率,毕竟我们在省会城市中心城区,严格说来不缺经费,不需要通过罚金去创收。不过是否缴纳罚金是量刑时的一个酌定情节。一般说来,对于自然人被告人不缴纳罚金的,我们要求不很严格;但是如果被告人是单位,由于所处刑罚基本就是罚金,而且往往也有支付能力,再说金额也不小,所以要求必须缴纳罚金。

错案是考核里面最关键的指标之一。以前对于错案的认定标准比较机械,一般只要是发回重审的、二审或者再审改判的,都视为错案。但是改判的原因很多,有些确实是错案,有些却属于单纯的认识差异,甚至是因为出现了新证据,如果这样就认定为错案并且一票否决,那确实就不公平。所以现在对错案标准作了改革,对于发回重审的、再审的、改判的案件,先由案件评审小组检查案件,认为确实不合格的,再报审委会,最终由审委会确定是否是错案。如果是认识差异问题,或者其他不可归责于办案人员的原因,就不属于错案。比如今年我们就有上诉案件改判,原因是在上诉期间出现新证据;这显然并非一审承办人的责任,因此就不会认定为错案,也不会对承办人的考核产生不利影响。

对于申诉案件,由审判监督庭进行审查。如果可能涉及再审问题,审监庭一般会和原承办人交流意见,当然最终要由审委会决定是否再审。审委会开会时,承办人可以当面申辩。毕竟,本院再审立案一般都认为确实有问题,立案之后往往都会有改判,这样原审就视为错案,所以需要给承办人申辩的机会。

【案件请示】

实话实说,中院刑庭要改判案件之前,或者要发回重审的时候,一般还是会通知一审承办人,询问承办人对案件的看法,特别是当案情不清楚的时候。如果仅仅是量刑幅度等主观因素比较大的问题,一般不会动辄改判。但是,如果中院觉得应该改判,不会因为一审承办人的意见而有所变化。

对具体案件,事先向中院请示的情况不多。现在中院规定,对于事实问题不能请示,只对法律适用进行刑庭与刑庭之间的正式沟通,有些时候也要向中院研究室请示。不过也要承认,承办人个人同中院刑庭法官个人就个案进行交流的现象还是有。

【法检关系】

如果可能判处无罪的案件,包括可能变更起诉罪名的案件,经过承办人、合议庭、主管院长这么几轮审查之后,如果确实认为案件有问题,一般要与检察院的承办人沟通,要么要求补充侦查并直接指明需要哪些证据,要么商请检察院撤诉。不过我们法院有规定,只要案件上了审委会,就不允许检察院撤诉,只有最后依据审委会讨论决定下判,即使是无罪也要直接宣判无罪。这种案件如果检察院要抗诉,一般也不会通知法院。

现在检察院对于撤诉也加强了考核,如果撤诉以后没有再起诉的,那么就记为错案一件,这给检察官很大压力,有时候也会传导到我们身上。

【庭前程序】

一般来说,我们的庭前程序是这样一个流程:立案庭收到起诉后,审查案件是否属于我院管辖,以及羁押期限是否合法。如果立案庭发现有问题,会通知刑庭,或者向刑庭咨询处理办法。当然,如果是大案、要案,立案庭也会事先和刑庭沟通。这个过程大概 1—2 天,之后案件被移送到刑庭,由书记员到看守所送达起诉书副本,内勤按照规定分案。这个过程一般也是一两天。再往后,承办人拿到案件后,组织合议庭,并进行开庭准备。

【庭前阅卷】

庭前是否阅卷,确实各个法官不一样。(庭长及一个副庭长)除了简易程序之外,一般都不阅卷。只是大概看一下起诉书,就可以直接开庭。(其他法官)不仅简易程序会阅卷,普通程序案件也会阅卷。

对于普通程序案件,检察院都是移送主要证据复印件,个别案件可能材料比较少,也许会全卷移送,不过也是复印件。我们毕竟在省会城市,这点复印费用还是承担得起,而且毕竟《刑事诉讼法》有这个规定。普通程序案件庭前即使阅卷,花的时间其实也不多,一般只是看看起诉书和被告人的几份供述而已。这些供述一方面比较全面,对整个案件的来龙去脉有详细描述,另一方面也是考察被告人是否翻供。如果有翻供现象,一般就需要更仔细地准备。

普通程序案件中,因为只有主要证据复印件,我们阅卷虽然大致能够了解案情并做出一个初步判断,但是毕竟不全面。考虑到这些因素,我们一般不会非常仔细地阅卷,只是做到心中有数,不至于毫无准备地开庭就可。阅卷之后就开始制作判决书的不多,毕竟还有不少证据没有看到,写了判决书可能还要复工,相反还浪费时间。再说,庭前看看主要证据复印件就直接定案,也确实有点草率。我们主要的阅卷工作还是放在开庭以后,这个时候拿到了全部案卷,开庭时也对被告人的态度和主张有了了解,所以案情已经比较清楚,只需要根据案卷证据材料制作判决书就行了。

其实对于有经验的法官来说,并不希望庭前阅卷,毕竟都是一些复印件,而且复印效果有时还很不好,看起来很吃力。但是我们开庭时间有限,提一次被告人很麻烦,如果不提前阅卷,没有准备充分,一旦开庭时没有查清一些疑点,或者必要的证据没有进行调查,就需要再次提人组织二次甚至三次开庭,很麻烦。其实开庭也并不能听到多少有价值的东西,所以我们在庭后还要仔细阅卷。这个时候是公安的原始卷宗,相对比较全面,也容易阅读。

阅卷的时候如果发现有疑点,开庭的时候也不能解决的,我们有时直接向公诉人询问。公诉人如果不清楚,还可能向侦查人员询问,然后再回复我们,我们也会专门附一个材料注明。总之,案卷里的疑点一般要搞清楚。

阅卷判案也有一些弊端,一不小心还容易造成错案。我们有一个法官,开庭后阅卷写判决时不太注意,将案卷之中一份公诉人庭审中没有出示的证据列在判决书里面,结果二审法院以程序违法为由发回重审,被记为错案一件。此后我们写判决都要复查庭审笔录的举证目录,避免再犯这种错误。

需要承认,我们一些简易程序案件,因为能够事先看到全卷,被告人又一概认罪,所以阅卷的时候都形成了判决意见,有时候干脆直接把判决书写好,先通过内部程序审批、打印后,再开庭,然后马上盖章发给被告人。这样我们就能做到当庭宣判,而且不需要另外再提押被告人。

一般说来,简易程序案件阅卷加写判决要 1 个小时左右。在简易程序案件里面,通过阅卷,我们大多都能形成比较明确的关于定罪量刑的判断,如果硬要给一个百分比,大概可以是 95%。至于剩下的 5%,无非是怕个别案件中被告人翻供,所以需要等到开庭时当面确认。确实可以这样说,简易程序案件开庭的意义并不大,主要就是确认一下被告人是否认罪,吃一颗“定心丸”。不开庭呢,不知道被告人究竟认罪与否,毕竟还是有些担心。

【律师辩护】

我们在省城,律师介入相对比较多一些。简易程序有辩护人的不到一半,普通程序案件大概有一半,有时候会更多。总体说来,因为案件普遍比较简单,有无律师参与效果差别不明显。但是如果案件有争议,律师的介入就会带来较大影响。

有些案件律师介入其实毫无意义,完全是走形式,尤其是指定辩护的律师。有些案件律师介入甚至可能还有负作用,比如单处罚金的案件,如果被告人请了辩护人,交了律师费,可能就无力负担罚金;或者如果被告人故意不缴纳罚金,法官心里会有想法,觉得你有钱请律师却不积极交罚金,属于认罪态度不好,可能会影响量刑。此外还有一些辩护人玩小动作,教唆被告人翻供,甚至打着法官索贿的名义向当事人家属收钱。

据我们所了解,指定辩护的律师几乎都不到看守所会见被告人。目前我们法院还是直接指定到律所,由律所安排律师承担法律援助义务。不过很快要改成由法律援助中心统一安排。现在对律师的补助也是法院支付,每个案件补助 100 元。这个补助确实不多,也可能是指定辩护律师不去会见、也不阅卷的原因之一。以后改到法律援助中心后,可能补助会高一点。

有一些律师庭前会到法院交换意见,多数都是趁提交辩护手续的时候找承办人沟通。当然,法官不会就案件处理表态。

律师在庭前申请证人出庭的较多,全庭一年有几十件。但是证人真正出庭的案件一年也就几件。多数情况是因为证人的几次笔录不一致,不知道证人是否说谎,所以要求证人出庭作证。

如果是普通程序案件,律师庭前一般看不到全卷。我们会把检察院移送的所有复印件都交给律师查阅,但是不排除有些关键证据被检察院暂时隐匿起来。不过总体看来,这种证据突袭对于法院审判并没有任何影响,我们还是能够比较客观地进行判断。如果案件比较复杂,律师要求提前阅卷,承办人会和检察官沟通,让律师提前到检察院去阅全卷。要不然律师就会当庭要求慢慢阅卷,对大家都不是好事。

在法庭之上,对于律师的辩护意见,我们还是会仔细听取,并且要简单作笔录。有律师参与会增加庭审时间,一般一个案件会增加 30 分钟左右。

总体说来,辩护律师当庭和庭后提交辩护词的各占一半。法官一般不怎么看辩护词,毕竟都在法庭上听了,但是如果有不清楚的地方,庭后也会再看看。如果案件需要向领导或者审委会汇报,按规定需要完整地汇报律师意见。

【庭审程序】

从庭审时间看,简易程序案件一般 15 分钟左右,普通程序案件也就 30—45 分钟。这个速度确实有些快。我院一个现实困难是,案件太多,审限压力大,而看守所离我们太远,需要穿城而过,所以被告人提到法院的时候基本已经上午十点半左右,下午三点半之前还必须结束庭审把人送回看守所,否则晚了看守所不收。结果真正留给开庭的时间就很少。所以我们刑庭和民庭他们不一样,我们中午也要开庭,法官顶多就半个小时吃饭时间。

因为庭审很紧张,检察官举证也以概括或者摘要方式居多。如果被告人不认罪,则往往需要全文宣读,或者至少是主要内容要宣读。如果属于多人或者多次犯罪,为了更清晰,会要求公诉人分组举证。

开庭的一个重要内容是形成庭审笔录,尤其是举证和质证目录。因为二审法院要看庭审笔录,如果没有出示的证据却显示在判决书里面,这就是错案。所以我们开庭时,审判长面前有一个电脑屏幕,可以直接看到书记员的记录情况。如果发现书记员有遗漏,就会让她补上。有一个案件,公诉人举证的时候遗漏了被告人的身份信息,也就是户口信息登记表。这个本来不是什么重要证据,双方都不在意,但是我们内部认为是必要证据,绝对不能缺失。我们又懒得专门为这么一份证据再组织开庭,所以干脆直接在庭审笔录里面加进去。不过这种情况属于特例,一般还是会在庭审当时就解决。

确实有一些被告人当庭翻供,而且理由往往是刑讯逼供、诱供等等。这种时候,法官往往会对逼供、诱供的具体情况进行简单询问,但是一般要求被告人出示证据。由于被告人普遍举不出证据,我们可以让公诉人举出补充证据,下次开庭的时候再进行补充调查。多数情况下,这些补充证据都是办案单位的“情况说明”,其实很难真正说明什么问题,但是我们也没有其他办法。虽然省高院有规定说可以让警察出庭,但是实际上很难操作。其实需要承认,公安机关的一些办案人员确实有些不太规范的行为,证据上也有一些瑕疵,所以有时候导致公诉人在法庭上很被动。不过总体看来,这几年公安的素质确实提升比较快,比较大的问题越来越少。

对于简易程序案件,我们几乎都做到当庭宣判。普通程序案件很少当庭宣判,毕竟我们还没有看到全卷。

【决策机制】

在审判长选任制度实施以前,所有的案件都要经过刑庭全体法官的集体讨论才能定案。这个时候,庭务会就非常重要,几乎每周都必须要开会。但是这几年我们受案数增加比较多,法官案件压力比较大,再要逐个案件讨论的话,确实没有时间,其实也没有太大必要。所以我们在实行审判长选任以后,庭务会功能就淡化了,多数案件直接由合议庭定案。只有一些确实比较复杂或者疑难的案件,刑庭会不定期地召开庭务会进行讨论,而且尽量邀请分管院长参加。其实这些案件很多最后都要上审委会。这样一来,我们的庭务会感觉就有点像“小审委会”了。

如果合议庭有争议,审判长意见是多数的话,一般直接定案;如果审判长意见是少数,一般会提交刑庭讨论。实在争议很大的案件,以及一些重大案件,就需要提交审委会讨论。

总体说来,审判长选任是一件大好事,把法院内部的关系理顺多了,一线法官办案确实也独立很多。审判长签字就可以直接打印判决书并盖章。现在庭长都不用签案件了,只是进行大方向把握。比如在量刑幅度上,考虑到基层法院同类型案件较多,如果同一个法院量刑幅度差别太大,毕竟对被告人不公平,也容易招人闲话,所以庭长往往会召集各个承办法官——尤其是审判长——进行协调,平衡各个合议庭的量刑。这个工作现在一般是在开庭务会时进行。

今年刑庭上审委会的案件很少,10 件不到。以前只要是判处 10 年以上有期徒刑,或者成年被告人判处缓刑,或者是国家干部犯罪的都要上审委会。后来进行审判委员会制度改革,大幅压缩上会案件的范围,缓刑案件基本都不必上会了,这就大大减少了审委会的裁判负担。

现在要求必须上审委会的案件,一是新类型案件,也就是没有遇见过的犯罪,我们处理很慎重,而且这几年似乎还不少,每年都有几起;二是无罪案件,无论大小都得上会;三是重大案件,比如职务犯罪案件被告人到了一定级别的。

不必讳言,几乎每个法官都会遇到打招呼等问题,大概也就 20% 左右。当然,其实这里面更多是问问案情,很间接地表示关注,很少把话说得非常直接,但是具体什么意思大家都能体会到。不过我们都很小心,不会因为这些外来影响就胡乱审判。

【人民陪审员】

在 1996—2001 年间,都是法院自己去找陪审员,一般也就是居委会的老人家,有些时候是妇联、团委、学校的人,主要参加未成年人犯罪案件的审理。后来根据全国人大常委会和最高人民法院的统一部署,由财政出资,进行了人民陪审员的统一选拔。我们现在大概选拔有十几名陪审员。

刑庭的陪审员一般相对比较固定,就是那么几个人。有一两个陪审员时间比较充裕,几乎可以保证天天到法院来,所以给了我们很多方便。承办人一般是提前几天安排好,送达《合议庭组成人员告知书》后,通知陪审员到时开庭。

从今年开始,我们有意识地引导、鼓励陪审员阅卷,让他们更加深入地参与审判。但是在之前,几乎从来没有陪审员阅卷。

客观地讲,真正参加合议庭评议的人民陪审员并不多。陪审员参加完庭审后,一般都离开法院了,不会随时呆在法院,所以要通知参加合议庭评议很麻烦。再说,即使参加评议,一般也不能提出多少有价值的意见。具体操作上,一些法官会在庭审结束当时简单问问陪审员有无意见,不过一些法官连这一点都没有做到。我们也听到陪审员反映说,很多案子判了之后他们都不知道结果,所以现在开始逐渐要求承办人告知陪审员判决结果。

【审限管理】

总体说来,现在的审限基本够用。实在不够用的案件,一般是争议比较大的案件,或者特别复杂的案件。遇到这种情况,我们往往会请公诉人通过补充侦查的方式进行变相延期。

实际上,多数审限不够的案件都牵涉到比较复杂的审批程序,因为领导们审批不及时,或者是审批环节太多,导致承办人没有办法按期结案,不得已找各种办法延长审限。

我们认为这样一个审限长度是比较合适的,一方面能够督促法官及时办案,另一方面对被告人也是好事。毕竟绝大多数被告人在审判阶段都处于羁押状态,如果审限过长,显然不符合他们的利益。如果一定要调整,个人认为简易程序一个月比较合适,普通程序则最好是三个月。

对于简易程序案件,如果承办人太忙,来不及按期结案,又怕造成超期羁押,所以干脆办一个"简转普"手续,延长一下审限。这种"简转普"案件其实并非因为案情复杂。

对于普通程序简化审案件,我们只是在初期尝试了几件,后来就不再操作了。关键是对于检察院来说很麻烦。其实这个改革的方向很好,繁简分流,能够提高审判效率。但是因为检方抵触,我们也没有办法推进。

C 院访谈笔录摘要

访谈对象:C 院分管刑庭的副院长、刑庭庭长、副庭长、法官、内勤、书记员、研究室主任、政治处主任、立案庭长

访谈地点:法院会议室

访谈时间:2006 年 3 月—2006 年 4 月

【刑庭基本情况】

我们刑庭一共有 7 个法官,1 个内勤,还有两个书记员。法官里面包括庭长一人,副庭长一人。有一个法官比较年轻,是西南政法大学科班出身,通过司法考试以后成长为法官的,是我们的中坚力量。应该不久会到派出法庭当副庭长,锻炼一段时间之后再重用。另外还有一个书记员也是科班出身,正在考司法考试。其他法官年龄大一些,一般没有经历过完整的大学

法律教育,但是经验很丰富。有三名法官都在民庭长时间呆过。还有一名法官以前是法院的法医,后来根据政策,法院内部不设置法医岗位了,所以就到刑庭当法官,因为她以前的工作和刑庭走得最近。

我们法院刑事案件的流程大概是这样:立案庭收到公诉案件后,进行编号并排期,这个时候就确定了承办人。一般说来,立案庭基本不审查案件,有时连形式审查都没有。案子到了刑庭之后,承办人按照期限开庭,但是不会宣判。因为所有案件都要由刑庭集体讨论。如果分管院长认为需要,还会上审委会讨论。集体讨论决定后,承办人写判决书,报庭长或分管院长签字,最后宣判、送达。如果被告人上诉,则由书记员整理案卷,移送中院二审。

我们法院基本没有用过人民陪审员。本来案件不多,法官足够了,而且农村法院也不方便找陪审员,所以一年也就几起案件有陪审员。

【案件负担】

因为我们是农村法院,所以尽管全县面积不小,人口也超过 100 万,但是刑事案件其实一直不太多,这几年大概都在三四百件,平均下来一个人也就五六十件,所以不算多也不算少。对于资深法官,因为经验比较丰富,办案效率比较高,所以加班的时候不多。年轻法官办案要慢一些,所以加班的时候要多些,有的办案主力忙起来的时候都没有周末。

其实客观地说,有些时候,感觉案件并不太多,不过呢,大家都还是显得比较忙,加班的时候也不少,尤其是年轻人。本来呢,年轻人的案子稍微多一些,但是个人觉得这里也有一些装着加班的成分,毕竟让领导看到在加班,印象会比较好,认为年轻人都在积极上进。

除开审判工作外,其他事情也会占据不少的时间。普通法官要好一些,最低可能也就 15% 左右,庭领导可能达到 1/3 甚至更多。特别是在年底的时候,非业务活动太多,占据太多时间,所以对审判业务也会有影响。

【审限管理】

总体来说,因为这几年集中治理超期羁押,所以对于审限问题管理比较严格,有点搞运动的感觉。不知道以后是否还会如此紧张。不过据说慢慢开始要使用电脑网络系统进行审限管理，不用时时依靠领导来提醒，可能会好一些。但是我们法院财力不够，没有钱来装备这一套硬件和软件系统，不知何时能实施。

今年刑庭有一件案件被确定超限，原因在于关系复杂，审批程序太多。所以最后认定是院里的原因超限，不追究承办人个人责任。

我们认为，规定审限还是很有必要，一是保护被告人，二是督促承办人尽快结案，但是现在的规定太机械，对于复杂案件来说，现有审限是不够的。比如对于我们农村法院，要到市里面去做鉴定什么的，就很容易耽搁时间。所以现在的审限管理没有太多考虑我们基层的实际情况，让我们很难办。对于审限制度的总体评价是：利大于弊，但需考虑个案。

我们确实存在一些隐形超限的案件，每年可能都是十几件。一般情况下是请检察院配合，要求延期审理、补充侦查。对于简易程序案件，如果发现快要超限了，一般就是先办理变更为普通程序的手续。

我们法院超限的最大原因就是审批程序和司法鉴定，尤其是多次鉴定。我们法院每个案件虽然都是集体讨论定案，但是判决书还要经过庭长甚至分管院长的审批，不然不给打印和盖章。所以有时候其实不是承办人拖拉，而是案子审完以后，领导审批那里耽搁了。其实每个案件的审批时间很短，有些时候只是简单看看而已，但是一方面领导的事情比较多且比较杂，另一方面也会经常出差什么的，就容易导致审限紧张。

【目标考核】

我们法院的考核指标比较简单，主要就是案件审判效率和质量，包括结案率、上诉率、改判率等等。年底的时候，院领导对于各个庭的法官都有一次集体评议考核，由领导们进行无记名投票，确定评选优秀。正因为这样，说实话，我们对于考核标准都不是特别清楚。

我们基本不存在一票否决的指标。这几年超期羁押抓得比较严，所以对于审限问题相对重视。对于调研任务有要求，审判人员一般是一年一篇，但是不需要公开发表，在本院内部刊物发表都算，所以不是很难。对外宣传任务则没有。

考虑到改判的严重性，我们在办理一些疑难案件的时候，确实会找中院刑庭沟通,而且有些是在一审宣判前进行,这样能够有效降低改判率。有些时候还会向政法委请示。有些案件上诉到中院后,中院如果要改判,一般也会和承办人沟通。改判案件一般是分歧比较大的、简单的量刑问题,毕竟属于合理的自由裁量,中院大多不会改判。

【法检关系】

我们和检察院的关系不错,这么些年来检察院抗诉的案件很少,当然我们也很少直接宣判无罪。改变罪名也会和检察院沟通。有一些案件,按理说可以判无罪,如果能找到理由,我们还是倾向于比照着羁押期限进行判决,也就是变相地判处无罪,给双方都有一个交代。

有一起案件,农村家庭纠纷引发斗殴,因为事实一直没法查清,我们和检察院的认识又出现质的差异,协调不下来,检察院坚持不撤诉,我们也只好坚持判无罪。据我们了解,公诉人在这个案件里面没有受到影响,因为当初他们检委会开会确定起诉的时候就明确了的,如果案件被法院判无罪,承办人不承担责任。

【庭前阅卷】

我们这边检察院几乎都是全卷移送,没有怎么按照《刑事诉讼法》的规定移送主要证据复印件。一个很重要的原因是复印成本太高。我们是农村地区,财政还比较困难,检察院不愿意在复印案卷上面花费太多成本。而且说实话,复印的案卷我们看起来也很麻烦。不过在一些有争议的案件里面,尤其是案卷比较多的时候,检察院可能想保持庭审上的主动,所以会偶尔采取移送主要证据复印件的方式。

因为能够拿到全卷,所以在绝大部分案件中,我们都有庭前阅卷的条件。有的法官阅卷比例会达到99%,也就是除了非常简单的案件只是粗略翻阅外,其他案件都会仔细阅卷。一般说来,普通程序案件庭前阅卷需要两个小时左右,简易程序案件可能半小时就够了。一些非常复杂的案件,证据太多,阅卷甚至要花费几天时间。阅卷时往往还会做笔录,整理证据和争点,审查是否适用简易程序等。

我们法院其实有内部规定,不仅要求阅卷,还要求制作阅卷笔录。但是有一些有经验的法官庭前不怎么阅卷,尤其是在简单的案件里面。比如庭长有二十几年刑案审判经验,几乎都不提前阅卷。但是他们庭审驾驭能力好,不阅卷也不会有问题。而且毕竟资历老,也没有谁批评他们。客观地说,一些年轻法官也有能力不阅卷直接开庭,但是作为一个年轻人,毕竟一方面要谨慎办案,另一方面也没有必要表现得这么嚣张,还是中规中矩地办案好些。

庭前阅卷之后,大概有60%—70%的案件中会直接认定被告人的罪名和量刑幅度。毕竟多数案件都比较清楚,基层法院的案子也就是那么一些类型,有点审判经验的法官一看案卷就知道大概如何判决。不过这种阅卷形成的判断偶尔也会通过庭审改变,主要是量刑上的变化,比如庭审中出现了一些案卷里面没有的信息;定罪改变的很少,顶多只有几个百分点。

【律师辩护】

作为农村法院,我们的刑事辩护率不高,大概也就20%多一点,而且还包括相当数量的指定辩护案件,当然主要是未成年人尤其是留守青少年犯罪案件,这在我们这个劳务输出大县是一个突出的社会问题。我们法院也很重视未成年人犯罪的处理,比如尽量用女法官来办案,尽量判处缓刑等。

总体感觉,律师辩护的效果一般,不过在争议较大的案件里面很重要,也确实能起到维护被告人利益、协助法官审判的效果。有些被告人不认罪的案件,如果没有辩护律师,被告人基本无法进行有效的辩护。

律师提出申请调取证据的也不少,每年有十几件。不过我们在庭前调取证据的几乎没有,主要是在开庭后进行调查核实。律师申请证人出庭的也较多,比如今年各个法官承办的案件几乎都有证人出庭,有人达到3—4件,不过主要是自诉案件。毕竟自诉案件往往都是邻里纠纷等,案情经常纠缠不清,当事人本身的取证能力也有限,所以需要让法院通知证人出庭。说实话,自诉案件比公诉案件难办多了。

律师和公安一样,经常会到法院来打听消息,找承办人交换意见。被告人自己委托的律师一般都会来法院阅卷,也会去看守所会见。但是指定辩护的律师就比较差,很多既不会见也不阅卷,在法庭上也几乎不发表什么有实际意义的意见,下来也不提交辩护词,可以说完全就是一个摆设。这个可能也跟法律援助的补助过低有关。我们县的标准是 100 元一个案件,但是负责安排的法律援助中心还要扣下 40 块钱,所以律师只能拿到 60 元。我们知道有些律师根本懒得去拿这笔补助。

我们在汇报案件的时候,需要把律师的意见专门提出来。审理报告里面也有专门的一个部分,要把公诉人和律师意见对照起来写。

【庭审程序】

简易程序案件的庭审一般在 30 分钟以内可以完成,整个审判期间也就在 10 天以内。但是如果是交通肇事案件,因为涉及民事赔偿,并且这个民事赔偿还关系到是否判缓刑,可能比较复杂,需要三番五次地协调,所以往往审限不够用。

普通程序案件庭审在 1—2 小时左右。公诉人举证一般是采取概括或者摘要宣读的方式,但是如果被告人不认罪,公诉人会主动全文宣读。对于明显存疑的证据,就算被告方不提出异议,如是对被告人有利的,法官也会要求公诉方作出解释。

如果被告人当庭翻供,法官先要问其原因,如果是刑讯逼供,以前是要求被告人提供证据,现在会要求公诉人找公安作出说明,但是基本上不能得到公安的回应。客观地说,我们的一些基层侦查人员素质确实还需要提高,尤其是农村派出所的侦查人员,办案作风很粗放甚至粗暴,证据方面的问题,尤其是一些细节问题,往往还是比较多的。我们开庭时就需要很小心。如果辩护律师比较有经验,也能提出很多质疑,往往让公诉人很尴尬。今年有一个案件,被告人的口供存在明显矛盾,公安机关说是笔误,但是明显不能自圆其说,最后是检察院撤诉了事。

多数情况下,法庭调查后就能直接形成定罪量刑的意见,稍微复杂的案件可能还需要通过庭后阅卷加以细化。

对于普通程序简化审,我们的应用较少。主要是庭前证据交换比较麻烦,检察官不愿意搞,我们也不愿意。现在一般是在送起诉书的时候问问被告人是否认罪,告知其权利和义务,询问其是否同意适用简易程序等,这个过程也就几分钟,如果要搞庭前证据交换,不仅要把被告人提到法院,还要花不少时间核对证据,确实太麻烦,所以几乎就没怎么实行。不过现在的判决书还是有简化,被告人认罪的案件判决书就可以简单一些,不像以前要求那么严格。

【合议制度】

合议庭真正有评议的可能还不到30%。合议庭成员中,非承办人、非审判长的那一个往往是临时通知,庭前有可能都未告知当事人合议庭组成人员。因为我们所有案件都要集体讨论还要领导审批,所以合议庭就更加形式化。当然,如果我们上报分管院长或者审委会的案件,还是会写明"合议庭意见"。这个无非是满足法律的要求而已,大家其实都知道合议庭基本没有正儿八经评议过。

我们的合议庭评议笔录几乎都是事后由书记员杜撰的,很多时候就是照抄一下判决书的主文部分,很明显的。只有在确实很有争议的案件里面,因为有比较正式的评议过程,我们才会专门让书记员进行详细记录。庭务会虽然要集体讨论,大家都会发表意见,但是如果最后要追究责任,还是只看合议庭几个人的意见的对错,刑庭其他人没有责任,当然庭长可能有领导责任。

【庭务会】

除了庭长自己办的个别案件,我们几乎所有案件都要由庭务会集体讨论,而且庭务会改变承办人意见的时候还不少,有些法官可能达到30%还多。尤其是量刑上,因为庭务会要讲究全庭案件的平衡,避免同案不同判,所以会对同类案件做一些调整,基本保持量刑的一致。还有就是感觉领导更愿意通过讨论的方式发表自己的意见,这样感觉好像是集体决定。实际上,在我们这么一个小县城,很多案件都会拐弯抹角打招呼到领导那里,领导也不好直接处理,所以干脆就让我们集体讨论。总体说来,有人打招呼的案件比例在20%—30%之间。

庭务会开会要求所有法官参加,分管院长如果有时间,都是尽量参加并主持会议。一般是在周三或者周四开会,如果有需要上报审委会的,那么第二天正好开审委会,这样可以提高决策效率。开会的时候,每个法官把自己一周来承办案件的基本情况汇报一下,然后说明自己的初步判决和理由,再由其他法官和院庭领导讨论,最后是分管院长或者庭长定调子。

如果案件确定要上审委会,承办人需要制作审理报告。这种案子的比例可能有30%左右。说实话,写审理报告比判决书要难,篇幅要更多,分析也要更全面和透彻。而且我们一般只能用手写,因为全庭也就一台电脑,在庭长办公室,大家用肯定不够,所以多数人还是手写交到打印室。不过审理报告写了之后,判决书就相对轻松,因为大部分内容可以直接复制粘贴。

【审判委员会】

我们法院上审委会的案件比较多,很大原因是缓刑案件基本一律上会。我们知道很多兄弟法院不是这么操作,但是我们也有自己的难处。实话实说,我们很多缓刑案件是以缴纳罚金为前提的,这是公开的秘密。我们县财政能力差,法院经费不足,所以和财政局有一个协议,法院的创收按照一定比例返还给法院。我们每一个庭室都有或多或少的创收任务,刑庭还算比较高的。而我们唯一能够创收的渠道,无非就是收取罚金、没收非法所得或者没收财产,最后一种在我们基层法院很少。现在比较多的是未成年人犯罪案件,尤其是抢劫案件,因为涉及财产,法律规定可以并处罚金,而政策上又鼓励尽量判缓刑,所以给了我们一个创收渠道。

为了谨慎把关,也为了避免承办人借机搞小动作,这类案件一般都要上会,结果上会比例就非常高。感觉有些时候将近一半的案件都要上审委会。还好我们案子总数不多,要不然审委会根本忙不过来。即使这样,我们的审委会一周开一次,有时一次讨论不完,第二天还要接着开会。这种审委会开会频率在基层法院里面是很高的。审委会开会多数时间都用来讨论刑事案件了,其他庭的案件相对就少多了。

我们法院内部对上会案件其实有具体的规定,大概包括这么一些:准备判无罪的案件;成年人判处缓刑、管制、免予刑事处罚或者单处罚金的案件;上级法院发回重审的案件;重大、疑难、复杂的案件等。不过在操作中,几乎所有缓刑案件都上会,不管被告人是不是成年人。

我们法院判决缓刑的一个重要考虑因素是罚金缴纳情况。一般案件中,被告人是在案件上审委会之前就已经缴纳罚金,或者至少是在判决前会全部或部分缴纳。虽然理论上说罚金也可以强制执行,但是考虑到各种因素,比如多数被告人其实经济情况不佳,所以我们的执行机构基本没有执行过罚金。一旦我们在判决前收不到罚金,以后收到的可能性就很小了。如果上会的时候还没有收到罚金,审委会的结论往往是条件性的,也就是如果之后收到罚金,就可以判处缓刑,否则就可能判处实刑。

其实大家都能看出来,审委会主要是管"放人"的案件,生怕其中有什么私下交易。这个固然是必要的,但是也不免给承办人一个信号,就是轻判可能有嫌疑,重判倒没有什么问题。甚至在有些时候,一些明明可以轻判的案子,比如过失犯罪之类的,因为考虑到轻判要上审委会,而且还要各种解释,要写审理报告,承办人觉得麻烦,也就干脆不轻判了。

当然,总体说来,我们对于未成年人犯罪案件和过失犯罪案件的缓刑还是判决很多的。除了缴纳罚金的因素外,毕竟这也是国家的刑事政策的明确指向。我们还经常把这个事情作为创建"和谐社会"的内容来宣传。

其实审委会基本上只管量刑问题,个别疑难案件会讨论定罪问题。对于事实部分,主要还是依靠承办人的汇报。因为考虑到时间等因素,承办人汇报不可能非常详细,难免会有一些加工,所以感觉有些时候审委会或多或少有点被承办人牵着走。

参考文献

中文著作：

陈光中、严端:《中华人民共和国刑事诉讼法修改建议稿与论证》,中国方正出版社 1999 年版。

陈光中主编:《诉讼法理论与实践》,中国政法大学出版社 2002 年版。

陈林林:《裁判的进路与方法——司法论证理论导论》,中国政法大学出版社 2007 年版。

陈朴生:《刑事证据法》,台湾三民书局 1979 年版。

陈瑞华:《问题与主义之间——刑事诉讼基本问题研究》,中国人民大学出版社 2003 年版。

陈瑞华:《刑事审判原理论》,北京大学出版社 1997 年版。

陈瑞华:《刑事诉讼的前沿问题》(第二版),中国人民大学出版社 2005 年版。

陈瑞华主编:《刑事辩护制度的实证考察》,北京大学出版社 2005 年版。

陈卫东:《刑事二审开庭程序研究》,中国政法大学出版社 2008 年版。

崔敏主编:《刑事诉讼法纲要》,中国人民公安大学出版社 1994 年版。

董必武:《董必武法学文集》,法律出版社 2001 年版。

樊崇义主编:《刑事诉讼法学》,中国政法大学出版社 1995 年版。

费孝通:《乡土中国 生育制度》,北京大学出版社 1998 年版。

冯象:《政法笔记》,江苏人民出版社 2004 年版。

高一飞:《程序超越体制》,中国法制出版社 2007 年版。

高一飞:《刑事简易程序研究》,中国方正出版社 2002 年出版。

顾培东:《社会冲突与诉讼机制》,法律出版社 2004 年版。

何勤华、李秀清主编:《民国法学论文精萃:诉讼法律篇》,法律出版社 2004 年版。

贺卫方:《司法的理念与制度》,中国政法大学出版社 1998 年版。

胡必亮:《关系共同体》,人民出版社 2005 年版。

胡适:《读书与治学》,三联书店 1999 年版。

胡锡庆主编:《刑事审判方式改革研究》,中国法制出版社 2001 年版。

黄宗智主编:《中国研究的范式问题讨论》,社会科学文献出版社 2003 年版。

冀祥德:《建立中国控辩协商制度研究》,北京大学出版社 2006 年版。

景汉朝:《中国司法改革策论》,中国检察出版社 2002 年版。

李安:《刑事裁判思维模式研究》,中国法制出版社 2007 年版。

李春雷:《中国近代刑事诉讼制度变革研究》(1895—1928),北京大学出版社 2004 年版。

李贵连:《沈家本与中国法律现代化》,光明日报出版社 1989 年版。

李心鉴:《刑事诉讼构造论》,中国政法大学出版社 1992 年版。

梁治平主编:《法律解释问题》,法律出版社 1998 年版。

林俊益:《程序正义与诉讼经济》,台湾元照出版公司 2000 年版。

林钰雄:《刑事诉讼法》(上),中国人民大学出版社 2005 年版。

龙宗智:《刑事庭审制度研究》,中国政法大学出版社 2001 年版。

马贵翔:《刑事诉讼结构的效率改造》,中国人民公安大学出版社 2004 年版。

马明亮:《协商性司法》,法律出版社 2007 年版。

毛泽东:《毛泽东农村调查文集》,中共中央文献研究室编,人民出版社 1982 年版。

那思陆:《清代州县衙门审判制度》,中国政法大学出版社 2006 年版。

祁建建:《美国辩诉交易研究》,北京大学出版社 2007 年版。

钱卫清:《法官决策论——影响司法过程的力量》,北京大学出版社 2008 年版。

秦宗文:《自由心证研究——以刑事诉讼为中心》,法律出版社 2007 年版。

邱联恭:《程序制度机能论》,台湾三民书局 1996 年版。

宋冰编:《读本:美国与德国的司法制度及司法程序》,中国政法大学出版社 1998 年版.

宋英辉主编:《刑事诉讼原理》(第二版),法律出版社 2007 年版。

苏力:《道路通向城市:转型中国的法治》,法律出版社 2004 年版。

苏力:《送法下乡:中国基层司法制度研究》,中国政法大学出版社 2000 年版。

苏力:《也许正在发生:转型中国的法学》,法律出版社 2004 年版。

孙长永:《探索正当程序——比较刑事诉讼法专论》,中国法制出版社 2005 年版。

孙万胜:《司法权的法理之维》,法律出版社 2002 年版。

孙笑侠:《程序的法理》,商务印书馆 2005 年版。

万毅:《超越当事人/职权主义——底线正义视野下的审判程序》,中国检察出版社 2008 年版。

汪海燕:《刑事诉讼模式的演进》,中国人民公安大学出版社 2004 年版。

王定国等编:《谢觉哉论民主与法制》,法律出版社 1996 年版。

王利明:《司法改革研究》(修订版),法律出版社 2001 年版。

王铭铭:《社会人类学与中国研究》,广西师范大学出版社 2005 年版。

王亚新:《对抗与判定:日本民事诉讼的基本结构》,清华大学出版社 2002 年版。

王亚新:《社会变革中的民事诉讼》,中国法制出版社 2001 年版。

魏晓娜:《刑事正当程序原理》,中国人民公安大学出版社 2006 年版。

吴思:《潜规则——中国历史中的真实游戏》,云南人民出版社 2002 年版。

肖扬主编:《中国刑事政策和策略问题》,法律出版社 1996 年版。

熊先觉等编:《中国司法制度资料汇编》,人民法院出版社 1987 年版。

徐静村主编:《刑事诉讼法学》(修订本),法律出版社 1999 年版。

徐昕主编:《司法程序的实证研究》,中国法制出版社 2007 年版。

徐友军:《比较刑事程序结构》,现代出版社 1992 年版。

张建伟:《司法竞技主义——英美诉讼传统与中国庭审方式》,北京大学出版社 2005 年版。

张晋藩:《中国法律的传统与近代转型》,法律出版社 1997 年版。

张军、郝银钟主编:《刑事诉讼庭审程序专题研究》,中国人民大学出版社 2005 年版。

张培田、张华:《近现代中国审判监察制度的演变》,中国政法大学出版社 2004 年版。

张希坡:《马锡五审判方式》,法律出版社 1983 年版。

张子培主编:《刑事诉讼法教程》,群众出版社 1982 年版。

左卫民、汤火箭、吴卫军:《合议制度研究——兼论合议庭独立审判》,法律出版社 2001 年版。

左卫民、周长军:《变迁与改革——法院制度现代化研究》,法律出版社 2000 年版。

左卫民:《价值与结构——刑事程序的双重分析》,四川大学出版社 1994 年版,法律出版社 2003 年版。

左卫民等:《简易刑事程序研究》,法律出版社 2005 年版。

左卫民等:《中国刑事诉讼运行机制实证研究》,法律出版社 2007 年版。

中文论文:

白云山:“完善我国刑事简易程序研究”,载《法学杂志》2002 年第 5 期。

卞建林、李菁菁:“从我国刑事法庭设置看刑事审判构造的完善”,载《法学研究》

2004 年第 3 期。

陈刚、卢新华："审查逮捕适用标准刍议"，载《人民检察》2006 年第 10 期。

陈光中："中国刑事诉讼法学 40 年"，载《政法论坛》1989 年第 4 期、第 5 期。

陈瑞华："案卷笔录中心主义——对中国刑事审判方式的重新考察"，载《法学研究》2006 年第 4 期。

陈瑞华："从'流水作业'走向'以裁判为中心'——对中国刑事司法改革的一种思考"，载《法学》2000 年第 3 期。

陈瑞华："二十世纪中国之刑事诉讼法学"，载《中外法学》1997 年第 6 期。

陈瑞华："美国辩诉交易程序与意大利刑事特别程序之比较"，载《政法论坛》1995 年第 3 期。

陈瑞华："司法过程中的对抗与合作——一种新的刑事诉讼模式理论"，载《法学研究》2007 年第 3 期。

陈瑞华："司法权的性质——以刑事司法为范例的分析"，载《法学研究》2000 年第 5 期。

陈瑞华："刑事诉讼法学研究范式的反思"，载《政法论坛》2005 年第 3 期。

陈瑞华："侦查案卷裁判主义——对中国刑事第二审程序的重新考察"，载《政法论坛》2007 年第 5 期。

陈瑞华："正义的误区——评法院审判委员会制度"，载《北大法律评论》1998 年第 2 期。

陈卫东、韩红兴："慎防起诉状一本主义下的陷阱——以日本法为例的考察"，载《河北法学》2007 年第 9 期。

陈卫东等："变革中创新的意大利刑事司法制度"，载《人民检察》2004 年第 12 期。

陈永苗："饮鸩止渴的民意"，http://www.xici.net/b161215/d17315817.htm，2008 年 7 月 3 日访问。

谌洪果："槛内槛外的叙说——冯象《政法笔记》读后"，载《法律书评》第 3 辑，法律出版社 2005 年 5 月。

邓正来："中国法学向何处去"，载《政法论坛》2005 年第 1—4 期。

董丽红："浅议基层法院的审委会制度"，http://hnfy.chinacourt.org/public/detail.php? id = 69159，2008 年 6 月 20 日访问。

杜涛、欣燕博："刑事司法宽严相济的郑州样本：彰显司法文明"，载《民主与法制时报》2007 年 8 月 13 日。

樊崇义、张中："论刑事司法体制改革与诉讼结构之调整"，载《环球法律评论》2006 年第 5 期。

樊崇义:“刑事辩护的障碍与困惑透视”,载《河南省政法管理干部学院学报》2001年第3期。

冯嘉林:“取消个案请示应以改革现行错案追究制度为基础”,载《法律适用》2006年第9期。

冯军:“刑事判决合法化的手段解读——在政治社会学视野中的分析”,载《河北大学学报(哲学社会科学版)》2007年第1期。

冯若泉:“驳贾潜‘审判独立’的反党谬论”,载《政法研究》1958年第1期。

高娣:“当庭宣判——公正与效率的选择”,载《法制日报》2002年9月23日。

高一飞:“论我国刑事简易程序体系的重构”,载《西南民族大学学报(人文社科版)》2004年第10期。

葛磊:“法院错案追究制度分析”,载《中国司法》2004年第4期。

庚以泰:“捍卫党对人民法院的领导,驳审判独立的谬论”,载《政法教学》1958年第1期。

宫澎:“从现行审判运行机制存在的缺陷谈对完善合议制度的认识”,载《河北法学》2002年第3期。

郭爱:“定期宣判普遍化之弊端”,载《人民检察》1998年第4期。

郭松:“庭前公诉案卷移送制度改革新论”,载《福建公安高等专科学校学报》2007年第4期。

贺卫方:“法律诉讼与足球比赛”,载《南方周末》1998年2月6日。

贺卫方:“司法改革中的上下级法院关系”,载《法学》1998年第9期。

贺卫方:“中国司法管理制度的两个问题”,载《中国社会科学》1997年第6期。

洪浩、陈虎:“论判决的修辞”,载《北大法律评论》第5卷第2辑。

胡庆:“建立电子档案,实现办公无纸化”,http://www.pzfy.org/Article/gzdt/xxkb/200412/114.html,2008年6月24日访问。

胡云腾:“构建人民法院服务大局观”,载《法制日报》2008年8月17日。

黄太云:“刑事诉讼法修改释义”,载《人民检察》2012年第8期。

黄维智:“业务考评制度与刑事法治”,载《社会科学研究》2006年第2期。

黄一哲、纪永明:“改革与完善审委会制度若干问题的思考”,载《特区法坛》2007年第6期。

黄宗智:“认识中国——走向从实践出发的社会科学”,载《中国社会科学》2005年第1期。

季卫东:“程序比较论”,载《比较法研究》1993年第1期。

季卫东:“法律程序的意义:对中国法制建设的另一种思考”,载《中国社会科学》

1993 年第 1 期。

季卫东:“渐进改革的新动力——从‘化整为零’到‘合零为整’”,载《二十一世纪》2002 年 8 月号,总第 72 期。

江必新:“论合议庭职能的强化”,载《法律适用》2000 年第 1 期。

兰荣杰:“诉讼规则‘地方化’实证研究——以裁判权配置为视角”,载《法制与社会发展》2008 年第 2 期。

兰荣杰:“制度设计与制度实践之间——刑事当庭宣判制度实证研究”,载《中国刑事法杂志》2008 年第 3 期。

李奋飞:“从‘复印件主义’走向‘起诉状一本主义’——对我国刑事公诉方式改革的一种思考”,载《国家检察官学院学报》2003 年第 2 期。

李富金:“基层法院的司法管理体制改革”,载《华东政法学院学报》2005 年第 1 期。

李光明:“安徽亳州农民被错判死缓 八年后真凶归案”,载《法制日报》2006 年 1 月 6 日。

李慧玲:“书记员如何作好庭审记录工作”,http://www.chinacourt.org/html/article/200707/03/254866.shtml,2008 年 7 月 4 日访问。

李建明:“刑事证据相互印证的合理性及合理限度”,载《法学研究》2005 年第 6 期。

李启成:“民初覆判问题考察”,载《清华法学》第 5 辑。

梁玉霞:“侦查讯问的程序意义——一个审判中心主义的视角”,载《法学评论》2002 年第 4 期。

刘方权:“认真对待侦查讯问——基于实证的考察”,载《中国刑事法杂志》2007 年第 5 期。

刘根菊、唐海娟:“提起公诉的证据标准探讨”,载《现代法学》2003 年第 2 期。

刘杨萍:“论司法公正与刑事庭审方式改革”,http://www.chinacourt.org/public/detail.php? id = 129059,2008 年 7 月 8 日访问。

龙宗智:“返回刑事诉讼理论研究的始点——刑事诉讼两重结构理论重述”,载陈兴良主编:《刑事法评论》第 2 卷,中国政法大学出版社 1998 年版。

龙宗智:“检察官该不该移交赃款”,载《法学》1998 年第 1 期。

龙宗智:“论我国刑事庭审方式”,载《中国法学》1998 年第 4 期。

龙宗智:“徘徊于传统与现代之间——论中国刑事诉讼法的再修改”,载《政法论坛》2004 年第 5 期。

龙宗智:“确定无疑——我国刑事诉讼的证明标准”,载《法学》2001 年第 11 期。

龙宗智:“试论我国刑事诉讼中的对抗制因素及其合理限度”,载《江海学刊》1998 年第 1 期。

龙宗智:“试析我国刑事审判方式改革的方向与路径”,载《社会科学研究》2005 年第 1 期。

龙宗智:“刑事判决应加强判决理由”,载《现代法学》1999 年第 2 期。

龙宗智:“刑事诉讼庭前审查程序研究”,载《法学研究》1999 年第 3 期。

龙宗智:“刑事诉讼中的证据开示制度研究”,载《政法论坛》1988 年第 1 期。

龙宗智:“印证与自由心证——我国刑事诉讼证明模式”,载《法学研究》2004 年第 2 期。

卢芳霞:“法官公务员化的反思”,载《中共浙江省委党校学报》2005 年第 6 期。

鲁志勇:“关于审判委员会制度的思考”,载《北大法律评论》1998 年第 1 卷第 2 辑。

罗书平:“审判委员会‘审批案件’制度应予取消”,载《中国律师》2002 年第 2 期。

马贵翔:“诉讼本质之思辨——从探究真实到实现程序正义的内在逻辑”,载《甘肃政法学院学报》2008 年第 1 期。

马进保、张宇琼:“刑事诉讼法修改应以调整诉讼结构为切入点”,载《江苏警官学院学报》2007 年第 1 期。

马静华、彭美:“非法审讯:一个实证角度的研究——以 S 省为主要样板的分析”,载《福建公安高等专科学校学报》2006 年第 4 期。

马强:“当庭宣判制度研究”,载《法学论坛》2001 年第 6 期。

马锡五:“审判工作的几个问题”,载《人民司法工作》1957 年第 10 期。

毛军华:“抚州中院审委会委员旁听庭审”,http://jxfy. chinacourt. org/public/detail. php? id = 2574,2008 年 6 月 24 日访问。

毛立新:“侦查阻断机制初探”,载《政法学刊》2006 年第 1 期。

毛晓玲:“逮捕证明标准研究”,载《人民检察》2003 年第 7 期。

莫湘益:“当庭宣判率低的弊端、成因及对策”,载《黑龙江政法管理干部学院学报》2000 年第 3 期。

莫于川:“行政职权的行政法解析与建构”,载《重庆社会科学》2004 年第 1 期。

祁云奎、刘玉刚:“庭审笔录是否准确方寸屏显尽收眼底——天桥法院实现微机记录同步显示”,载《人民法院报》2002 年 5 月 17 日。

齐文:“必须彻底肃清资产阶级‘审判独立’的思想影响”,载《政法研究》1960 年第 2 期。

强世功:“法制的兴起与国家治理的转型——中国的刑事实践的法社会学分析(1976—1982)”,载《战略与管理》2000 年第 4 期。

强世功:“权力的组织网络与法律的治理化——马锡五审判方式与中国法律的新传统”,载《北大法律评论》2000 年第 3 卷第 2 辑。

沈双武、刘警钟:“九江中院审判委员会委员旁听庭审”,http://www.chinacourt.org/html/article/200507/05/168041.shtml,2008 年 6 月 24 日访问。

舒国滢:“从‘司法的广场化’到‘司法的剧场化’——一个符号学的视角”,载《政法论坛》1999 年第 3 期。

宋英辉:“论合理诉讼构造与我国刑事程序的完善”,载《湖南社会科学》2003 年第 4 期。

苏力:“从政法的角度切入——读冯象的《政法笔记》”,载《文汇读书周报》,2004 年 3 月 5 日。

苏力:“法律社会学调查中的权力资源——社会学调查过程的一个反思”,载《社会学研究》1998 年第 6 期。

苏力:“中国司法改革逻辑的研究——评最高法院的《引咎辞职规定》”,载《战略与管理》2002 年第 1 期。

苏力:“走不出的背景”(2004 年 6 月 16 日在北大法学院毕业典礼上的致词),http://article.chinalawinfo.com/article/user/article_display.asp? ArticleID = 25405,2008 年 7 月 3 日访问。

孙长永:“检察官客观义务与中国刑事诉讼制度改革”,载《人民检察》2007 年第 6 期。

孙长永:“审判中心主义及其对刑事程序的影响”,载《现代法学》1999 年第 4 期。

孙长永:“提起公诉的证据标准及其司法审查比较研究”,载《中国法学》2001 年第 4 期。

孙长永:“刑事庭审方式改革出现的问题评析”,载《中国法学》2002 年第 3 期。

孙霞:“谁是法官的上司? 院长还是法律?”,载《法学评论》2002 年第 4 期。

滕彪:“‘司法独立’话语在当代中国的变迁”,载罗玉中主编:《法学纪元》第一辑,北京大学出版社 2004 版。

万毅、林喜芬:“宪政型与集权型——刑事诉讼模式的导向性分析”,载《政治与法律》2006 年第 1 期。

万毅、刘沛胥:“刑事审限制度之检讨”,载《法商研究》2005 年第 1 期。

汪海燕:“贫穷者如何获得正义——论我国公设辩护人制度的构建”,载《中国刑事法杂志》2008 年第 3 期。

汪建成、孙远:“论刑事证据立法方向的转变”,载《法学研究》2003 年第 5 期。

汪建成、谢安平:“论程序公正与刑罚效果”,载《政法论坛》2002 年第 1 期。

汪建成:“从足球裁判到司法裁判的联想”,载《中国律师》2002 年第 9 期。

王斗斗:“‘审判长边接电话边听案’续:当事人已被停职检查”,载《法制日报》2008

年 1 月 25 日。

王贵松:“行政诉讼法的目的论解释”,载罗豪才主编:《行政法论丛》第 9 卷,法律出版社 2006 年版。

王俊民、仲正康:“刑事诉讼普通程序简化审定位”,载《法学》2003 年第 3 期。

王琳:“许霆案报请‘权断’陷入司法悖论”,载《南方都市报》2008 年 3 月 3 日。

王琪:“云南永善法院被判缓刑者须交缓刑考察费”,载《民主与法制时报》2007 年 3 月 19 日。

王亚新:“关于自由心证原则历史和现状的比较法研究——刑事诉讼中发现案件真相与抑制主观随意性的问题”,载《比较法研究》1993 年第 2 期。

王亚新:“实践中的民事审判——四个中级法院民事一审程序的运作”,载《现代法学》2003 年第 5、6 期。

王永臣:“二十年,我亲身见证司法改革”,张晓敏整理,载《人民法院报》2008 年 5 月 10 日。

温志敏:“中国辩护律师面临的困惑:刑事辩护制度的缺陷及其成因”,载《中国律师》2005 年第 1 期。

瓮怡洁:“论当庭宣判”,载《政法学刊》2005 年第 1 期。

邬焕庆、田雨:“现职法官将在 5 年内全部达到本科学历”,新华社 2002 年 9 月 5 日。

吴兢:“肖扬:公正与效率是人民法院的永恒主题”,载《人民日报》2005 年 12 月 19 日。

吴山:“追缴赃款赃物的实务困境及制度完善”,载《福建公安高等专科学校学报》2006 年第 6 期。

习仲勋:“贯彻司法工作正确方向”,载《解放日报》1944 年 11 月 5 日。

萧锐:“审委会改革‘四药方’值得商榷”,载《东方早报》2008 年 2 月 24 日。

肖仕卫:“基层法院审判委员会‘放权’改革的过程研究——以对某法院法官的访谈为素材”,载《法制与社会发展》2007 年第 2 期。

肖扬:“全面推进人民法院各项工作为改革、发展、稳定提供有力的司法保障”,载《人民法院报》1998 年 12 月 2 日。

谢小剑:“我国刑事诉讼相互印证的证明模式”,载《现代法学》2004 年第 6 期。

徐晖:“‘情况说明’作为证据应严格规范”,《检察日报》,2004 年 1 月 19 日。

徐静村:“21 世纪中国刑事诉讼制度展望”,载《现代法学》2000 年第 1 期。

徐美君:“刑事诉讼普通程序简化实证研究”,载《现代法学》2007 年第 2 期。

徐显明:“司法权的性质——由〈法院工作规律研究〉谈起”,载《人民法院报》2003 年 6 月 23 日。

徐昕、徐昀:《非正式开庭研究》,载《比较法研究》2005 年第 1 期。

许建国:“肃清旧法观点,克服右倾思想,巩固人民民主专政”,载《法学》1958 年第 9 期。

薛永松、黄芳:“巩义法院‘小审委会’发生作用”,载《今日安报》2007 年 5 月 17 日。

杨浙京、程新生:“论审判公开原则”,载《人民司法》1999 年第 4 期。

由珊珊、赵蕾:“佘祥林在 2005”,载《南方周末》2006 年 1 月 5 日。

翟小波:“代议机关至上,还是司法化?”,载《中外法学》2006 年第 4 期。

张斌:“论我国刑事审判中的‘超职权主义’因素”,载《中国人民公安大学学报(社会科学版)》2006 年第 4 期。

张贵峰:“惩治商业贿赂不能搞外企(宾)优待”,载《广州日报》2007 年 5 月 29 日。

张海玉、王良华:“法官独立审判刍议”,载《法学评论》2001 年第 1 期。

张晋红:“审判长制度与合议制度之冲突及协调——兼论合议制度的立法完善”,载《法学评论》2003 年第 6 期。

赵秉志、陈志军:“论我国短期自由刑问题的应对方案”,载《人民司法》2003 年第 8 期。

赵家铸、刘龙康:“起诉案件的证据标准及要求”,载《检察实践》2003 年第 5 期。

赵蕾:“最高法院力推审委会改革 欲结束‘垂帘断案’”,载《南方周末》2007 年 11 月 15 日。

赵晓男、刘霄:“制度路径依赖理论的发展、逻辑基础和分析框架”,载《当代财经》2007 年第 7 期。

赵一静:“浅谈我国刑事诉讼中处罚令程序的引进”,载《北京人民警察学院学报》2006 年第 3 期。

甄珍、孙瑜:“论我国刑事诉讼处罚令程序之构建”,载《法学杂志》2007 年第 3 期。

郑永流:“法律判断的形成模式”,载《法学研究》2004 年第 1 期。

周光佑、李建华:“道是有情应无情”,载《人民法院报》1994 年 3 月 7 日。

周立民、李柯勇:“安徽巢湖四名学生被刑讯逼供案调查”,http://news.sina.com.cn/c/l/2006-11-01/094411388977.shtml,2008 年 2 月 10 日访问。

周永恒:“基层法院法官合议制度的调查与思考”,载《山东审判》2007 年第 1 期。

左卫民、何永军:“政法理性与司法传统——以最高法院信访制度为中心的研究”,载《四川大学学报(哲学社会科学版)》2005 年第 1 期。

左卫民、马静华:“刑事证人出庭率:一种基于实证研究的理论阐述”,载《中国法学》2005 年第 6 期。

左卫民、万毅:“我国刑事诉讼制度改革若干基本理论问题研究”,载《中国法学》

2003 年第 4 期。

左卫民、吴卫军:"'形合实独':中国合议制度的困境与出路",载《法制与社会发展》2002 年第 2 期。

左卫民:"规避与替代——搜查运行机制的实证考察",载《中国法学》2007 年第 3 期。

左卫民:"权利话语/实践的艰难展开:1996 年中国刑事诉讼法典修改的反思",载《中外法学》2002 年第 4 期。

左卫民:"刑事审判模式比较研究",载《现代法学》1993 年第 6 期。

左卫民:"刑事诉讼的经济分析",载《法学研究》2005 年第 4 期。

左卫民:"刑事诉讼基本结构论纲",载《上海社会科学院学术季刊》1993 年第 1 期。

左卫民:"刑事证人出庭作证程序:实证研究与理论阐析",载《中外法学》2005 年第 6 期。

左卫民:"中国刑事案卷制度研究:以证据案卷为重心",载《法学研究》2007 年第 6 期。

英文文献及中文译著:

〔德〕赫尔曼:"德国刑事诉讼法典中译本引言",载《德国刑事诉讼法典》,李昌珂译,中国政法大学出版社 1995 年版。

〔德〕柯武刚、史漫飞:《制度经济学:社会秩序与公共政策》,韩朝华译,商务印书馆 2003 年版。

〔德〕罗科信:《刑事诉讼法》,吴丽琪译,法律出版社 2003 年版。

〔德〕马克斯·韦伯:《社会科学方法论》,杨富斌译,华夏出版社 1999 年版。

〔德〕韦伯:《经济与社会》,林荣远译,商务印书馆 1997 年版。

〔德〕魏根特:《德国刑事诉讼程序》,岳礼玲、温晓洁译,中国政法大学出版社 2004 年版。

〔法〕孟德斯鸠:《论法的精神》,张雁深译,商务印书馆 1987 年版。

〔法〕斯特法尼等:《法国刑事诉讼法精义》,罗结珍译,中国政法大学出版社 1998 年版。

〔法〕托克维尔:《论美国的民主》,董果良译,商务印书馆 1997 年版。

〔荷〕菲特丽丝:《法律论证原理》,张其山等译,商务印书馆 2005 年版。

〔美〕奥斯特罗姆:《复合共和制的政治理论》,毛寿龙译,上海三联书店 1999 年版。

〔美〕波普诺:《社会学》(第 10 版),李强等译,中国人民大学出版社 1999 年版。

〔美〕达马斯卡:《漂移的证据法》,李学军等译,中国政法大学出版社 2003 年版。

〔美〕达玛斯卡:《司法和国家权力的多种面孔——比较法视野中的法律程序》,郑戈译,中国政法大学出版社 2004 年版。

〔美〕达玛斯卡:《比较法视野中的证据制度》,吴宏耀、魏晓娜等译,中国人民公安大学出版社 2006 年版。

〔美〕菲尼、〔德〕赫尔曼、岳礼玲:《一个案例,两种制度——美德刑事司法比较》,中国法制出版社 2006 年版。

〔美〕戈尔丁:《法律哲学》,齐海滨译,三联书店 1987 年版。

〔美〕戈夫曼:《日常生活中的自我呈现》,冯钢译,北京大学出版社 2008 年版。

〔美〕柯文:《在中国发现历史——中国中心观在美国的兴起》,林同奔译,中华书局 2002 年版。

〔美〕梅利曼:《大陆法系》(第二版),顾培东、禄正平译,法律出版社 2004 年版。

〔美〕米勒:《管理困境——科层的政治经济学》,王勇等译,上海三联书店、上海人民出版社 2002 年版。

〔美〕诺思:《经济史中的结构与变迁》,陈郁、罗华平译,上海三联书店 1994 年版。

〔美〕萨义德:《东方学》,王宇根译,三联书店 1999 年版。

〔美〕唐斯:《官僚制内幕》,郭小聪等译,中国人民大学出版社 2006 年版。

〔美〕威尔逊:《官僚机构:政府机构的作为及其原因》,孙艳等译,三联书店 2006 年版。

〔日〕棚濑孝雄:《纠纷的解决与审判制度》,王亚新译,中国政法大学出版社 2004 年伴版。

〔日〕田口守一:《刑事诉讼法》,刘迪等译,法律出版社 2000 年版。

〔日〕西原春夫主编:《日本刑事法的形成与特点——日本法学家论日本刑事法》,法律出版社/日本成文堂 1997 年版。

〔日〕滋贺秀三等:《明清时期的民事审判与民间契约》,王亚新、梁治平编,法律出版社 1998 年版。

〔意〕贝卡里亚:《论犯罪与刑罚》,黄风译,中国大百科全书出版社 1993 年版。

〔英〕毕瑟姆:《官僚制》(第二版),韩志明、张毅译,吉林人民出版社 2005 年版

〔英〕伯曼:《宗教裁判所——异端之锤》,何开松译,辽宁教育出版社 2001 年版。

〔英〕吉登斯:《社会学》(第四版),赵旭东等译,北京大学出版社 2003 年版。

〔英〕科特威尔:《法律社会学导论》,潘大松等译,华夏出版社 1989 年版

〔英〕梅因:《古代法》,沈景一译,商务印书馆 1997 年版。

B. Markesinis, *Conceptualism, Pragmatism and Courage: A Common Lawyer Looks at Some Judgments of the German Federal Court*, 34 Am. J. Comp. Law 349 (1986).

B. Mckillop, *Readings and Headings in French Criminal Justice: Five Cases in the Tribunal Correctionnel*, 46 Am. J. Comp. L. 757(1998)

B. Schwartz, *A History of the Supreme Court*, Oxford University Press, (1993).

Burns, Lubet, Sekinger, *Evidence in Context: A Trial Evidence Workbook*, NITA, 2004.

E. Hennessey, *Excellent Judges*, Franklin N. Flaschner Judicial Inst., Inc., (1997).

R. Gordon, *Private Settlement as Alternative Adjudication: A Rationale for Negotiation Ethics*, 18 U. Mich. J. L. Reform, 503 (1985).

H. Josephs, *The Upright and the Low-Down: An Examination of Official Corruption in the US and the PRC*, 27 Syr. J. of Int'l L. & Commerce 269 (2000).

H. Packer, *Tow Models of the Criminal Process*, 113 U. Pa. L. Rev. 1 (1964).

L. Brandeis, *The Living Law*, 10 Illinois Law Review 461 (1916).

L. Fuller, *The Forms and Limits of Adjudication*, 92. Harv. L. Rev. 353 (1978).

M. Bayles, *Principles of Law: A Normative Analysis*, D. Reidel Publishing Company, (1987).

M. Damaska, *Epistemology and Legal Regulation of Proof*, 2 Law, Probability and Risk 117 (2003).

M. Damaska, *Evidentiary Barriers to Conviction and Two Models of Criminal Procedure: A Comparative Study*, 121 U. Pa. L. Rev. 506 (1973).

M. Damaska, *Presentation of Evidence and Factfinding Precision*, 123 U. Pa. L. Rev. 1083 (1974—1975).

M. Damaska, *The Uncertain Fate of Evidentiary Transplants: Anglo-American and Continental Experiments*, 45 Am. J. Comp. L. 839 (1997).

M. Damaska, *Truth in Adjudication*, 49 Hastings L. J., 289 (1998).

M. DelmaC-Marty, J. Spencer, *European Criminal Procedures*, Cambridge University Press (2002).

M. Langer, *The Globalization of Plea Bargaining and the Americanization Thesis in Criminal Procedure*, 45 Harv. Int'l. L. J. 1 (2004).

R. Dworkin, *Law's Empire*, Belknap Press, (1986).

跋

这是一本姗姗来迟的书。

构思这本书的时候，我 26 岁，在成都温润的暖阳下，青春明亮得晃眼。初稿收笔的时候，我 28 岁，已经初为人夫，却与新婚妻子远隔重洋，一个人在大西洋的微风中写下最后一个字。待到如今付梓印刷，我 32 岁，已经是一个一岁孩子的父亲，也是一群青春洋溢的大学生的老师。岁月荏苒，六年弹指一挥间，以致当我在电脑上敲下"跋"字的时候，不免感到一丝淡淡的沧桑。

贾岛有诗曰："十年磨一剑，霜刃未曾试。"愚钝如我，吭哧六载草成一书，冒昧付印，心中难免惶恐。遥想论文开题之初，曾经雄心勃勃力图突破，大有"语不惊人死不休"之志。然则因为自己的愚鲁和懈怠，不论田野调查还是案头写作，都可谓举步维艰。理论与实践的龃龉，理想与现实的摩擦，既曾给予我欢乐和激情，也曾让我踌躇乃至失落。幸而恩师不弃并勤加指点，如今才初成一文。但是回顾当初的雄心，再面对这样一篇论文，或多或少有"难以向自己交代"之感。也许只能欺骗自己说：法学之路尚远，我还有机会弥补。但愿如此！

新书付梓，尽管难说满意，心中依然满是感激。感谢博士生导师左卫民教授多年的教诲。从 2003 年读研开始，恩师一直对我照顾有加。如今自己登上讲台，才更知导师当年之付出。然则一纸方寸之间，感恩之情难以言表，唯望他日能有点滴回报，不负师恩。

本书能够成文，需要特别感谢那些给予我大力支持的法官、人民陪审员、书记员、内勤、法警、档案、文印乃至后勤人员，以及接受我访谈的检察官、警察、律师、政府官员等。尽管基于对你们的承诺，我不能写出你们的名字，但他们已经深深植于我的心底。没有你们的支持，也就没有这样一本书，因此它同样属于你们——如果你们不嫌弃它的粗糙。

论文从开题、调研、写作、修改到付印，需要感谢的人太多。川大的老师和同门、浙大的同事、美国的师友、匿名评审的教授、答辩委员会的成员、出版社的编辑，太多名字值得一一列举。这样一份书稿，或许有负你们的帮助和期许；惟愿前行路上，能够继续有你们的支持。

论文修改过程中，小女修齐出生。她的出现，总是让我的内心柔软异常。这一本书，也算是给她的一份迟到的礼物。尽管相比一年多来我对她的亏欠，完全不能相提并论。但愿她即将经历的世界，比我们已经经历和正在经历的世界，要更加美好。

双亲两鬓渐霜，儿子已愈而立，却依然少尽孝道。岳母终日照看小女，岳父亦多有奔波，身为半子者难免惭愧。最不该是一家人常年分居三地，本以为美国归来后可以共享天伦，我又偏偏远赴杭州。从此牵挂成都的风雨、川南的炊烟，对家人的愧疚，日久日深。

当然还有一个名字需要在心底铭刻，她不仅为本文的调研和写作倾注大量心血，也带给我人生的完整和幸福。这些年对她的亏欠，也许只能用一辈子来弥补。

兰荣杰

2012 年 10 月 9 日凌晨

浙大求是村